TAYLOR SWIFT

TAYLOR SWIFT

IHRE MUSIK, IHR LEBEN

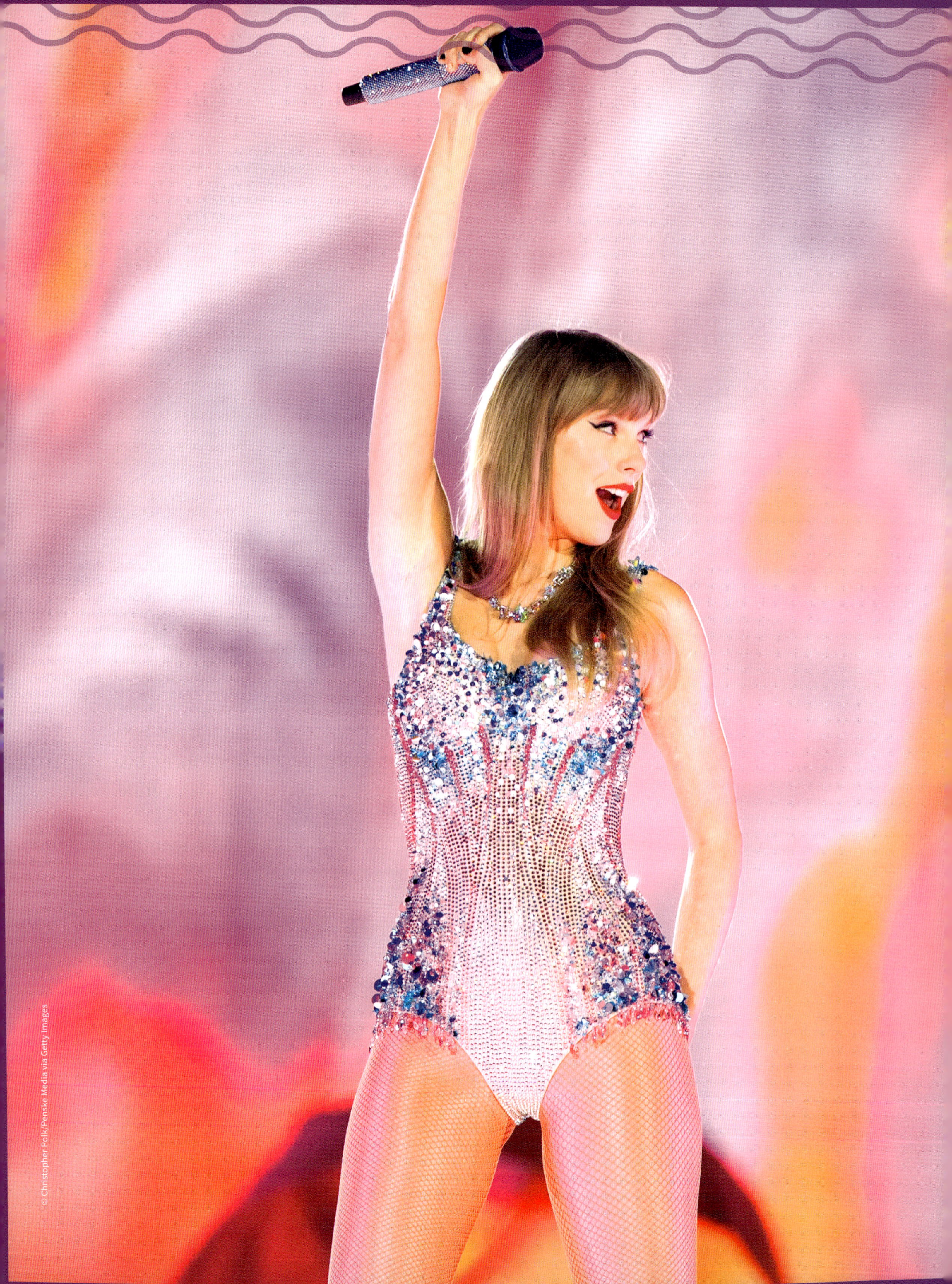

Herzlich willkommen!

Begleite Taylor Swift von ihrem Durchbruch als Teenagerin bis zu ihrem heutigen Leben als internationaler Superstar. Mit ihrer Wahl zur Künstlerin und Frau des Jahrzehnts hat ihre Karriere einen weiteren Höhepunkt erreicht. Nach ihren beiden von der Kritik umjubelten, während des Lockdowns veröffentlichten Alben, den neuen Versionen von Fearless, Red und Speak Now sowie ihrem rekordverdächtigen zehnten Album Midnights liegen aufregende Jahre vor ihr. Dass sie schon bald kürzer tritt, ist nicht in Sicht. Stattdessen steht sie zur Feier ihrer bisherigen Karriere mitten in ihrer Eras-Tour auf der Bühne. In dieser Sonderausgabe verfolgen wir Taylors Musik- und Stilentwicklung von ihrem nach ihr selbst benannten countrybetonten Debüt über die Retro-80er-Vibes von 1989 bis hin zum reduzierten Indie-Sound von Folklore und Evermore sowie dem verträumten Elektropop von Midnights. Finde heraus, welchen Einfluss ihre Beziehungen und ihr Privatleben auf ihre Liedtexte und Auftritte nehmen und wie die Musikerin ihren Starstatus nutzt, um ihre Herzensprojekte zu fördern.

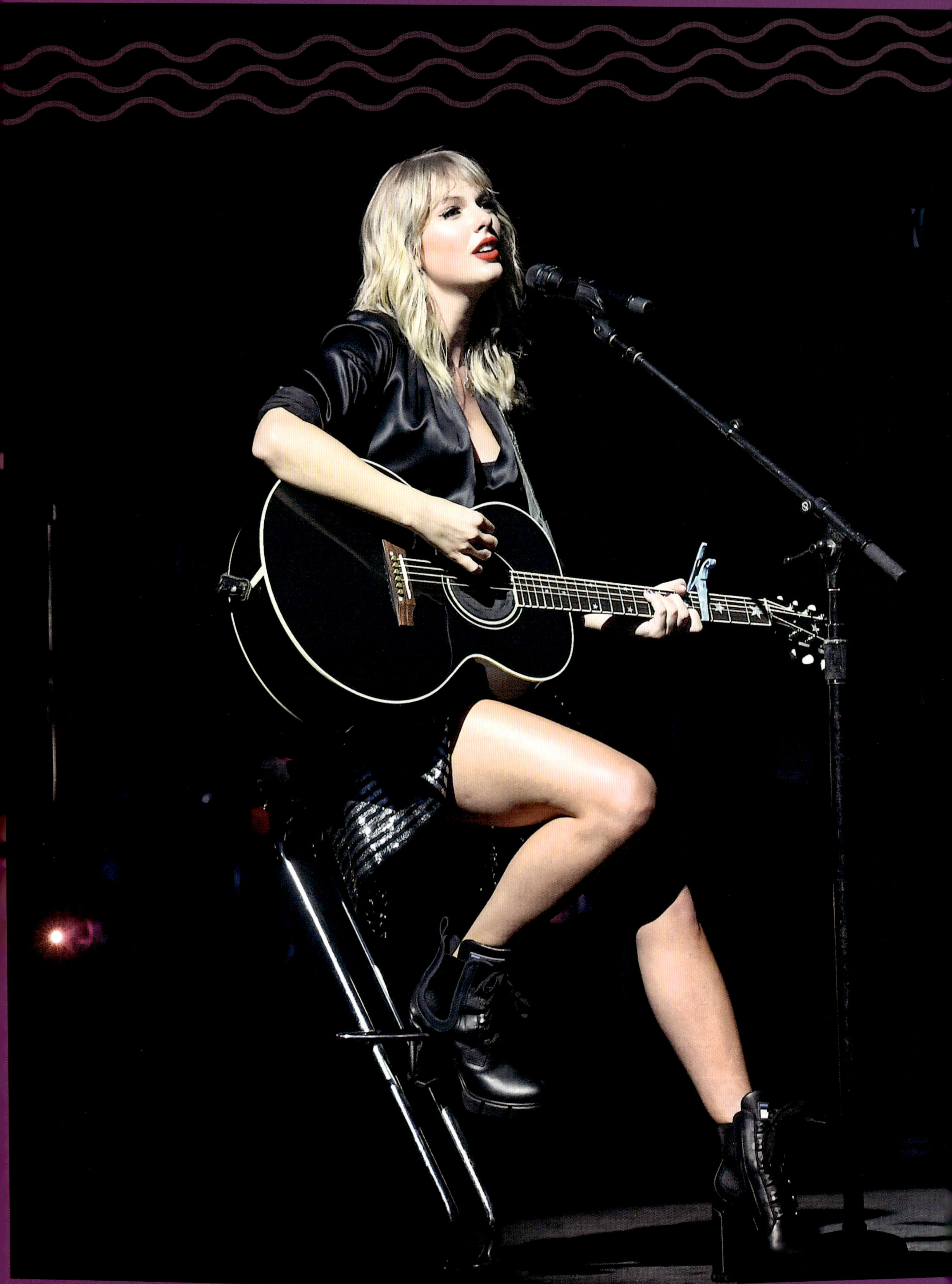

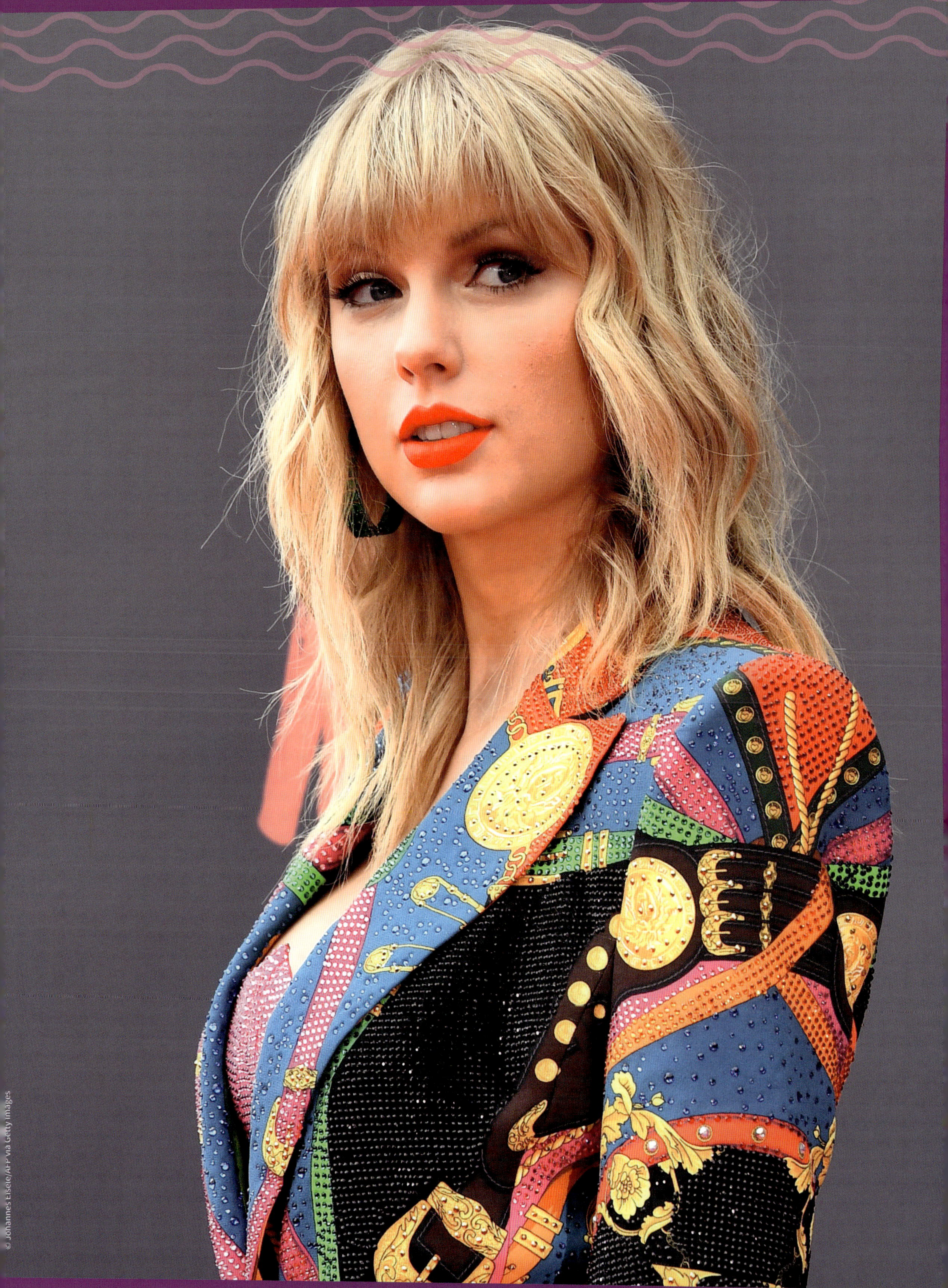

INHALT

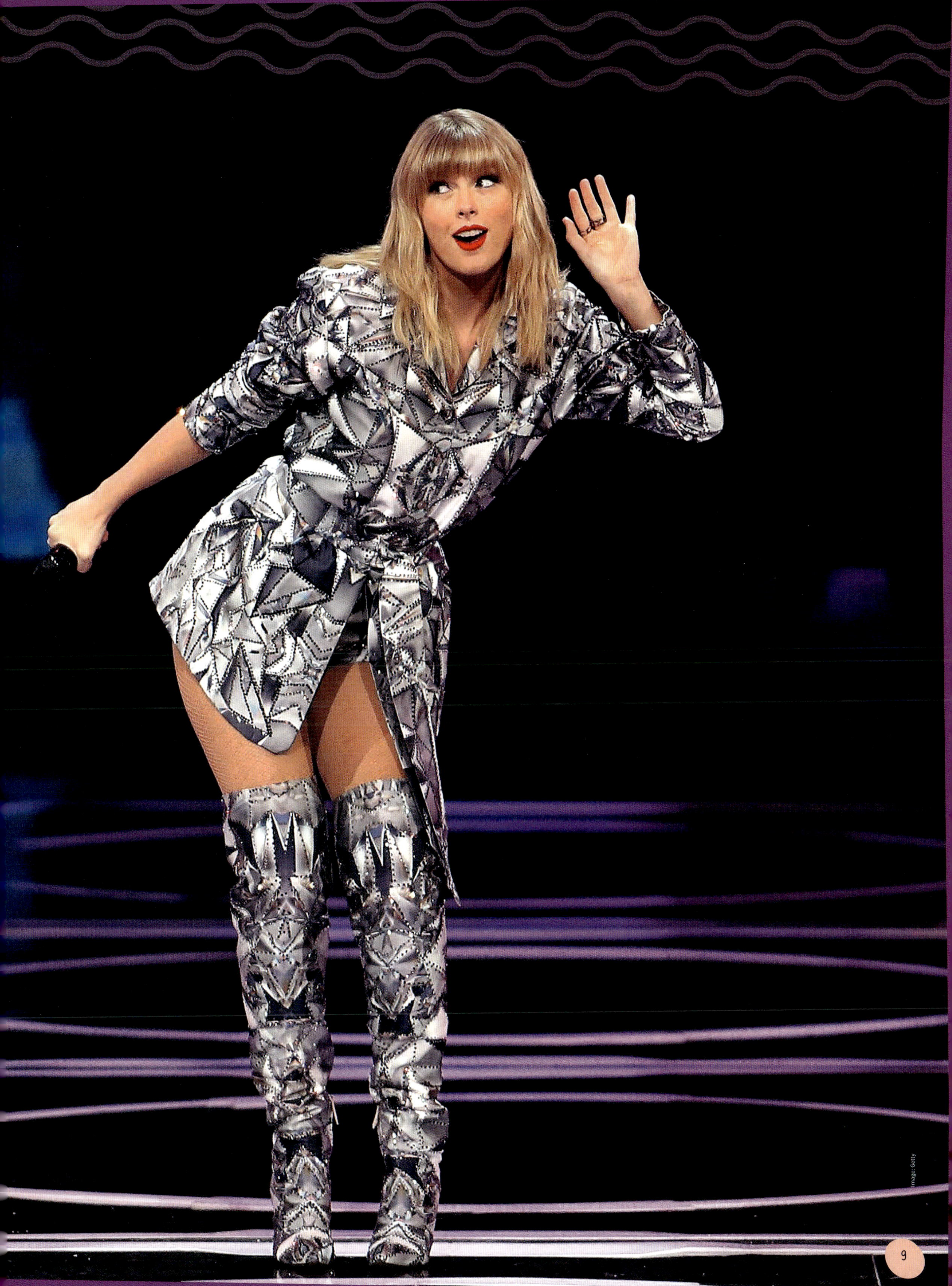

Image: Getty

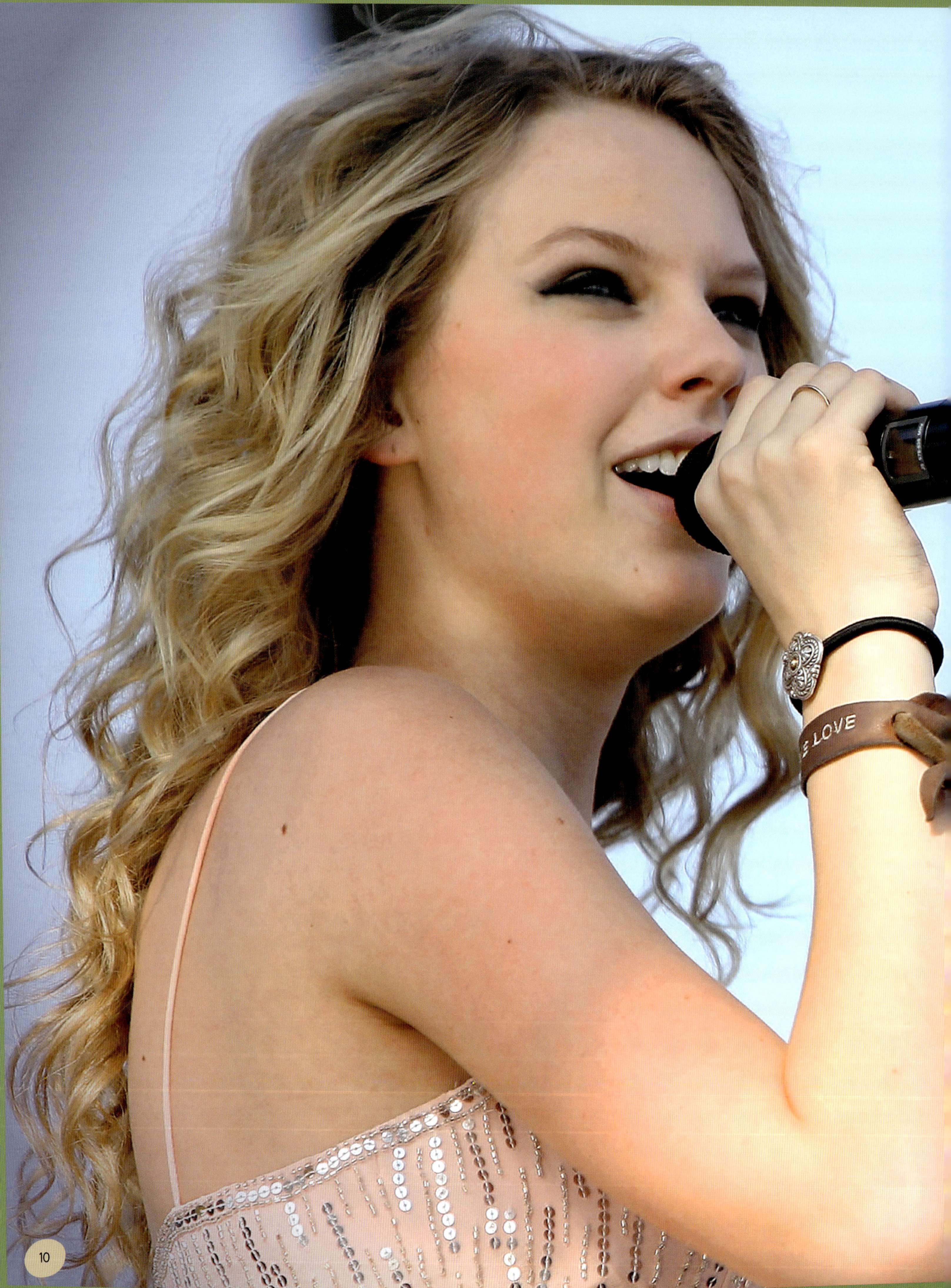
LOVE

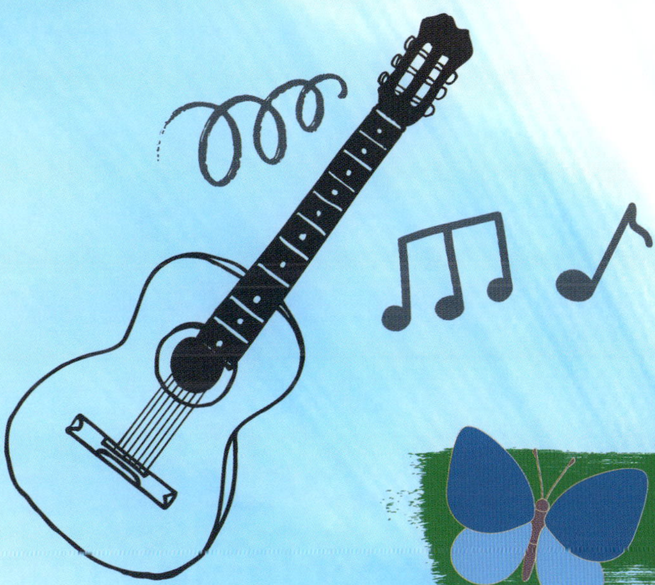

KAPITEL 1

Der Durchbruch

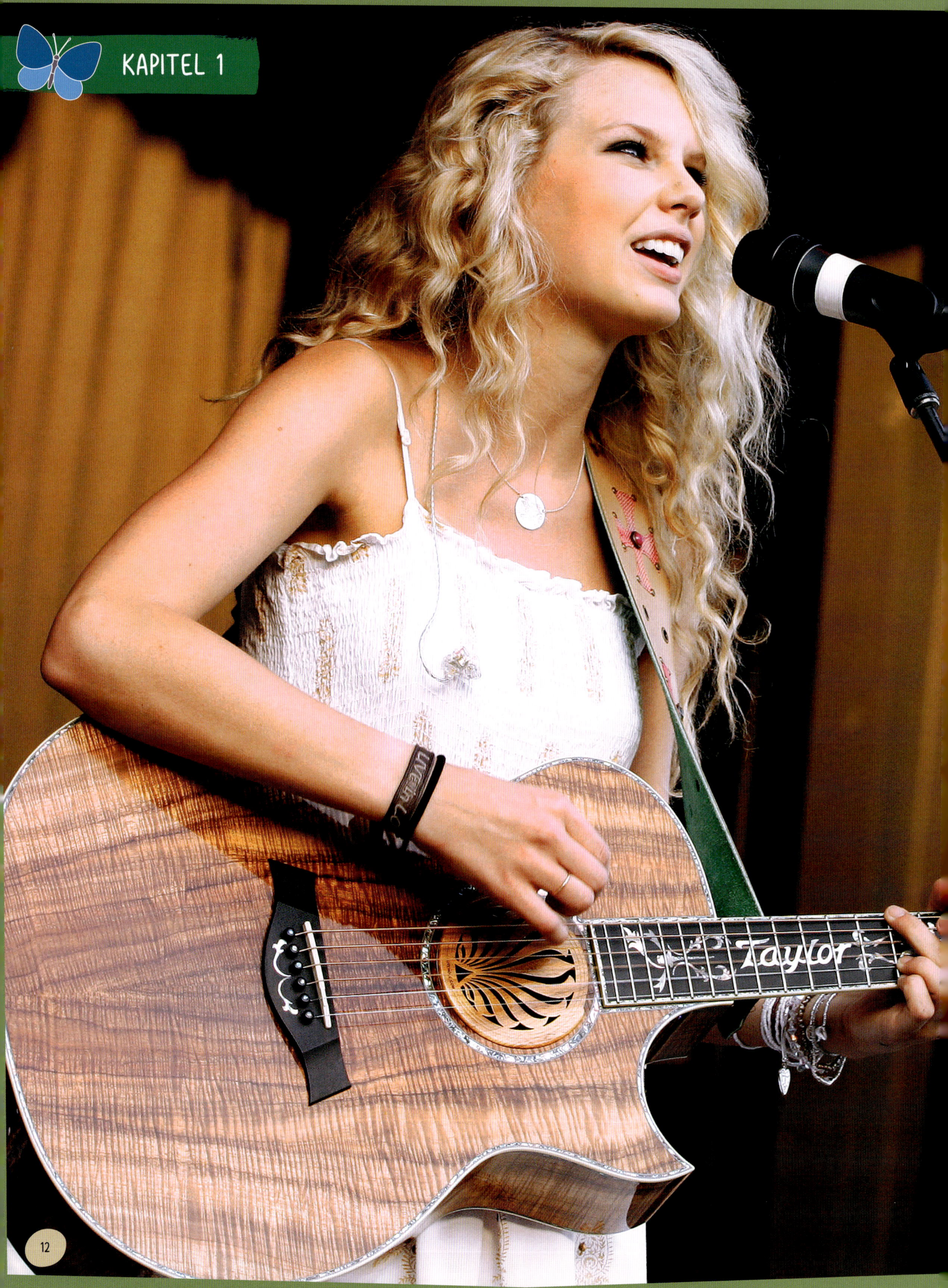
Taylor

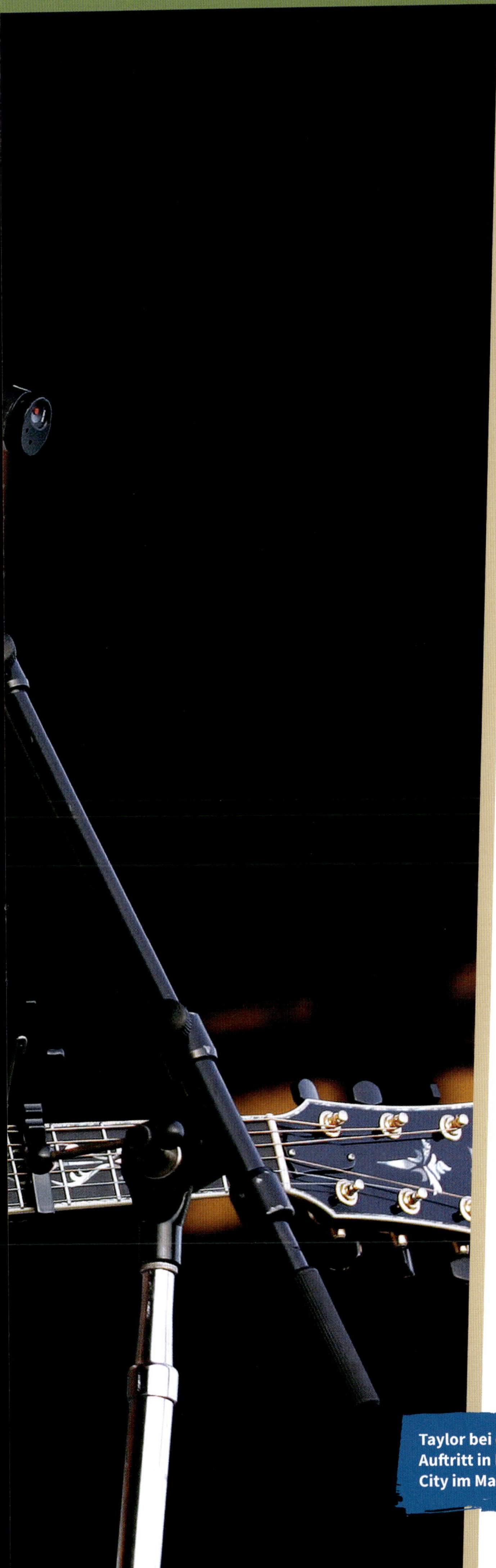

Taylor bei einem Auftritt in Kansas City im Mai 2007.

Der Durchbruch

Taylor verliebte sich bereits in ihrer Kindheit und Jugend in die Musik, und konnte sich immer auf den begeisterten Rückhalt ihrer Familie verlassen.

Taylors kometenhafter Aufstieg begann schon als Kind mit ihrer Begeisterung für das Musiktheater. Allein schon durch die Auswahl ihres Vornamens – sie wurde nach dem Singer-Songwriter James Taylor benannt – war sie für eine Musikkarriere prädestiniert. Natürlich sind ihre Fans von ihrer Kindheit und Jugend und ihren ersten Schritten in der Musikindustrie fasziniert. Wer ist Taylor? Und wie hat sie es geschafft?

Taylors Kindheit und Familienleben

Taylor Alison Swift wurde am 13. Dezember 1989 im Reading Hospital in West Reading, Pennsylvania, als Tochter von Scott Kingsley Swift und Andrea Gardner Swift geboren. Taylor wuchs auf einer Weihnachtsbaumfarm auf und besuchte sowohl die Alvernia Montessori School als auch die Wyndcroft School, beide in Pennsylvania.

Seit ihrem neunten Lebensjahr interessierte sie sich für Schauspiel und Musiktheater und wirkte in vier Produktionen der Berks Youth Theatre Academy mit. Um ihr Talent zu fördern, nahm sie in New York City Schauspiel- und Gesangsunterricht. Als sie in der vierten Klasse war, trat Taylors lyrisches Talent zutage: Mit ihrem Gedicht

„A Monster in My Closet!“ gewann sie einen nationalen Gedichtwettbewerb. Nach ihrem Umzug nach Wyomissing in Pennsylvania besuchte Taylor die dortige High School.

Sie verbrachte einen ganzen Sommer damit, einen 350-seitigen Roman zu schreiben, der bis heute nicht veröffentlicht wurde, der ihr aber die Möglichkeit gab, sich als Autorin auszuprobieren. Taylor hatte eine schwierige Zeit in der Schule und wurde von ihren Mitschülerinnen und Mitschülern gemobbt. Im März 2009 war sie auf dem Cover der Teen Vogue und erzählte von ihren Erfahrungen: „Die Junior High war eigentlich ziemlich hart. Es gab eine Gruppe beliebter Mädchen, die nichts mehr mit mir zu tun haben wollten.“ Sie fügte hinzu: „Sie fanden mich nicht cool oder hübsch genug, also haben sie mich einfach links liegen gelassen.“ Während des Interviews sprach sie auch darüber, wie die Mädchen bei einer ihrer Shows mit ihren T-Shirts auftauchten und sie um ein Autogramm baten: „Das war ein seltsamer Moment, weil mir klar wurde, dass sie sich nicht mehr daran erinnerten, wie gemein sie zu mir waren, und dass ich es besser auch vergessen sollte.“

Typisch Taylor: Sie versteht es, eine negative Erfahrung in eine positive umzuwandeln. Weiter berichtete sie über ihre Kämpfe in der Schule und sagte: „Wirklich, wäre ich nicht jeden Tag völlig fertig von der Schule nach Hause gekommen, wäre ich vielleicht nicht so motiviert gewesen, Songs zu schreiben. Ich sollte ihnen wahrscheinlich dankbar sein!“

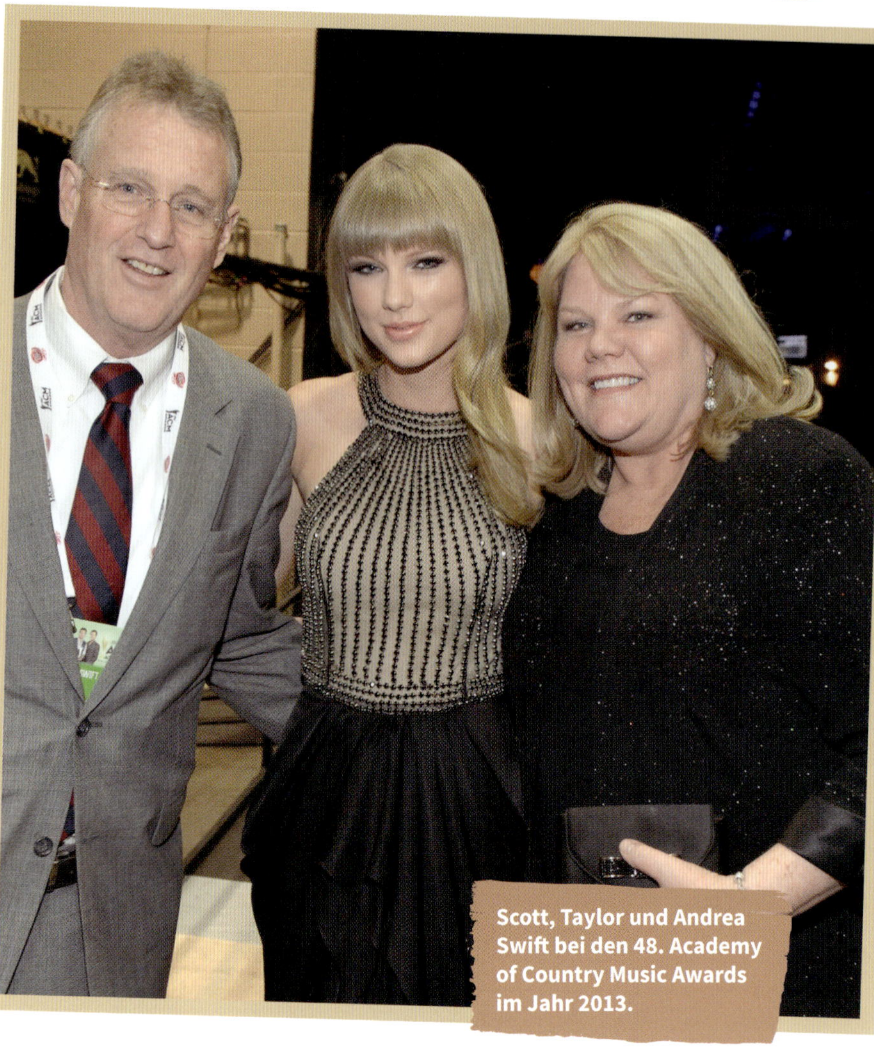

Scott, Taylor und Andrea Swift bei den 48. Academy of Country Music Awards im Jahr 2013.

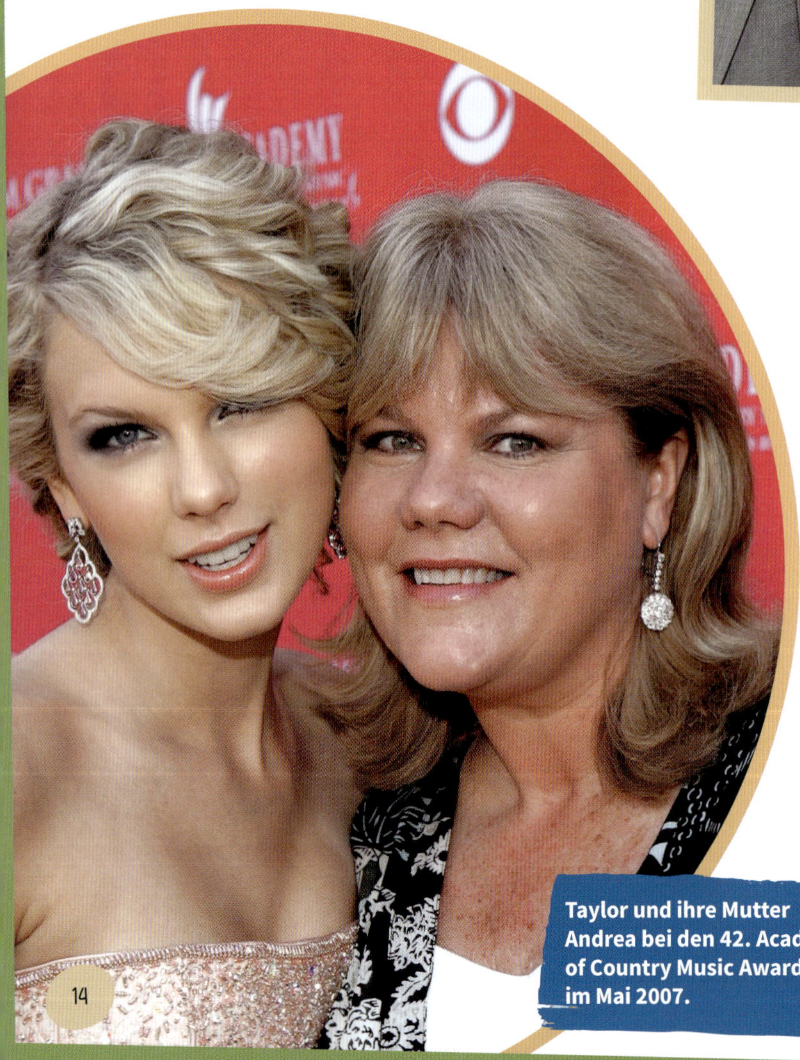

Taylor und ihre Mutter Andrea bei den 42. Academy of Country Music Awards im Mai 2007.

Musikalische Einflüsse & Karrierebeginn

Viele berühmte Künstlerinnen und Künstler beeinflussten Taylor in ihrer Kindheit und Jugend stark. Aber zum Singen brachte sie ein Familienmitglied. Taylors Großmutter mütterlicherseits, Opernsängerin und Fernsehstar Marjorie Finlay, war eine große Inspiration für ihre Musikkarriere. Der Song „Marjorie“ auf ihrem neunten Studioalbum *Evermore* ist ihrer Großmutter gewidmet. Darin zu hören sind gesampelte Backing Vocals, die Marjorie zugeschrieben werden.

Shania Twain hatte großen Einfluss auf Taylor in Bezug auf Country Music. Wie Taylor selbst einmal sagte, brachten Twains Songs sie dazu, „viermal um den Block zu laufen und dabei von allem Möglichen zu träumen“. Taylor nennt auch Tina Turner und LeAnn Rimes als frühe Inspirationsquellen. Während ihrer gesamten Kindheit trat sie bei Karaoke-Wettbewerben, Festivals und Veranstaltungen auf. Doch nachdem sie einen Dokumentarfilm über Faith Hill gesehen hatte, wollte Taylor nach Nashville in Tennessee umziehen, die Heimatstadt der Country-Musik. Im Alter von 11 Jahren besuchte Taylor mit ihrer Mutter Plattenfirmen in Nashville mit Demobändern, auf denen Coverversionen von Songs von

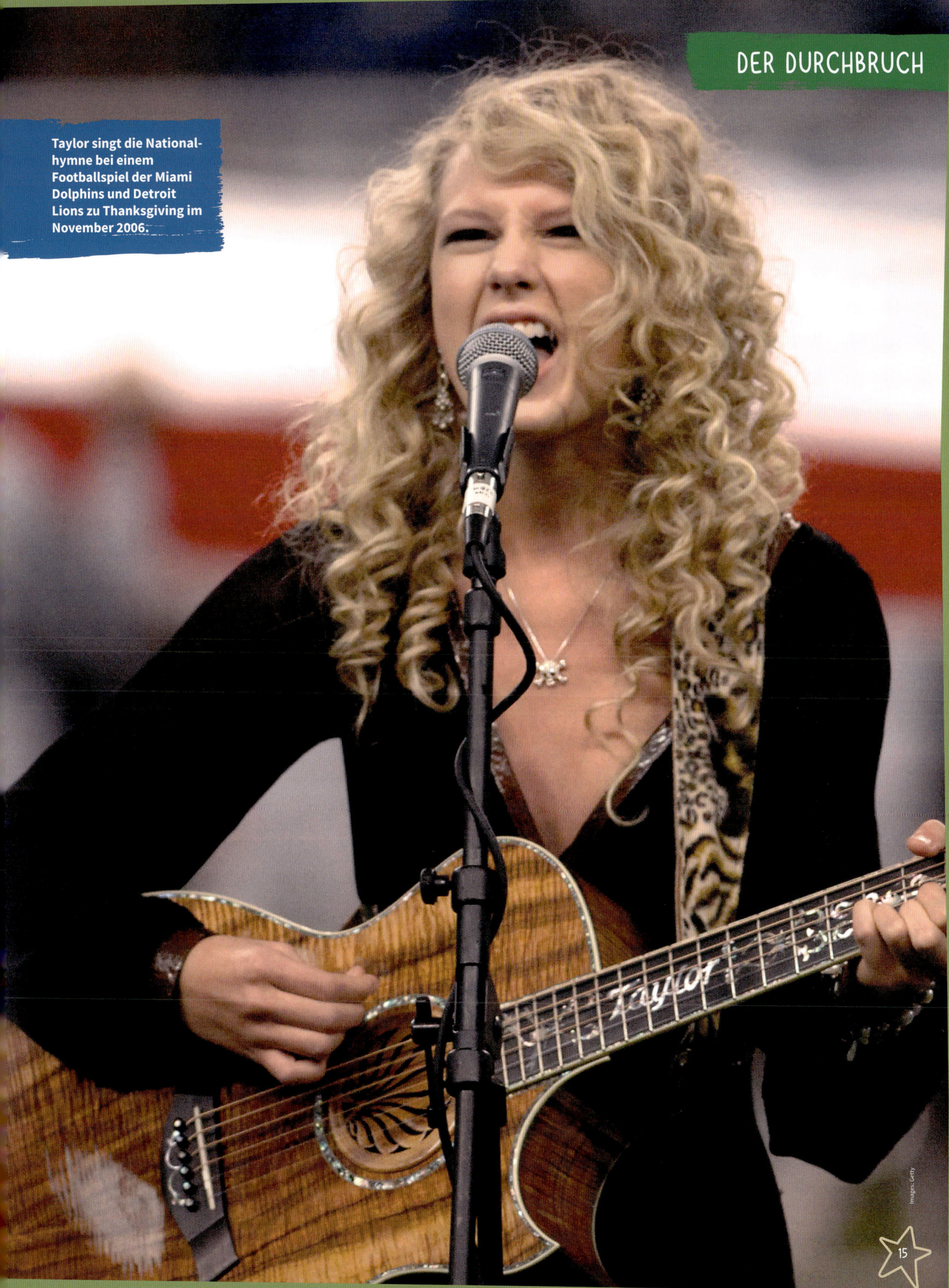

Taylor singt die Nationalhymne bei einem Footballspiel der Miami Dolphins und Detroit Lions zu Thanksgiving im November 2006.

Images: Getty

The Chicks und Dolly Parton zu hören waren. Taylor wurde zwar abgelehnt, aber wie sie später sagte, gab genau das ihr den Anstoß dazu, ihre eigenen Countrysongs zu schreiben: „Jeder in dieser Stadt wollte dasselbe wie ich. Also dachte ich mir, dass ich einen Weg finden muss, mich abzuheben."

Taylor baute ihr Talent für Live-Auftritte weiter aus. Mit zwölf trat sie bei einem Basketballspiel der Philadelphia 76ers mit ihrer Interpretation der Nationalhymne der Vereinigten Staaten, „The Star-Spangled Banner", auf. Taylor lernte damals Gitarre beim örtlichen Musiker Ronnie Cremer, der ihr die ersten drei Akkorde (C, D und G) beibrachte. Cremer unterstützte Taylor auch beim Songwriting, und schon bald schrieb sie ihr erstes Lied, „Lucky You", inspiriert von ihrer Großmutter Marjorie.

Nachdem sie mit 13 Jahren bei den US Open 2003 die Nationalhymne gesungen hatte, begann sie mit New Yorker Talentmanager Dan Dymtrow zusammenzuarbeiten und nahm als Model an der Kampagne „Rising Stars" von Abercrombie & Fitch teil. Die Zusammenarbeit mit Dymtrow führte auch dazu, dass einer ihrer Songs auf einer Maybelline-Compilation-CD erschien und sie die Möglichkeit erhielt, sich mit großen Plattenfirmen zu treffen und einen Vertrag mit RCA Records abzuschließen.

Taylor besuchte mit ihrer Mutter weiterhin Nashville, um dort in der Musikindustrie Fuß zu fassen, und ihre Familie förderte ihre Karriere begeistert. Als sie 14 Jahre alt war, wurde ihr Vater in die Niederlassung von Merrill (der amerikanischen Investmentgesellschaft, bei der er als Börsenmakler arbeitete) in Nashville versetzt. Taylor besuchte die Hendersonville High School, aber als ihr Tourneeplan immer voller wurde, wechselte sie zur Aaron Academy, wo sie ihre Musikkarriere und ihre Schulausbildung besser unter einen Hut bringen konnte, bevor sie ein Jahr eher ihren Abschluss machte. Diese frühen Teenagerjahre, in denen Taylor als Solokünstlerin Fuß fasste, bildeten den Hintergrund für ihren ersten Plattenvertrag und den Start ihrer Musikkarriere.

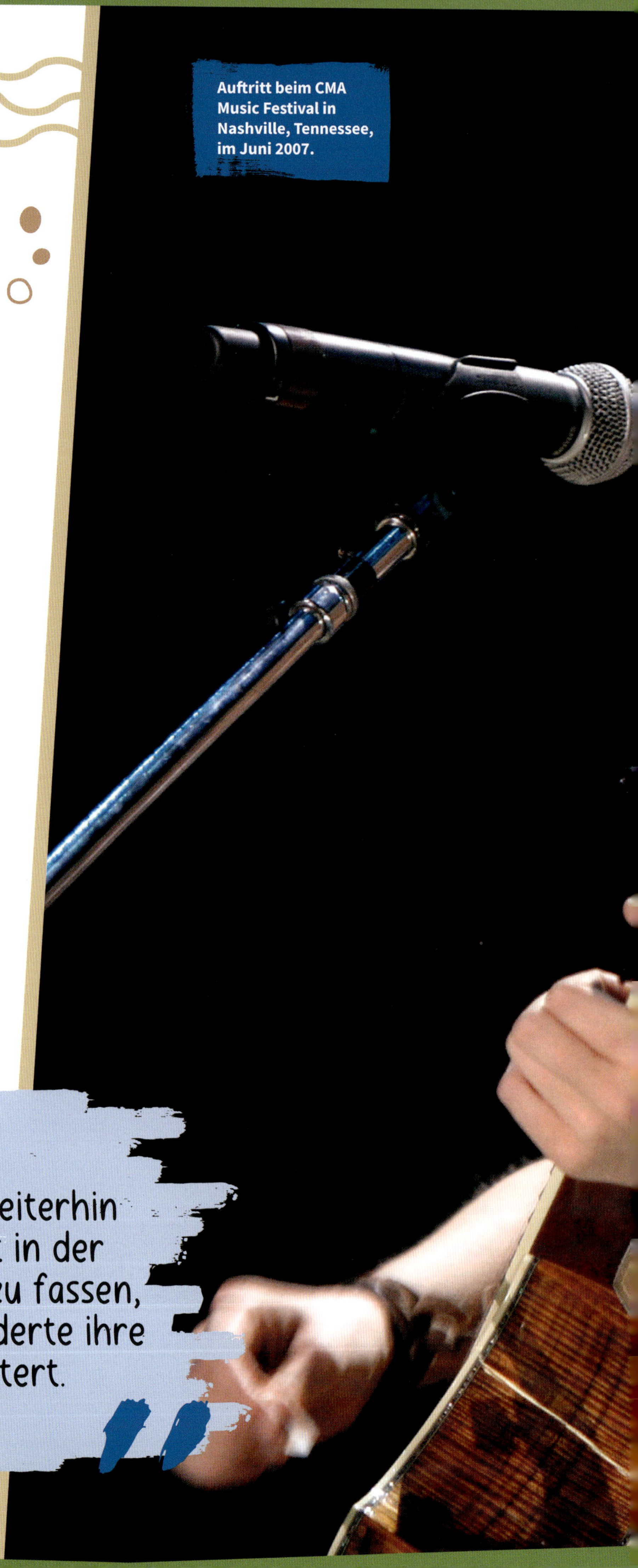

Auftritt beim CMA Music Festival in Nashville, Tennessee, im Juni 2007.

„Taylor besuchte weiterhin Nashville, um dort in der Musikindustrie Fuß zu fassen, und ihre Familie förderte ihre Karriere begeistert."

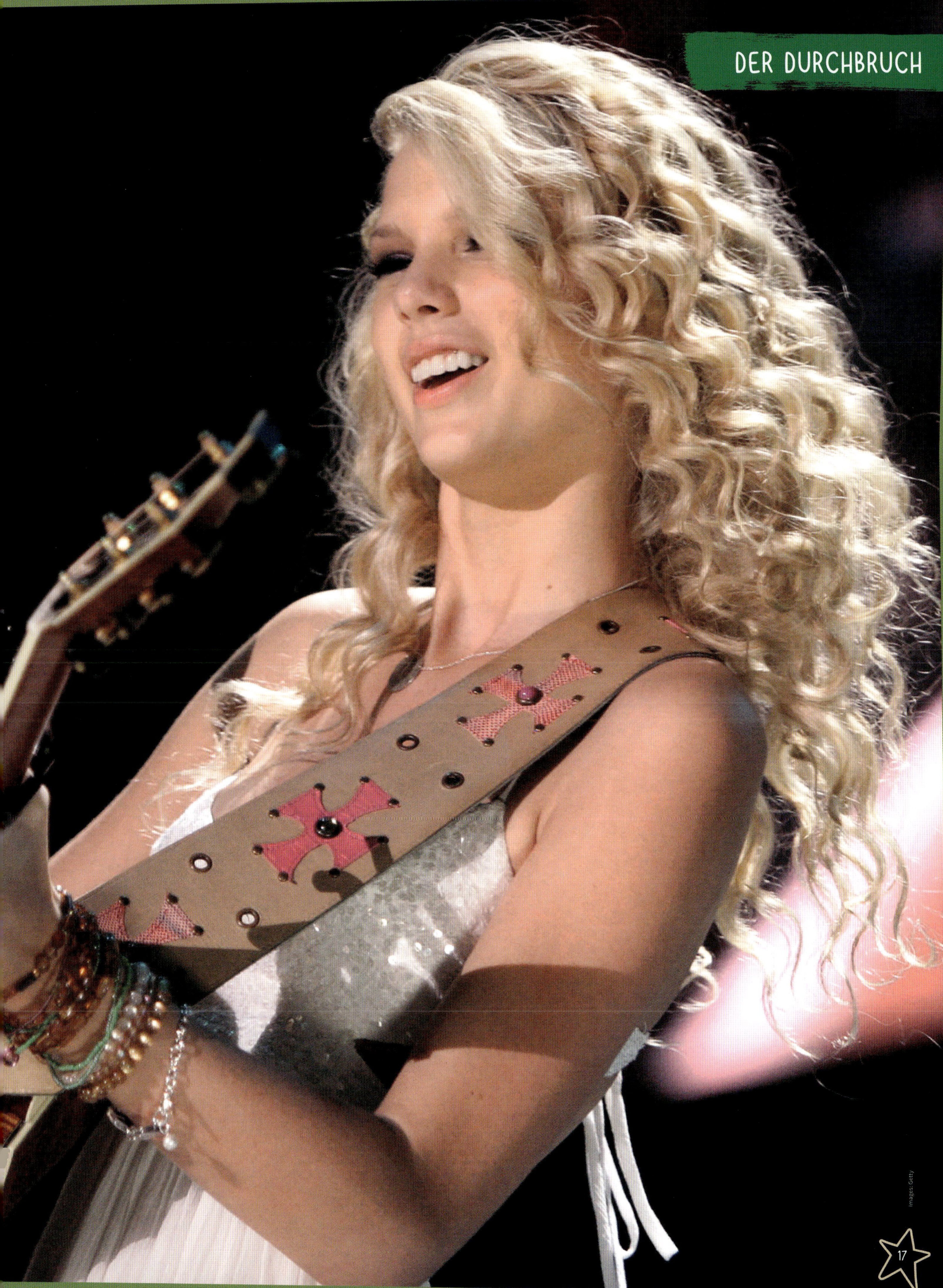

Images: Getty

Plattenvertrag und Debütalbum

Mit 14 Jahren unterschrieb Taylor beim Verlag Sony/ATV Tree einen Vertrag als Songwriterin – als jüngste Künstlerin der Unternehmensgeschichte. Taylor begann zwischen Hendersonville und Nashville zu pendeln und arbeitete mit Songwritern der Music Row zusammen, darunter Brett James, Troy Verges und die Warren Brothers sowie Elisabeth Wagner (Künstlername: Liz Rose), die später an 17 von Taylors veröffentlichten Songs mitschrieb.

Ebenfalls mit 14 unterzeichnete sie einen Vertrag mit dem zu Sony Music Entertainment gehörenden Label RCA Records, entschied sich aber aufgrund kreativer Differenzen für eine Trennung von diesem Label. In einem Interview mit dem Daily Telegraph aus dem Jahr 2009 kommentierte Taylor ihre Entscheidung: „Ich hatte wirklich das Gefühl, dass mir die Zeit davonlief. Ich wollte diese Jahre meines Lebens auf einem Album festhalten, solange sie noch dem entsprachen, was ich durchmachte."

Es dauerte nicht lange, bis sie eine neue Partnerschaft eingehen konnte: Nach einem Auftritt im Bluebird Café in Nashville im Jahr 2005 entdeckte Scott Borchetta Taylor. Borchetta arbeitete damals bei DreamWorks Records und war gerade dabei, sein eigenes unabhängiges Plattenlabel Big Machine Records zu gründen. Taylor war eine der ersten, die das Label unter Vertrag nahm, und ihr Vater erwarb für rund 115.000 Euro einen Anteil von 3 % an dem Unternehmen. Taylor begann mit der Arbeit an dem nach ihr benannten Debütalbum und schrieb drei der Songs des Albums selbst, während sie die übrigen acht Titel gemeinsam mit Liz Rose, Brian Maher, Robert Ellis Orrall und Angelo Petraglia schrieb.

Die Leadsingle des Albums, „Tim McGraw", erschien im Juni 2006. In der Geschichte geht es um einen abrupt endenden Sommerflirt. Die Musik des Country-Stars Tim McGraw diente als Referenz. Der Song wurde von der Kritik hoch gelobt. Jeff Tamarkin von AllMusic bemerkte, der Song zeige Taylor als „ein Talent, mit dem man rechnen muss".

Nach der Veröffentlichung ihres Debütalbums im Oktober 2006 promotete Taylor es mit einer Radiotournee und eröffnete einige Shows der Rascal Flatts auf deren Tournee 2006.

In den Jahren 2007 und 2008 veröffentlichte Taylor mehrere weitere Singles, darunter „Teardrops on My Guitar", „Our Song", „Picture to Burn" und „Should've Said No". Taylor hatte großen Erfolg in den Charts und sowohl „Our Song" als auch „Should've Said No" erreichten die Spitze der Billboard Hot Country Songs. ▶▶

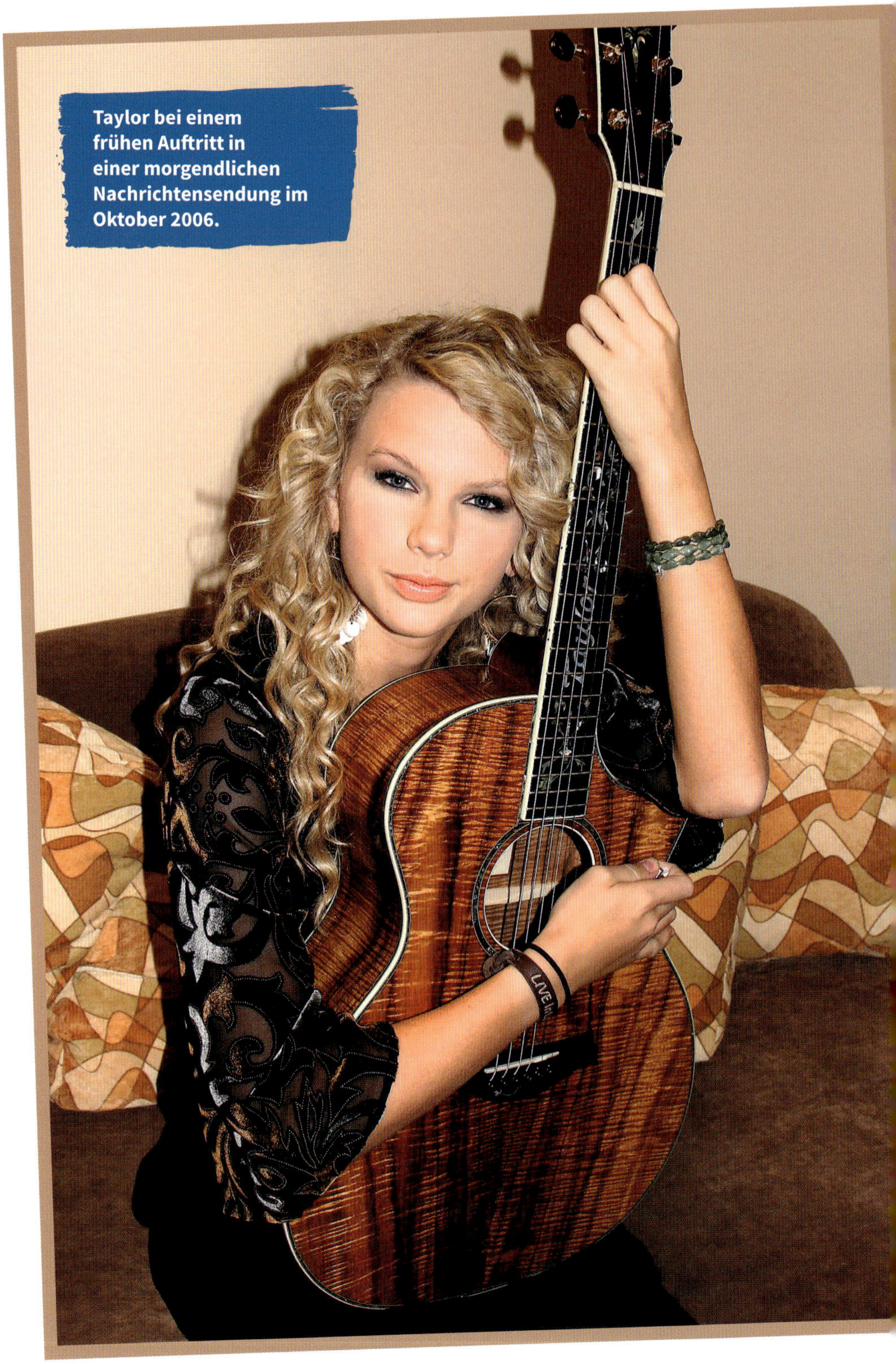

Taylor bei einem frühen Auftritt in einer morgendlichen Nachrichtensendung im Oktober 2006.

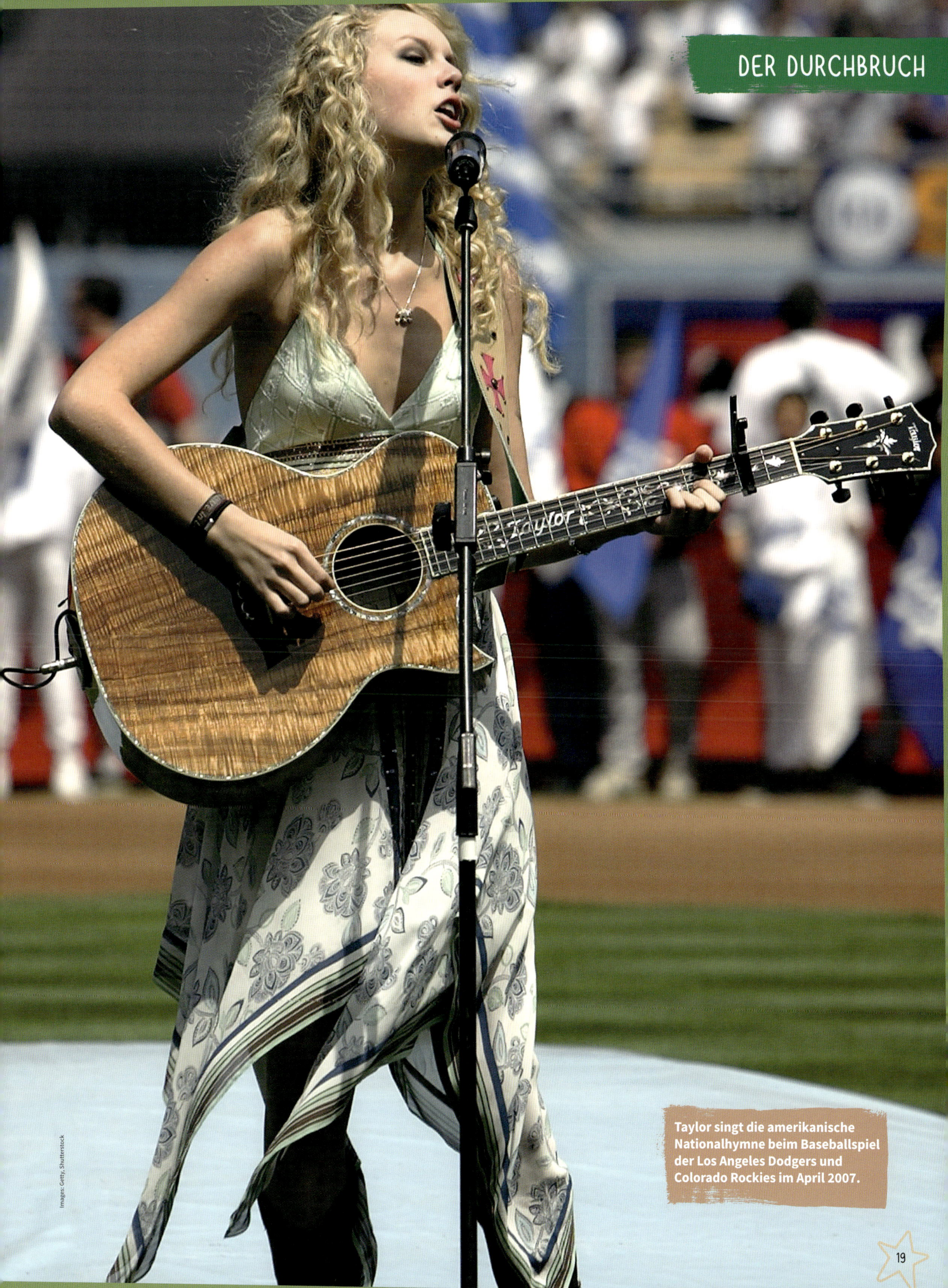

Taylor singt die amerikanische Nationalhymne beim Baseballspiel der Los Angeles Dodgers und Colorado Rockies im April 2007.

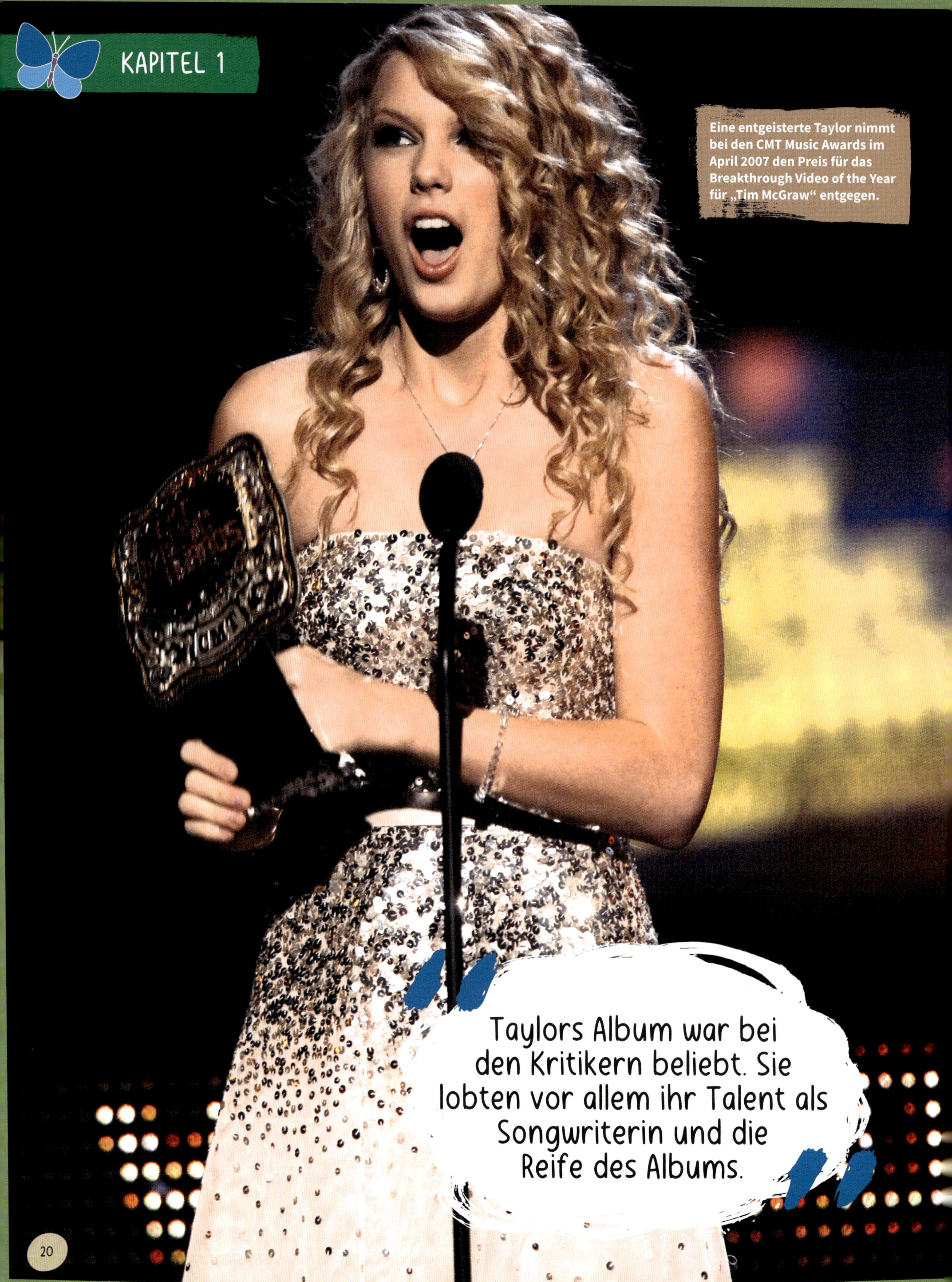

Eine entgeisterte Taylor nimmt bei den CMT Music Awards im April 2007 den Preis für das Breakthrough Video of the Year für „Tim McGraw“ entgegen.

„Taylors Album war bei den Kritikern beliebt. Sie lobten vor allem ihr Talent als Songwriterin und die Reife des Albums.“

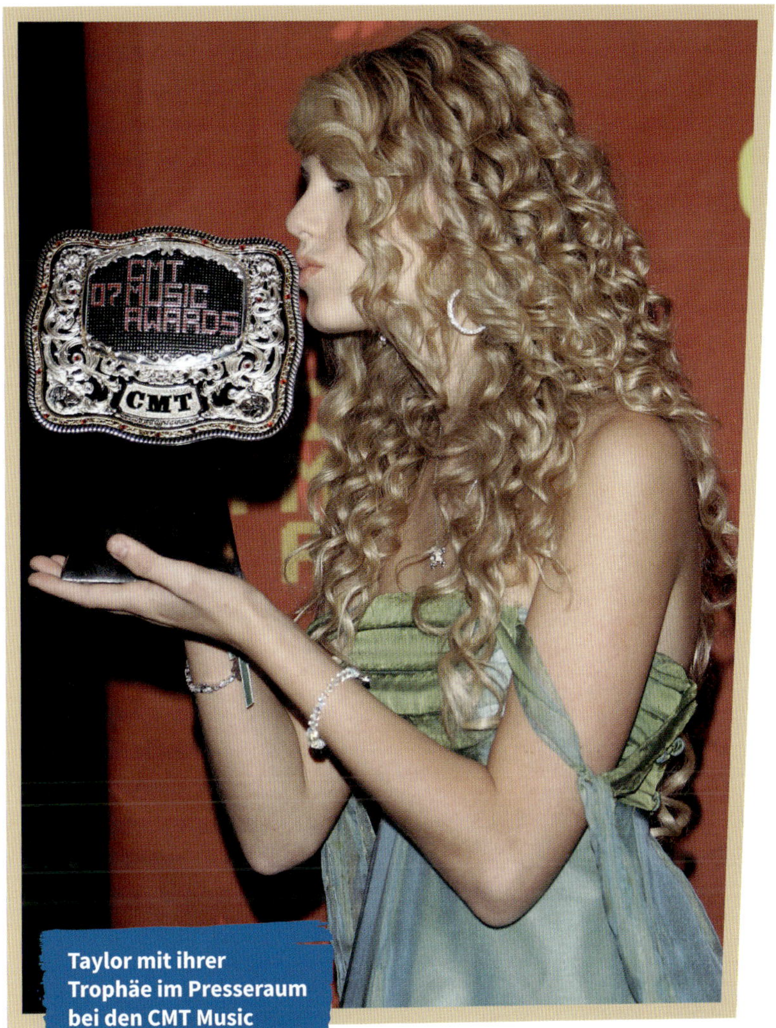

Taylor mit ihrer Trophäe im Presseraum bei den CMT Music Awards 2007.

Taylors nach ihr selbst benanntes Debütalbum erreichte einen respektablen Platz 19 in den Billboard 200. Das Album verkaufte sich weiterhin gut, und im November 2007 waren bereits mehr als eine Million Exemplare von *Taylor Swift* verkauft worden. Ende Januar 2008 erreichte das Album Platz fünf der Billboard 200, und bis Oktober 2009 war es länger in den Charts als jedes andere Album der 2000er Jahre. *Taylor Swift* landete auf Platz 1 der Billboard Top Country Albums Charts und hielt sich 24 Wochen an der Spitze. Aber für Taylor waren dies nur die ersten in einer langen Reihe großer Karriereerfolge.

Dank ihrem Interesse an Musik und ihrer extrem hohen Arbeitsmoral schloss Taylor die Aufnahmen zu ihrem Debütalbum bereits am Ende ihres ersten Highschool-Jahres ab. Hinzu kamen die Unterstützung und Ermutigung ihrer Eltern von klein auf, ihre Möglichkeiten vor Ort und das Potenzial, das Branchenexperten wie Dymtrow und Borchetta in ihr sahen. Alle diese Faktoren bildeten das Fundament für eine Solokarriere, mit der Taylor die Welt im Sturm erobern sollte.

Der Erfolg von „Our Song" machte Taylor zur jüngsten Person, die im Alleingang einen Nummer-1-Hit schrieb und auch sang. Um das Album zu promoten, tourte Taylor zwischen 2006 und 2007 mit anderen Country-Musikern wie Brad Paisley, George Strait sowie Tim McGraw und Faith Hill auf ihrer gemeinsamen Tournee. Im Jahr 2008 war sie erneut mit den Rascal Flatts unterwegs.

Taylors Album war bei den Kritikern beliebt. Sie lobten vor allem ihr Talent als Songwriterin und die Reife des Albums. Chris Neal von Country Weekly erwähnte insbesondere Taylors „Ehrlichkeit, Intelligenz und Idealismus", und Janis Fontaine von der Palm Beach Post hob die „musikalische Reife" des Albums hervor. Einige Kritiker reagierten auf das Album jedoch eher verhalten. Roger Holland von PopMatters schrieb: „Es ist zu hoffen, dass sie, wenn sie ihren Platz und eine reifere Stimme gefunden hat, einen Mittelweg zwischen der Country-Tradition und ihrer sehr offensichtlichen Pop-Sensibilität einschlagen kann."

Mit harter Arbeit und großer Entschlossenheit hat Taylor ihren Traum, Musikerin zu werden, verwirklicht.

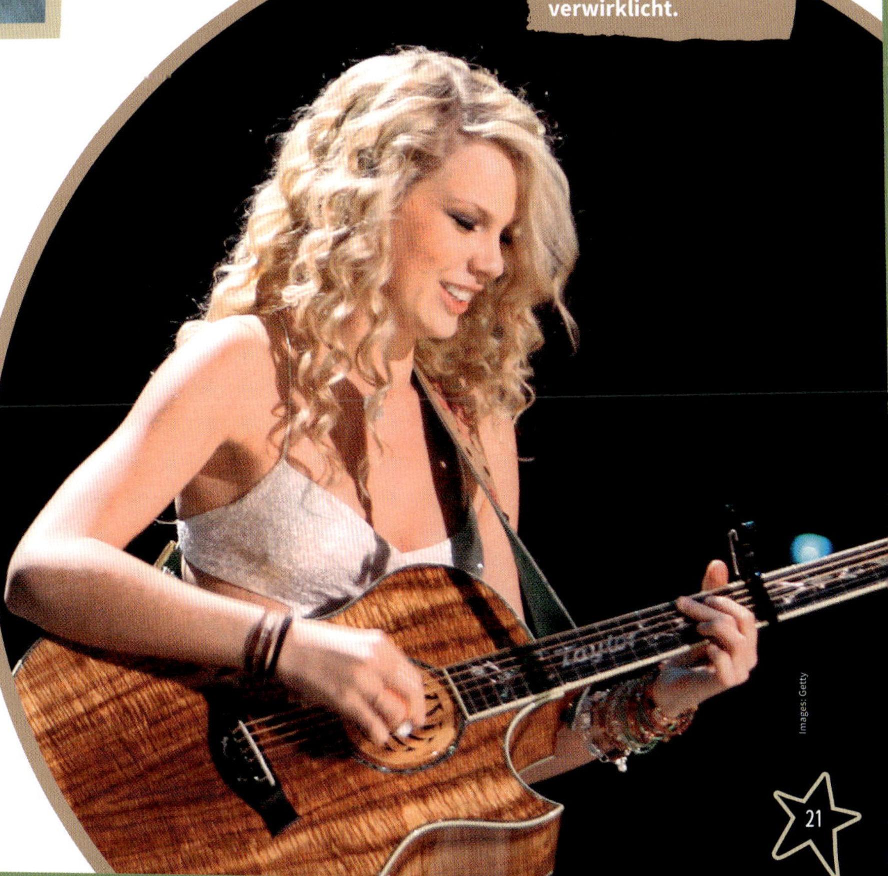

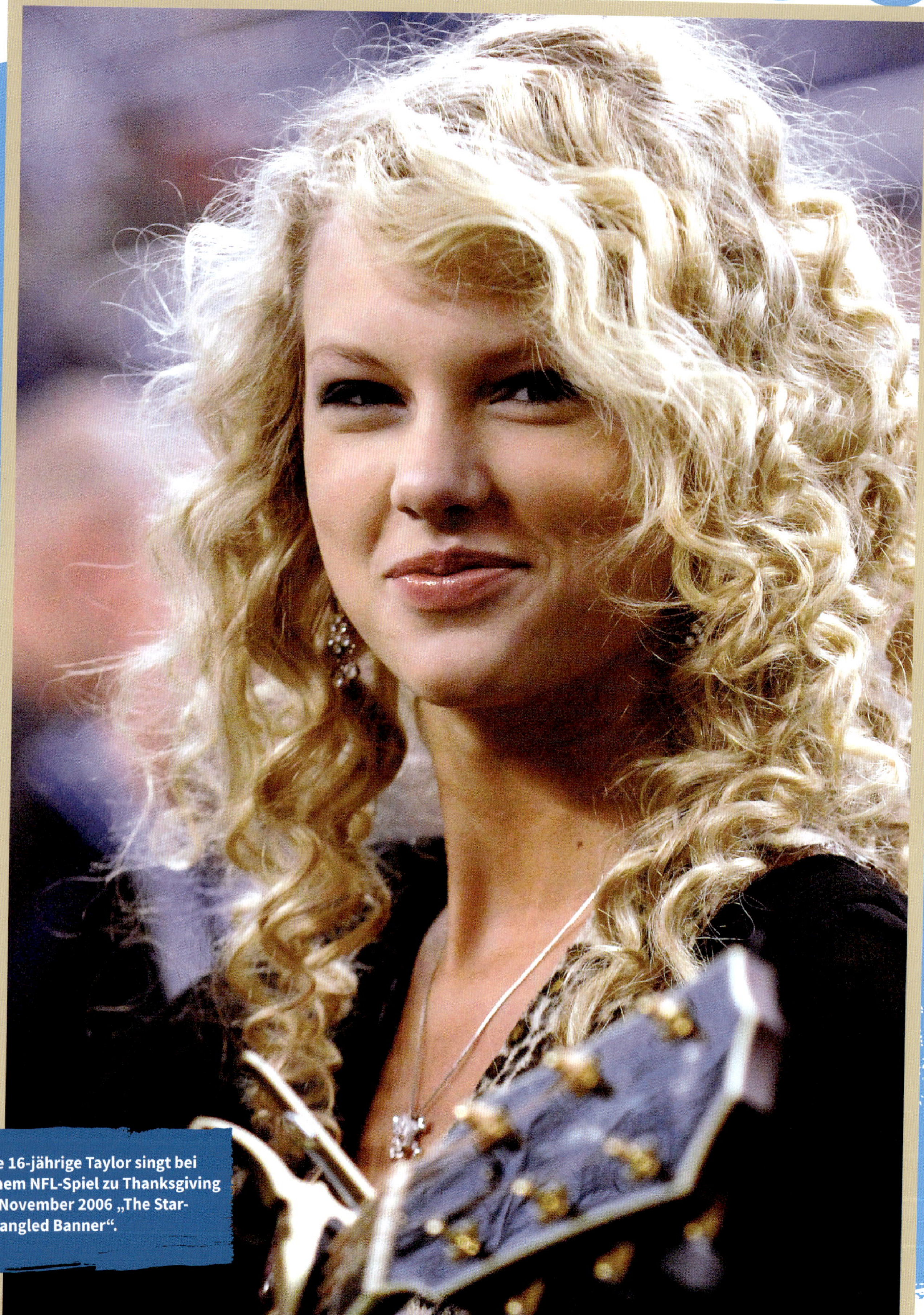

Die 16-jährige Taylor singt bei einem NFL-Spiel zu Thanksgiving in November 2006 „The Star-Spangled Banner".

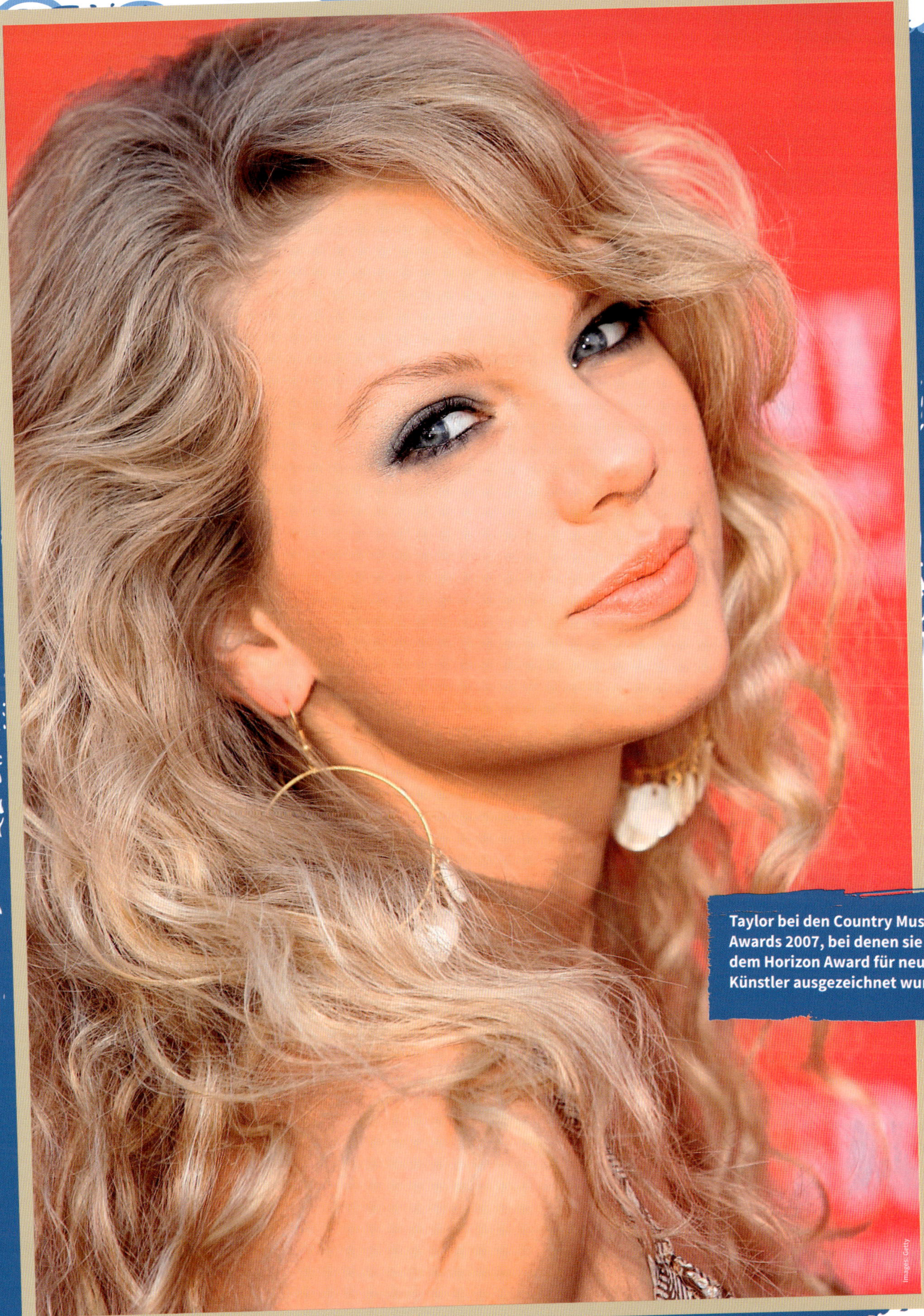

Taylor bei den Country Music Awards 2007, bei denen sie mit dem Horizon Award für neue Künstler ausgezeichnet wurde.

Images: Getty

Taylor und ihre Mutter Andrea auf dem roten Teppich bei den CMT Music Awards 2007 …

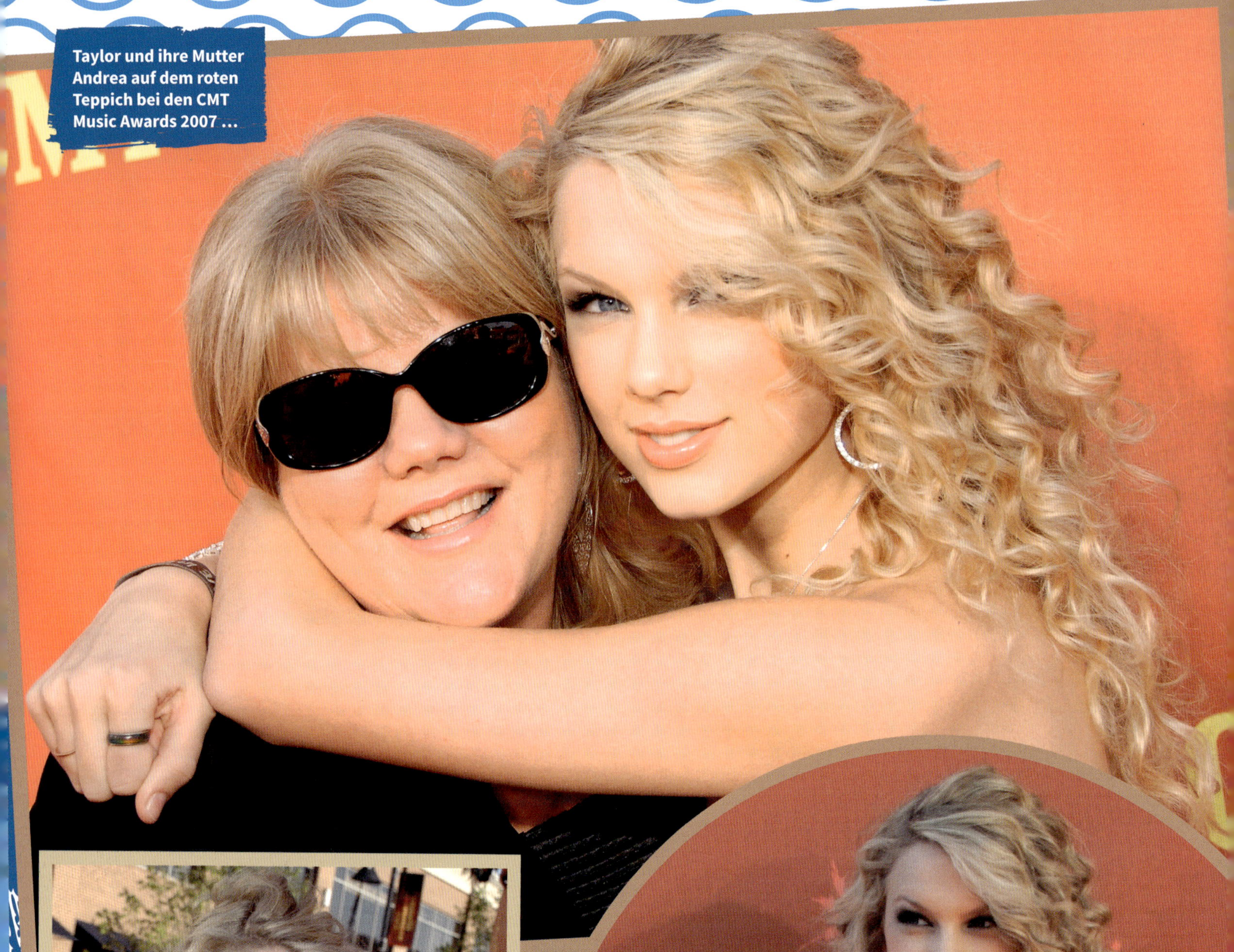

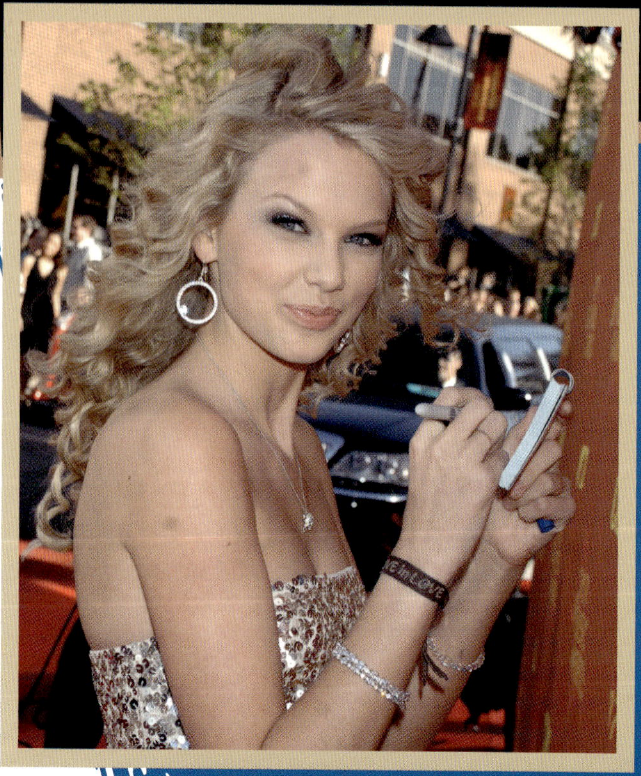

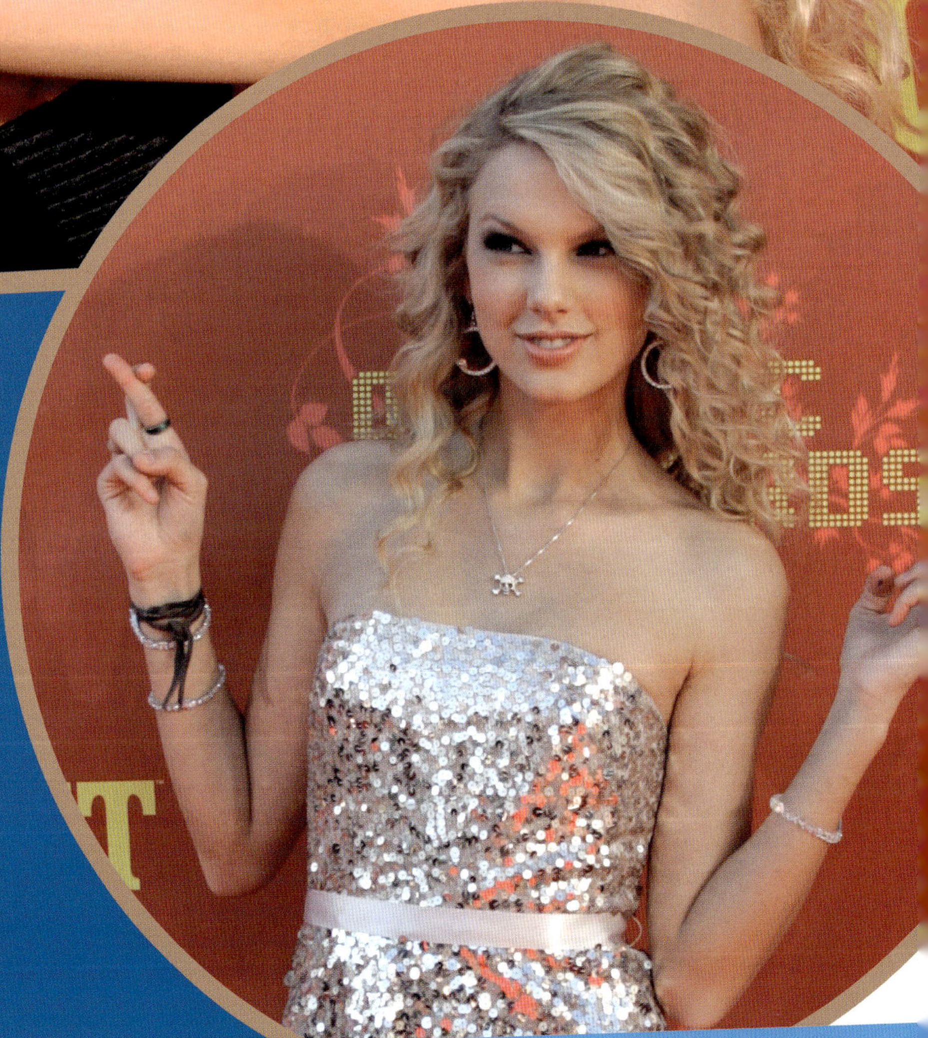

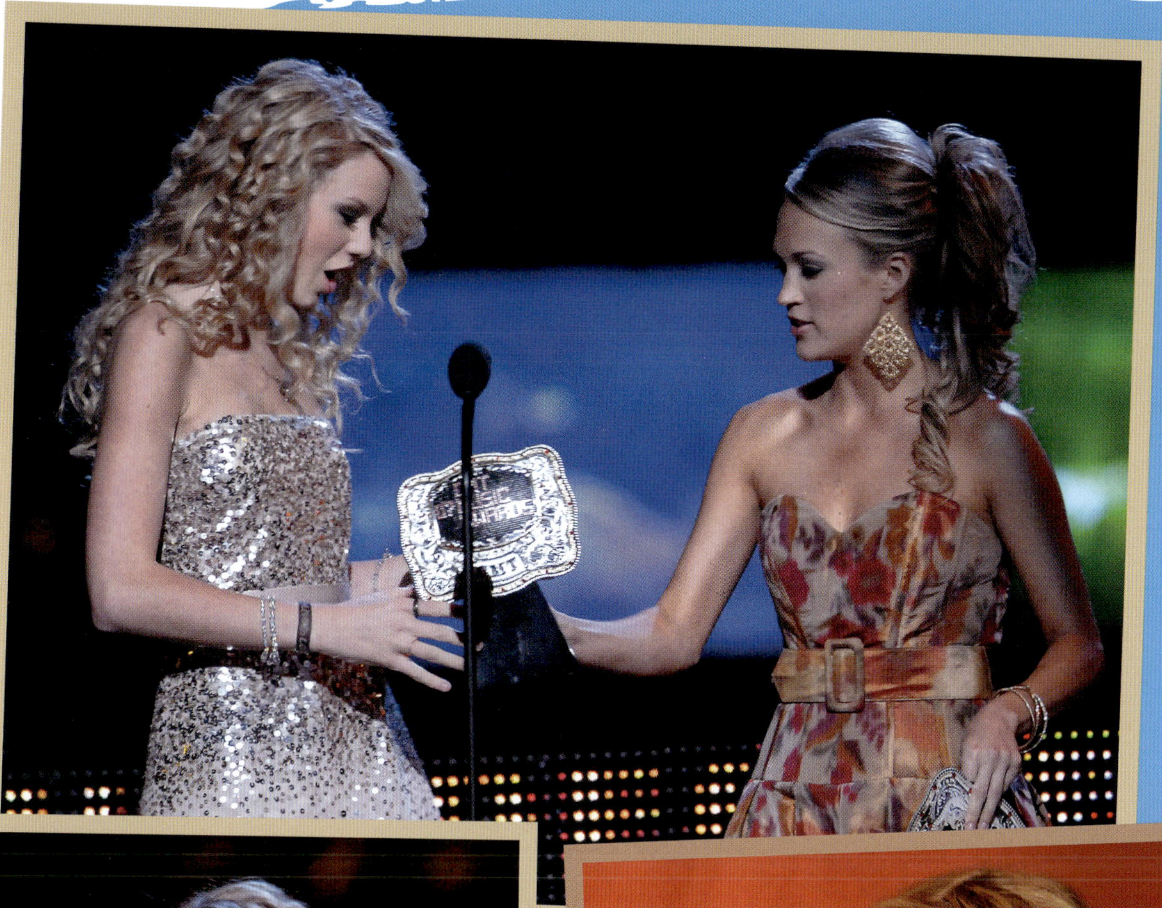

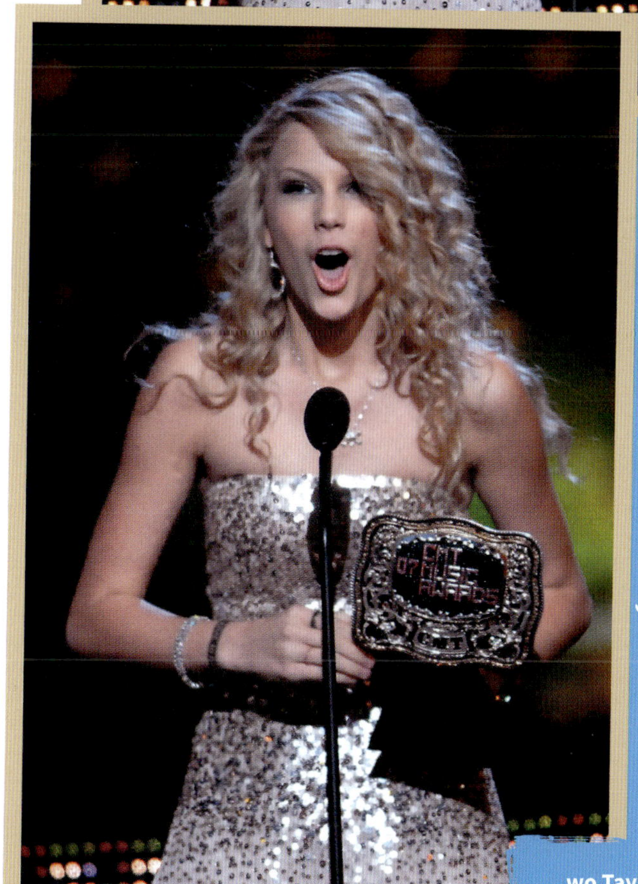

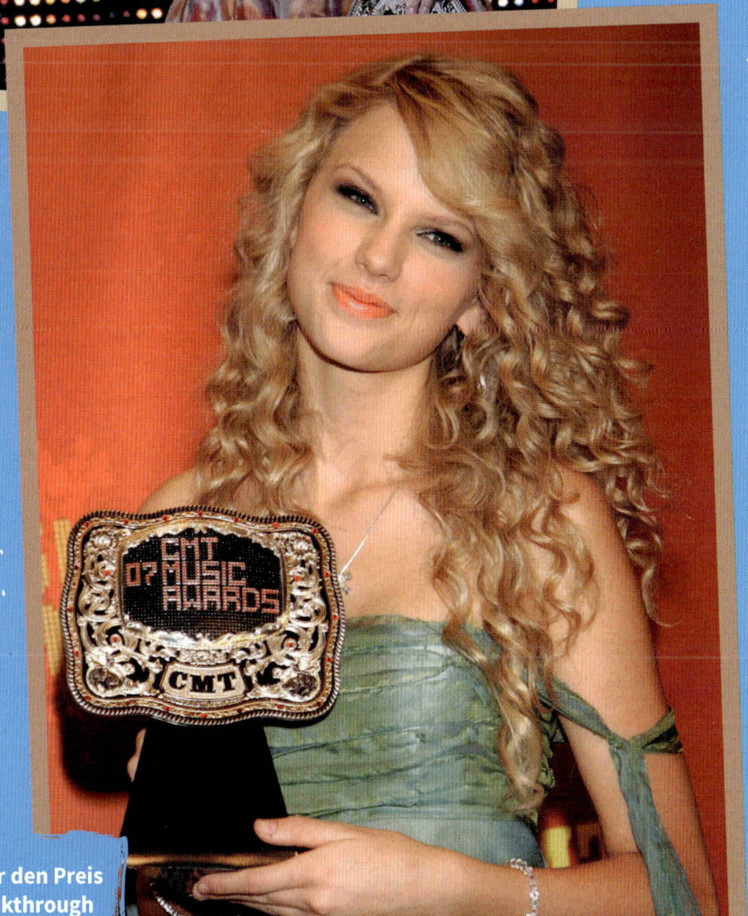

... wo Taylor den Preis für das Breakthrough Video des Jahres für „Tim McGraw“ entgegennahm!

Images: Getty

KAPITEL 1

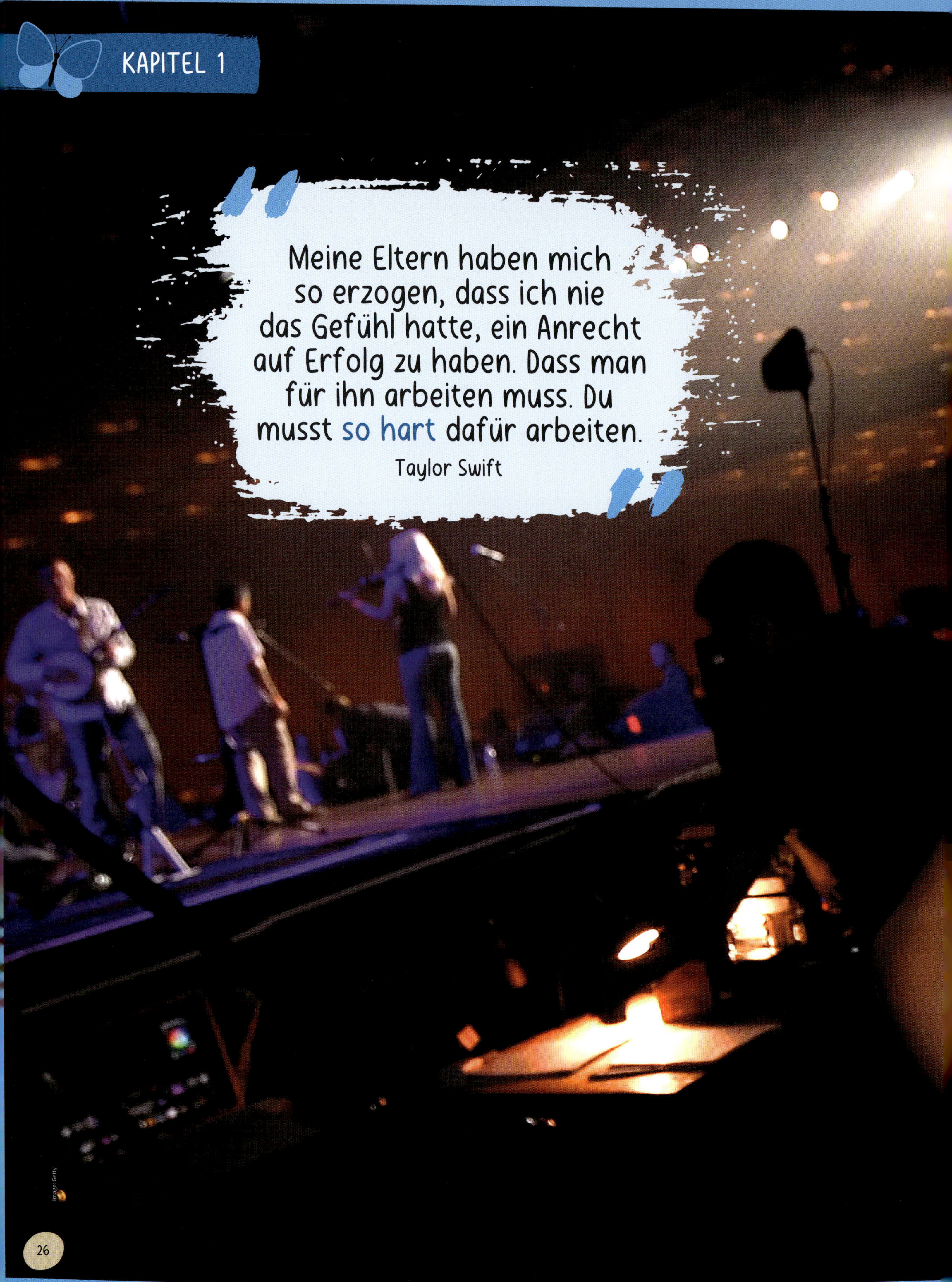

Meine Eltern haben mich so erzogen, dass ich nie das Gefühl hatte, ein Anrecht auf Erfolg zu haben. Dass man für ihn arbeiten muss. Du musst **so hart** dafür arbeiten.

Taylor Swift

Image: Getty

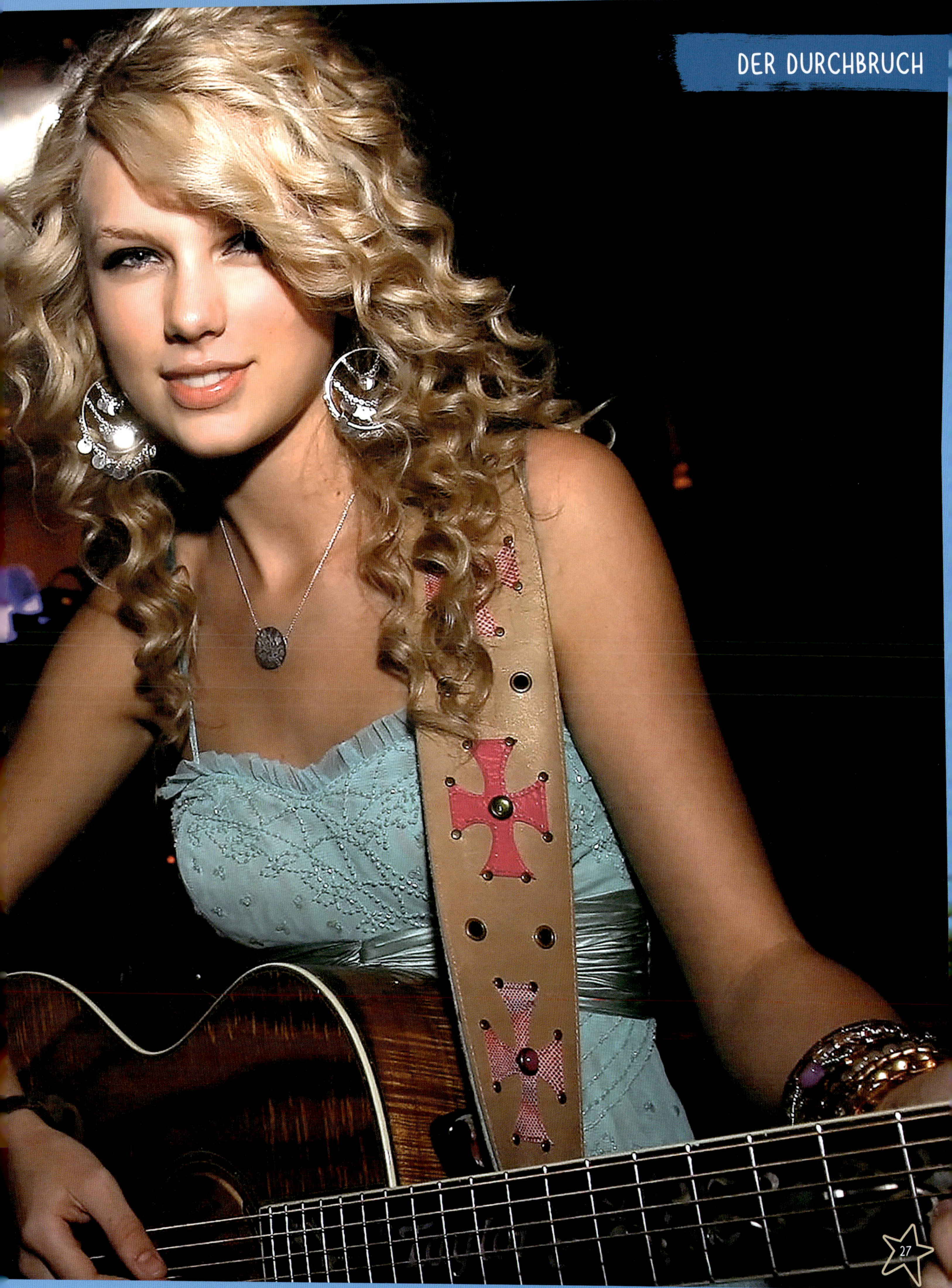

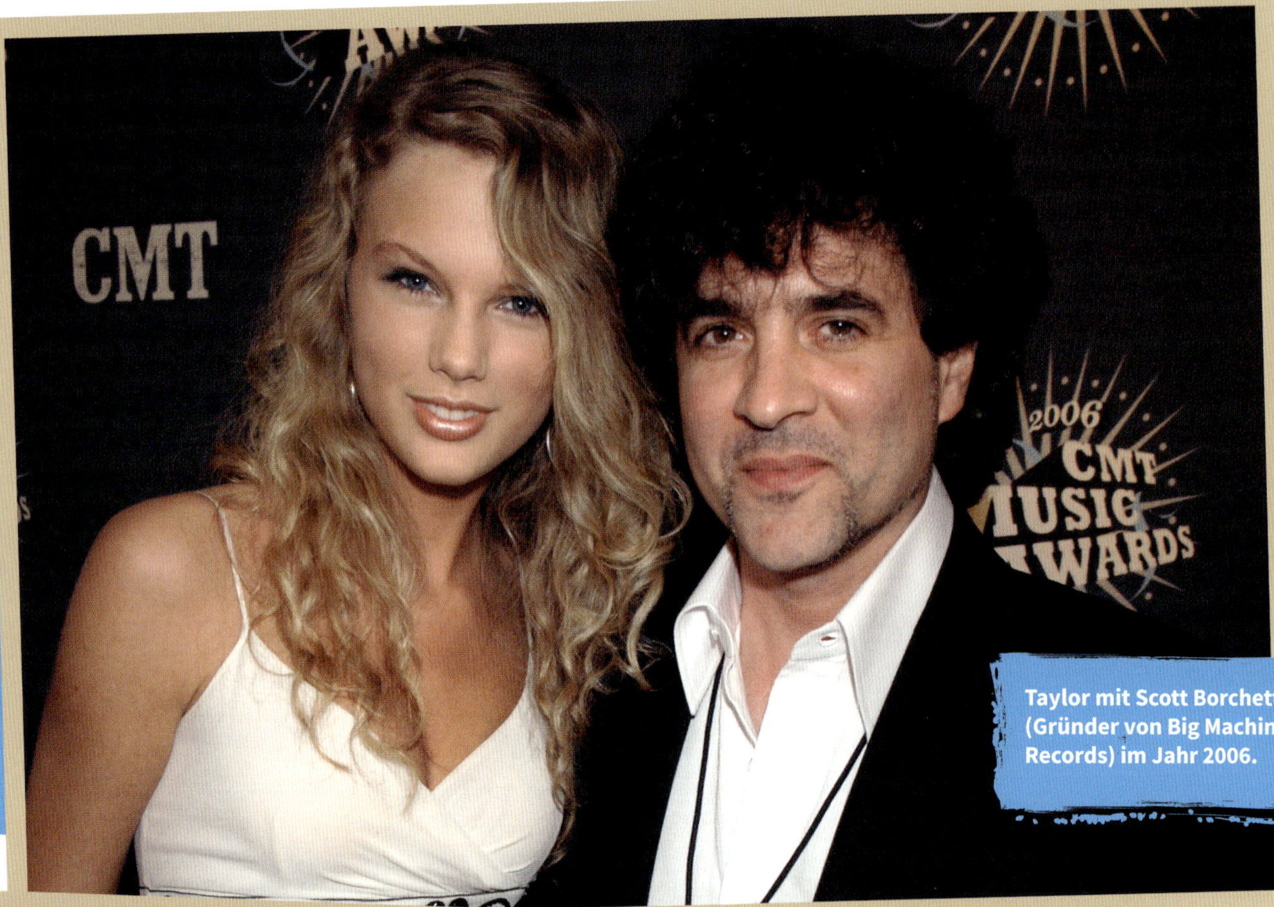

Taylor mit Scott Borchetta (Gründer von Big Machine Records) im Jahr 2006.

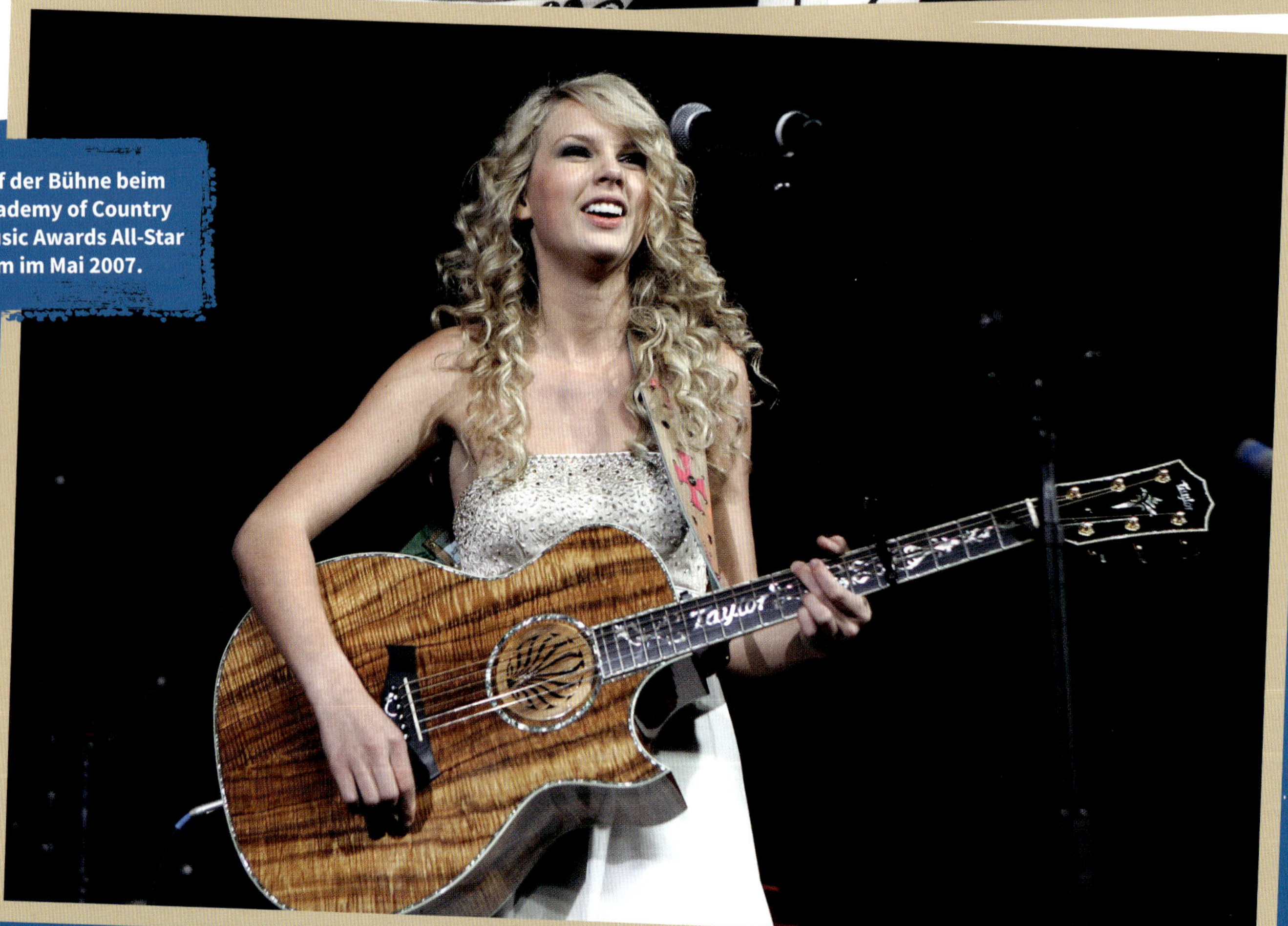

Auf der Bühne beim Academy of Country Music Awards All-Star Jam im Mai 2007.

Images: Getty

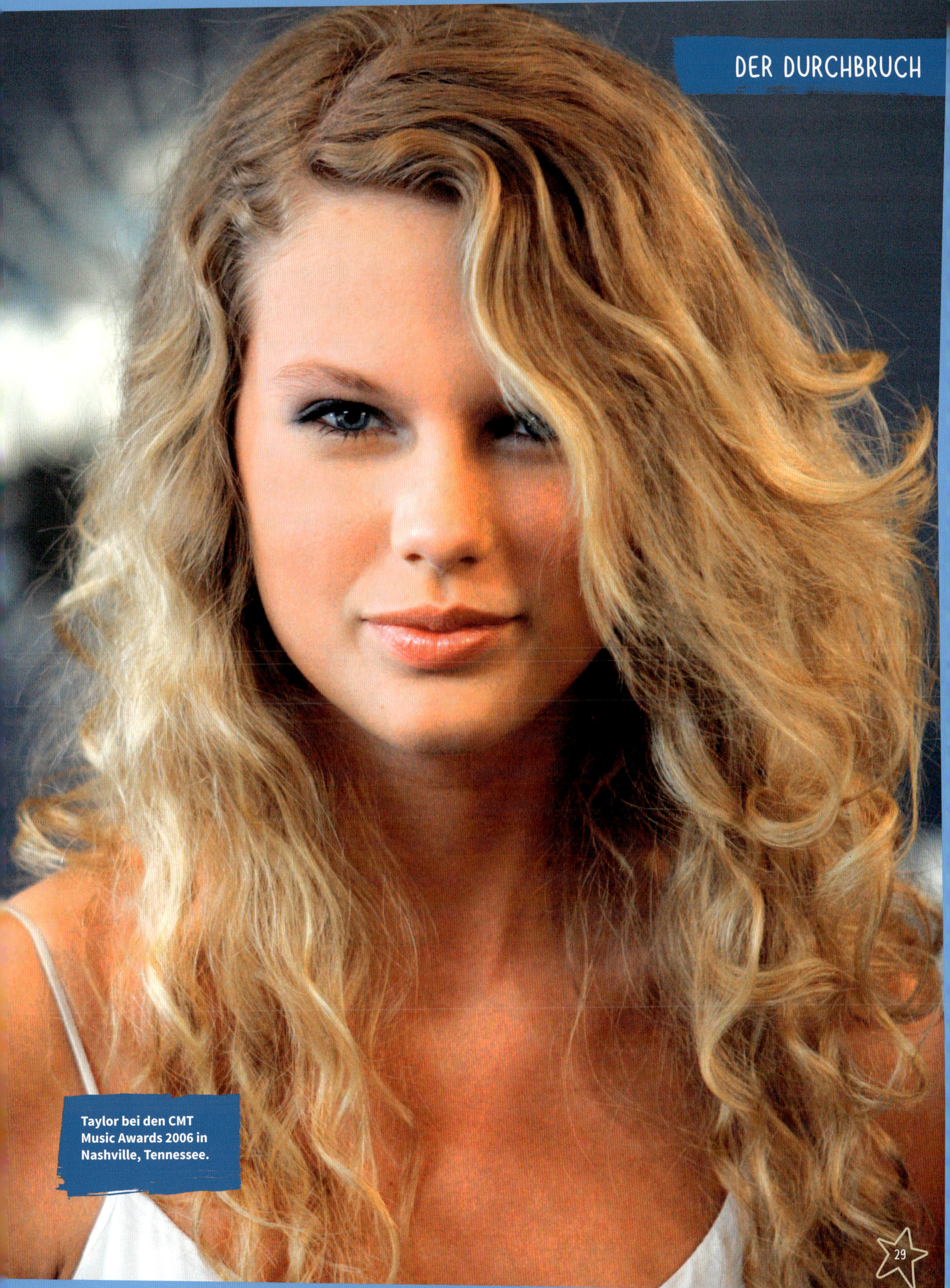

Taylor bei den CMT Music Awards 2006 in Nashville, Tennessee.

„WENN DU SINGST, HÖRST DU DAS ECHO DER LEUTE IM PUBLIKUM, DIE JEDES WORT MITSINGEN. DAS WAR MEIN GROSSER TRAUM. UND ER IST WAHR GEWORDEN!"

Taylor über den Nervenkitzel von Live-Auftritten zu Beginn ihrer Karriere

Image: Getty

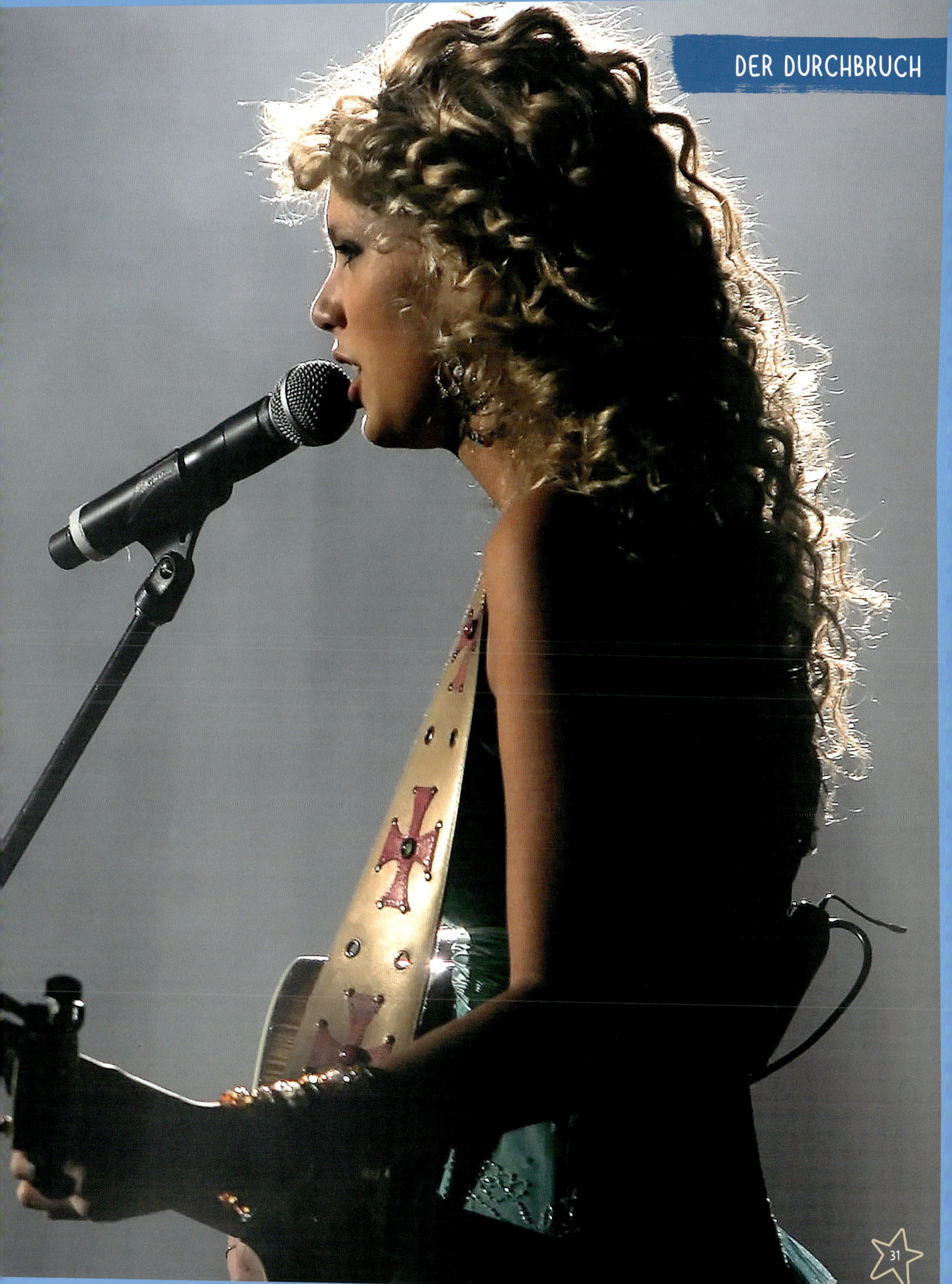

KAPITEL 1

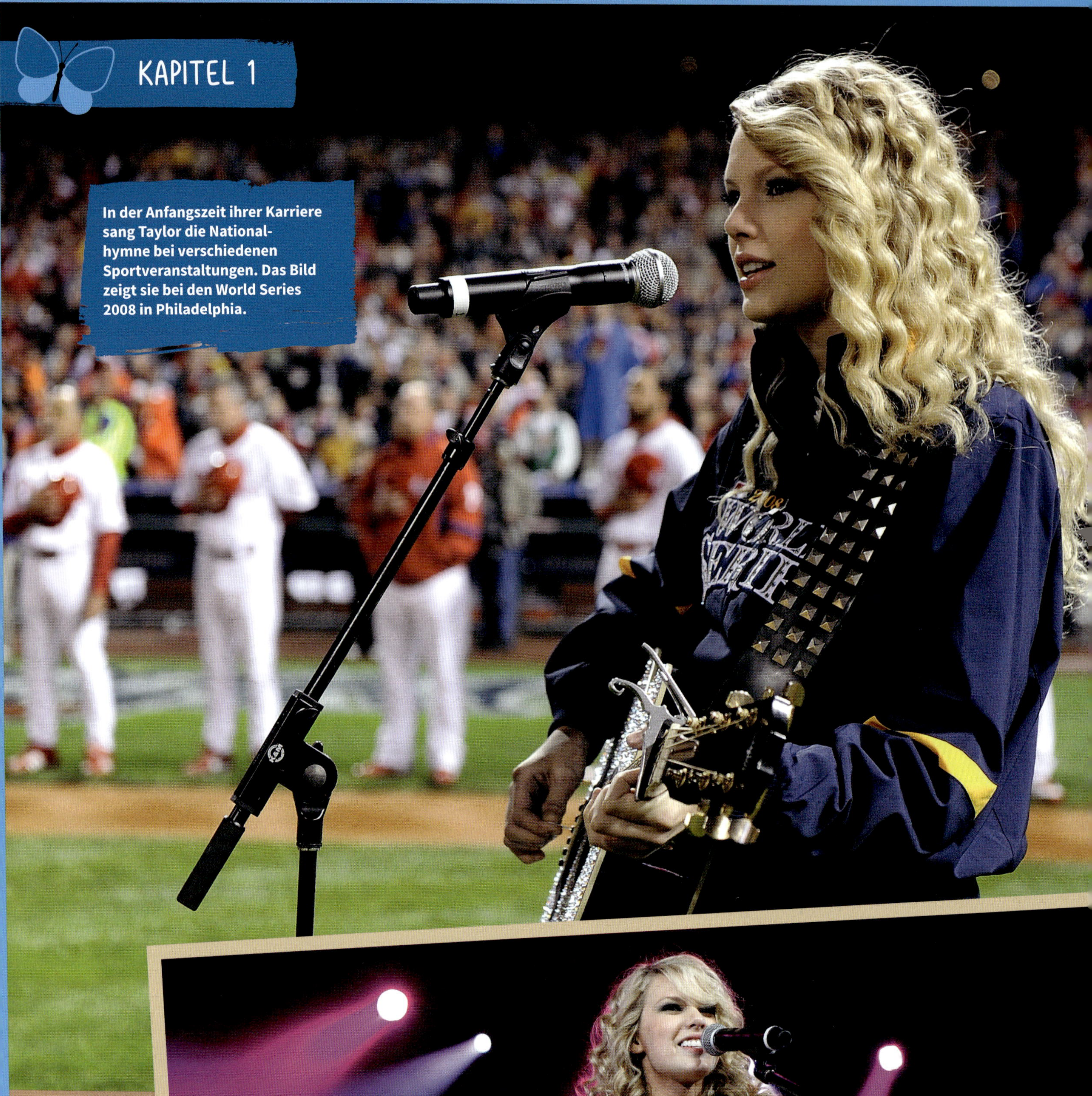

In der Anfangszeit ihrer Karriere sang Taylor die Nationalhymne bei verschiedenen Sportveranstaltungen. Das Bild zeigt sie bei den World Series 2008 in Philadelphia.

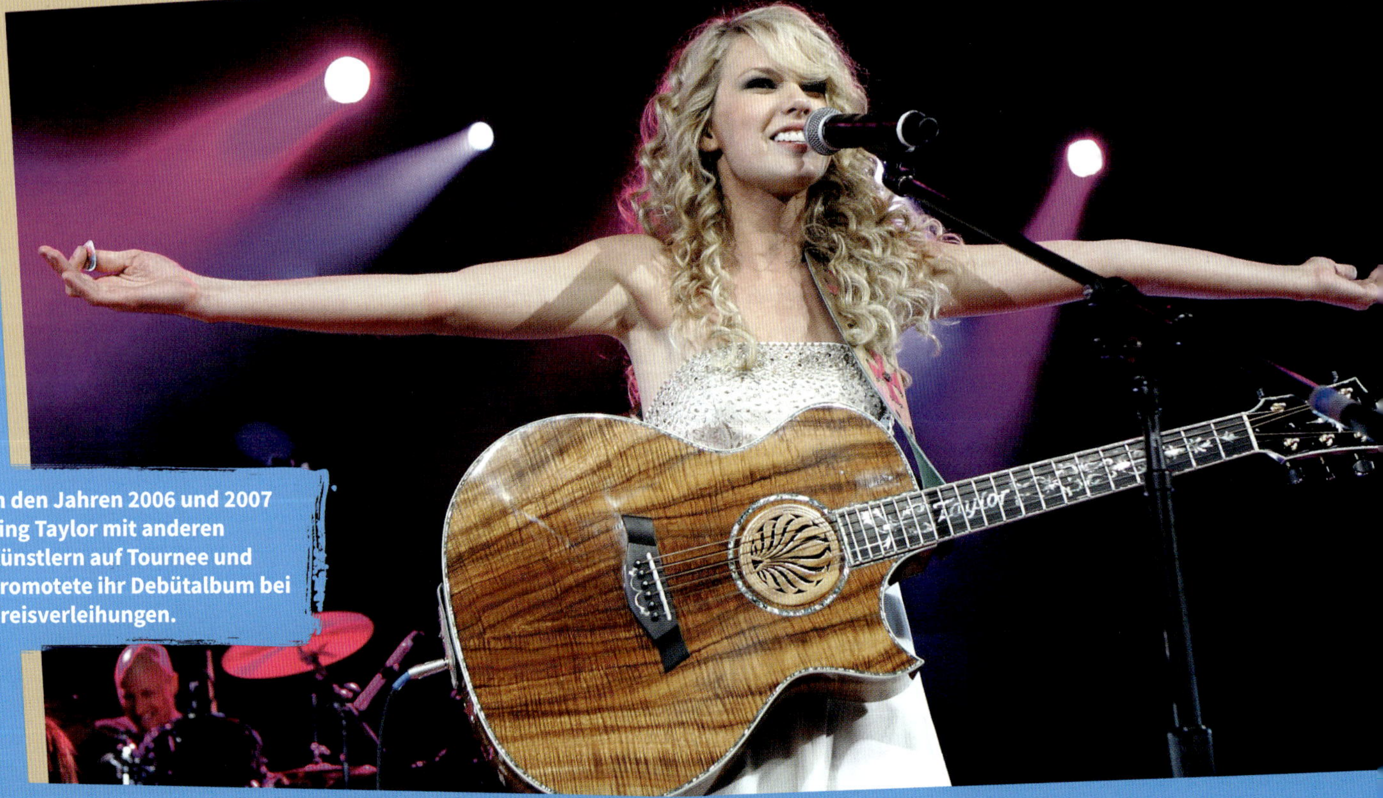

In den Jahren 2006 und 2007 ging Taylor mit anderen Künstlern auf Tournee und promotete ihr Debütalbum bei Preisverleihungen.

Images: Getty

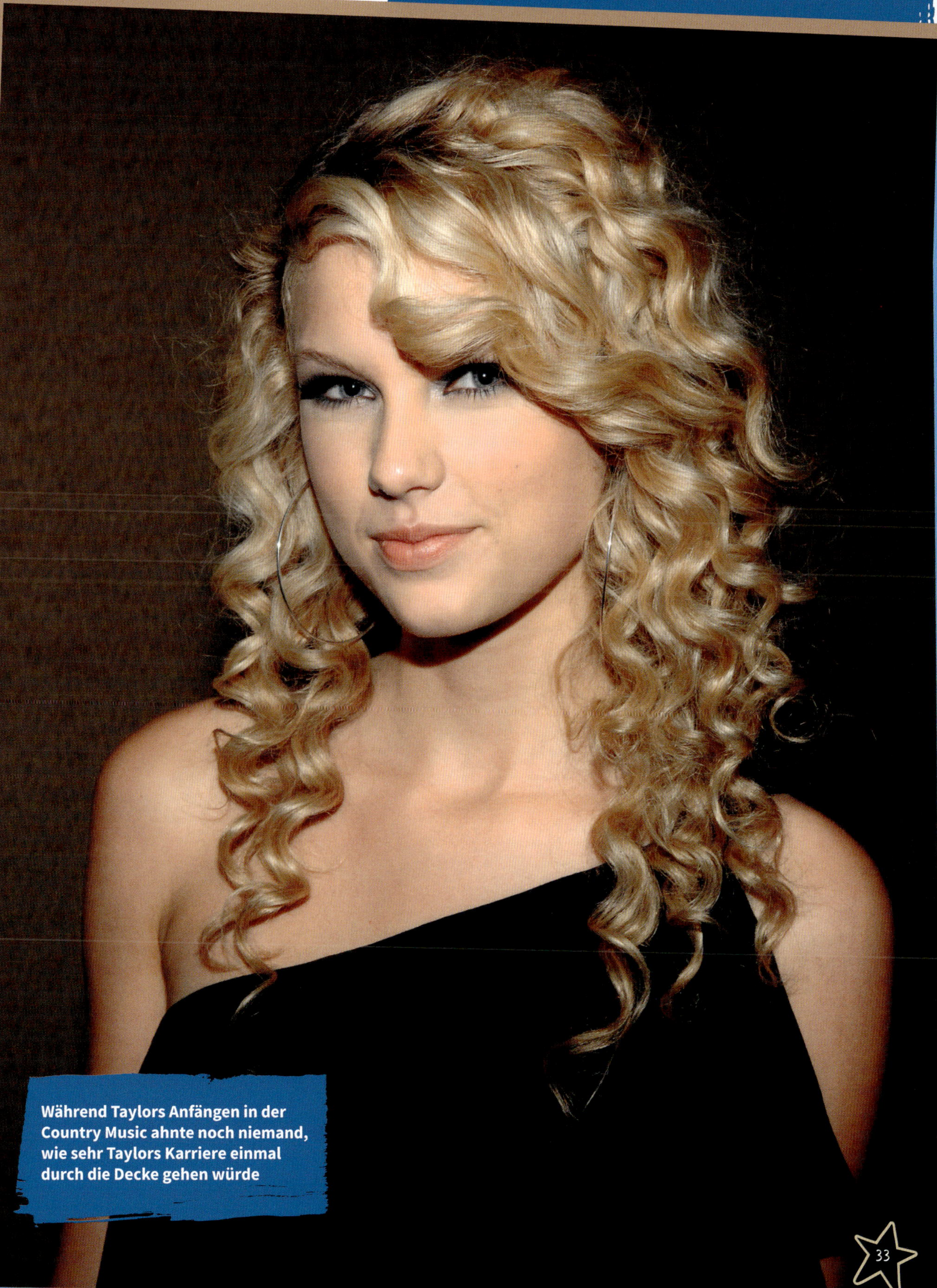

Während Taylors Anfängen in der Country Music ahnte noch niemand, wie sehr Taylors Karriere einmal durch die Decke gehen würde

Freizeit

Als Kind nahm Taylor an Reitturnieren teil, doch am liebsten dachte sie sich Märchen aus oder sang die Lieder aus Disney-Filmen nach. Von klein auf fand sie Erfüllung im Schreiben – ihrer Songtexte, aber auch ihres Tagebuchs. Mit zwölf Jahren verfasste sie sogar einen ersten Roman.

Sie kocht und backt gerne, wenn sie Zeit dafür findet. Zudem mag Taylor Reality-TV-Shows über Heimwerken und Ernährung.

Außerdem liebt sie die Jagd nach Antiquitäten. „Und nicht nur in den schicken Läden", erklärt sie. „Mir gefallen die, für die man sich durch den Trödel wühlen muss, bis man die echten Schätze findet."

Auch beim Tanzen tankt sie Lebensfreude. Und dann ist da noch ihre große Tierliebe, vor allem zu ihren Katzen Olivia, Meredith und Benjamin. Sie tauchen häufig in ihren Insta-Posts auf, genau wie die Schneekugeln, die sie entwirft.

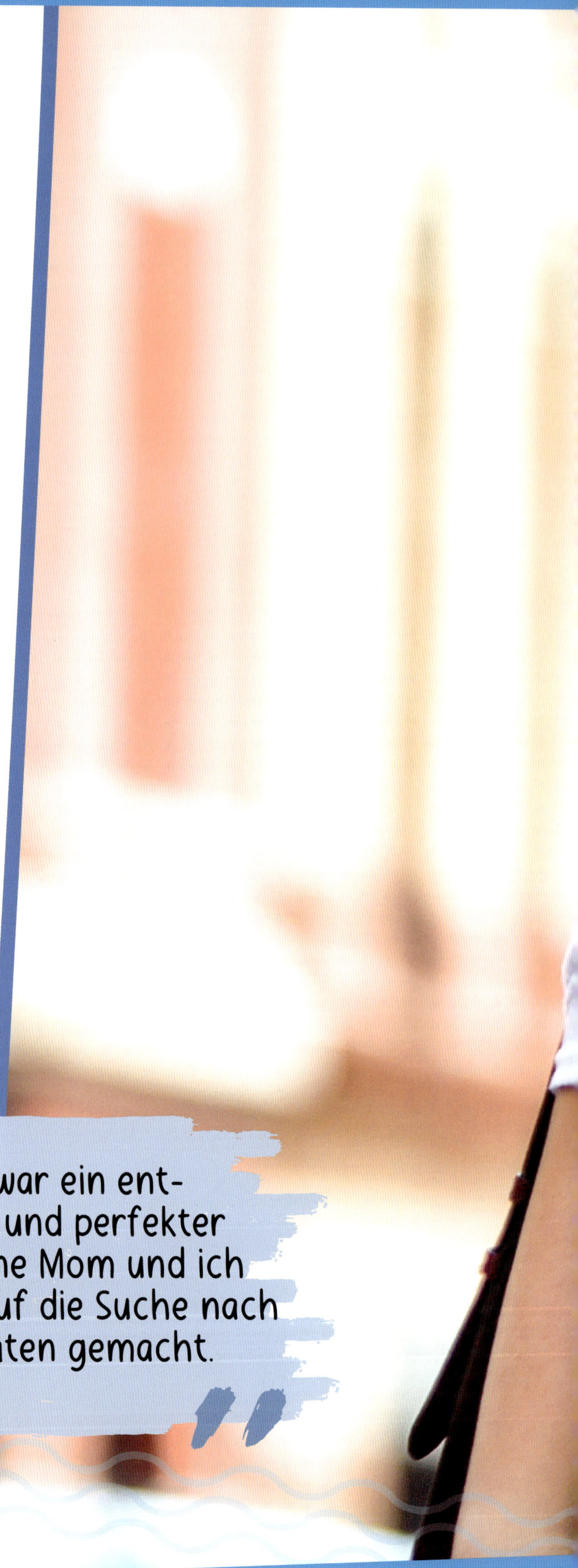

„Heute war ein entspannter und perfekter Tag – meine Mom und ich haben uns auf die Suche nach Antiquitäten gemacht."

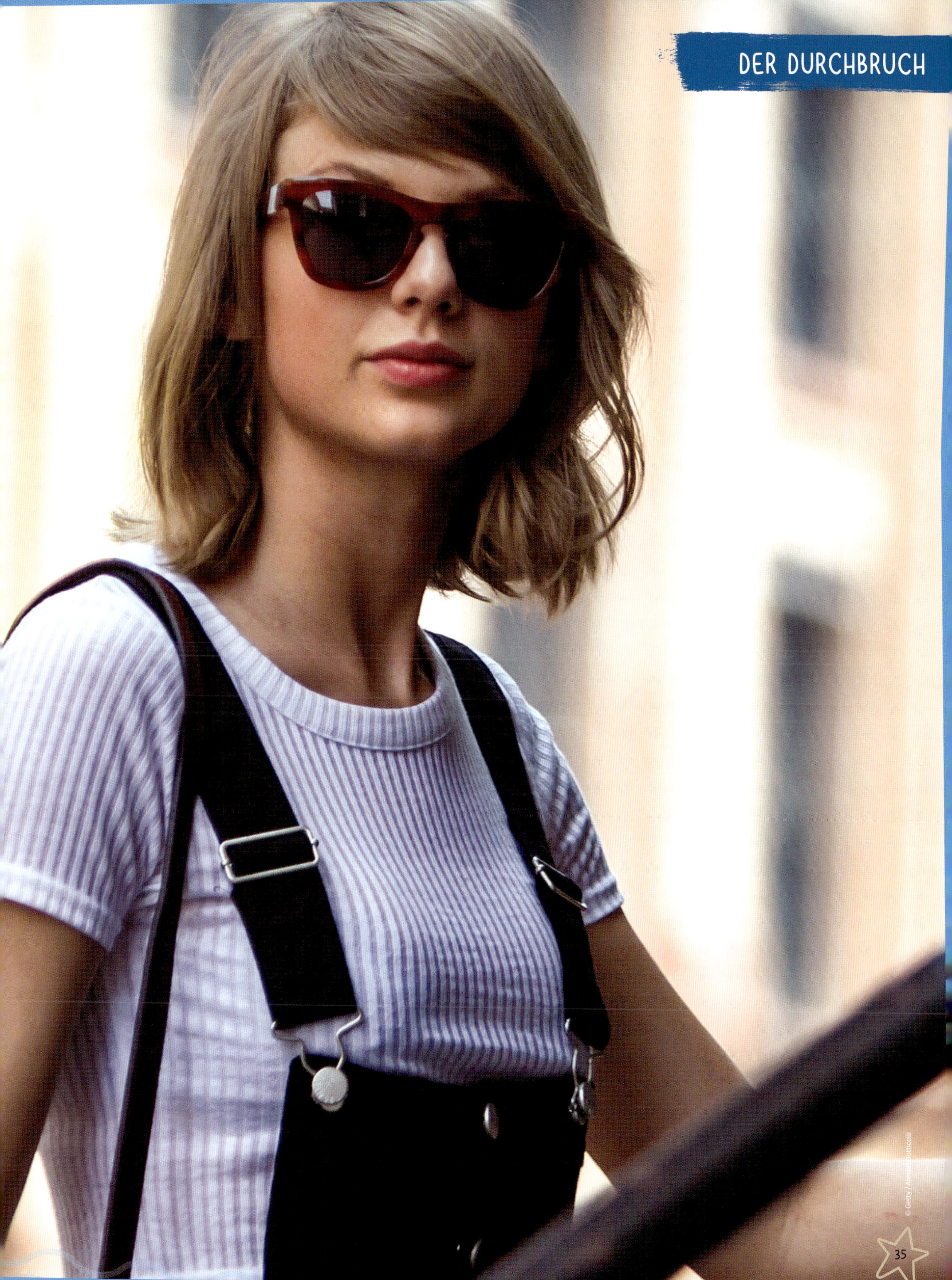

© Getty / Alessio Botticelli

> „Sie hat unglaubliche Kraft. Die Songs, die ich mit ihr geschrieben habe, bleiben mir im Gedächtnis, weil sie Gefühle greifbar machen kann."
>
> Liz Rose

Der Durchbruch

In Nashville begann die 13-jährige Taylor, mit der Songschreiberin Liz Rose (Foto) zusammenzuarbeiten. Jeden Dienstag trafen sie sich, und Rose berichtet, dass ihre Sessions „zu den einfachsten [ihres] Lebens gehörten. Taylor schrieb darüber, was am Tag in der Schule passiert war. Sie wusste genau, was sie sagen wollte. Und dann produzierte sie die unglaublichsten Aufhänger."

Taylor erhielt einen Vertrag von Sony/ATV, war aber so unglücklich mit den Bedingungen, dass sie nach einem Jahr aufgab. Ihr Durchbruch erfolgte 2005 im Bluebird Café in Nashville. Dort bemerkte Scott Borchetta bei ihrem Auftritt ihr Starpotenzial; er war Manager bei DreamWorks Records und gerade dabei, das Label Big Machine Records zu gründen. Taylor gehörte zu seinen ersten Vertragspartnern – ein Meilenstein ihrer Karriere.

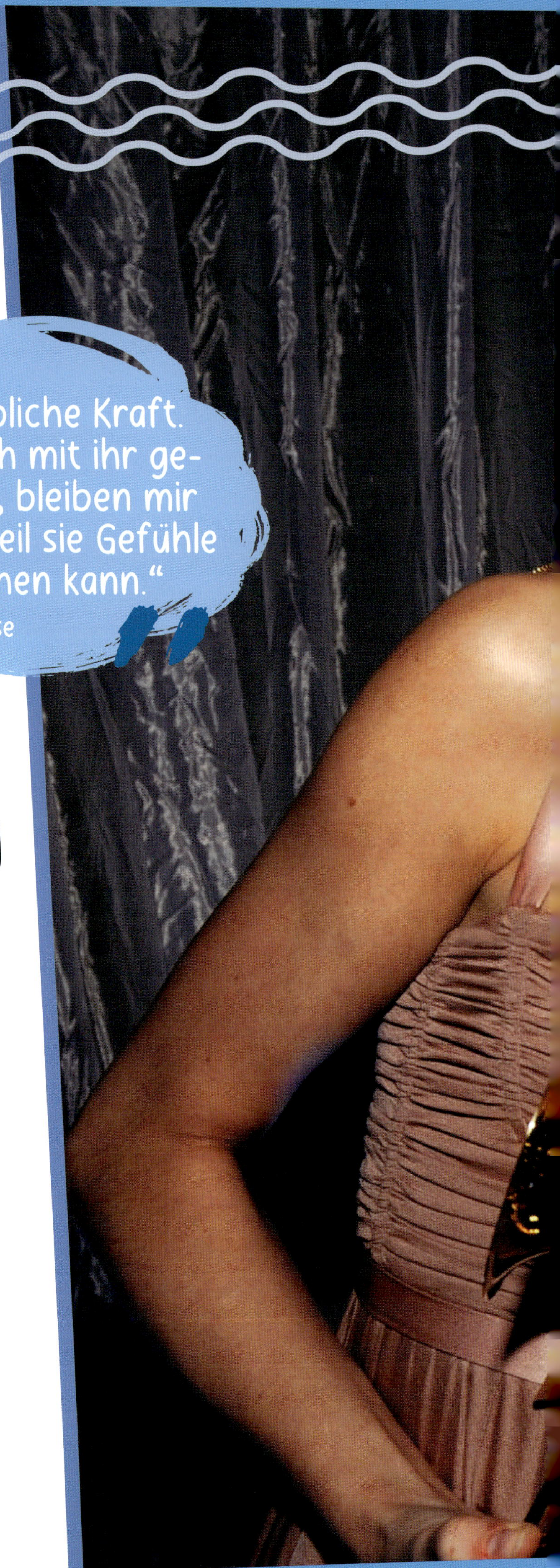

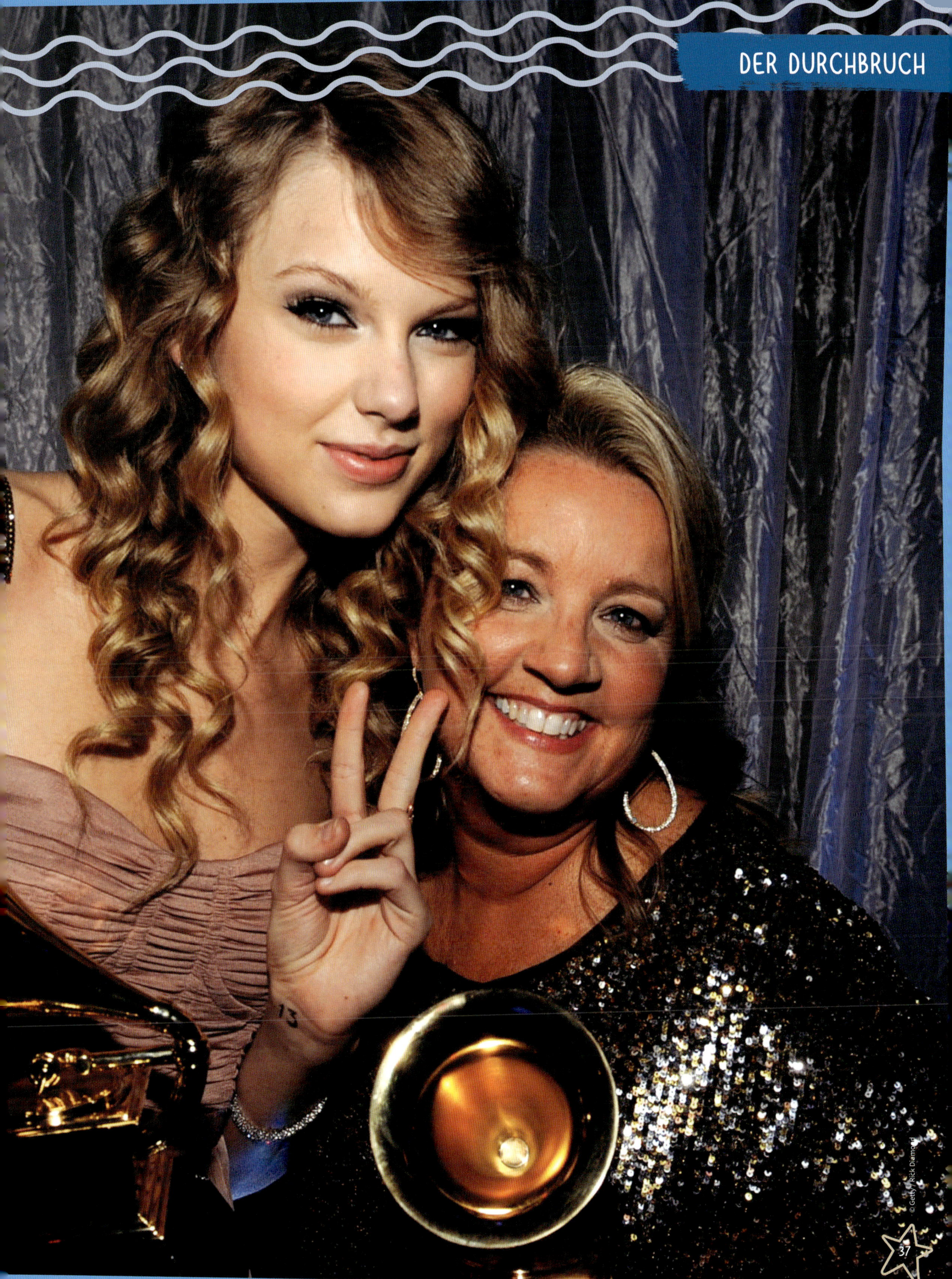

Surprise, Surprise

Eine Woche nach der Veröffentlichung von *1989* kündigte Taylor über ihren Twitteraccount mit der 1989-World-Tour von Mai bis Dezember 2015 ihre vierte Tournee an. Es war ihre erste reine Pop-Tour, und sie beteiligte sich an der Gestaltung, um ihren Fans auch im Stadion ein möglichst persönliches Erlebnis zu bieten.

Die 1989-World-Tour wartete mit besonderen Bühnengästen auf. Bei der Show in Los Angeles traten Schauspieler Matt LeBlanc, Comedian Chris Rock und Model Sean O'Pry (Foto) auf. Gegenüber Beats 1 Radio sagte Taylor, dass ihre Fans aus den sozialen Medien schon im Vorfeld alles über die Show wüssten („Sie kennen die Set-Liste und die Outfits") und dass sie deshalb etwas Unerwartetes hinzufügen wolle. So gab es bei jeder Show außer dem Überraschungsgast immer auch einen anderen Überraschungssong aus ihrem Repertoire.

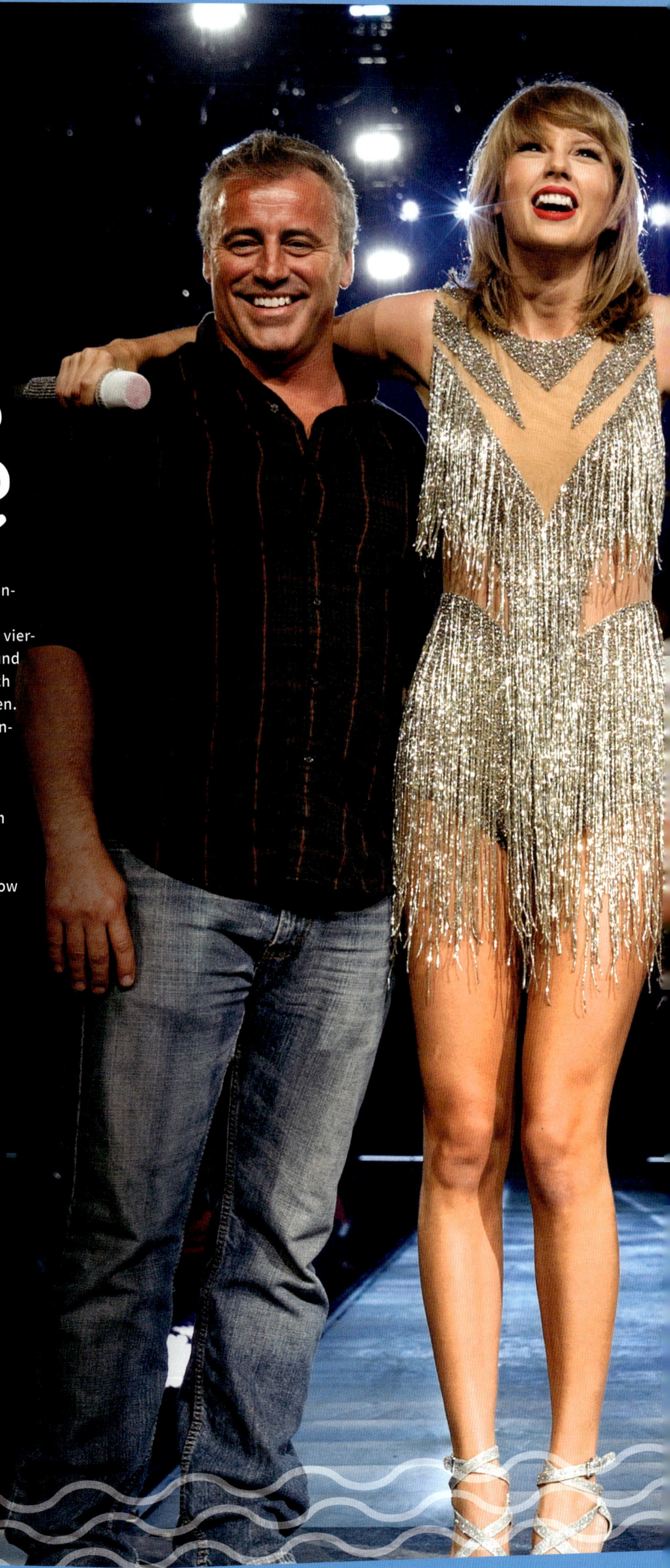

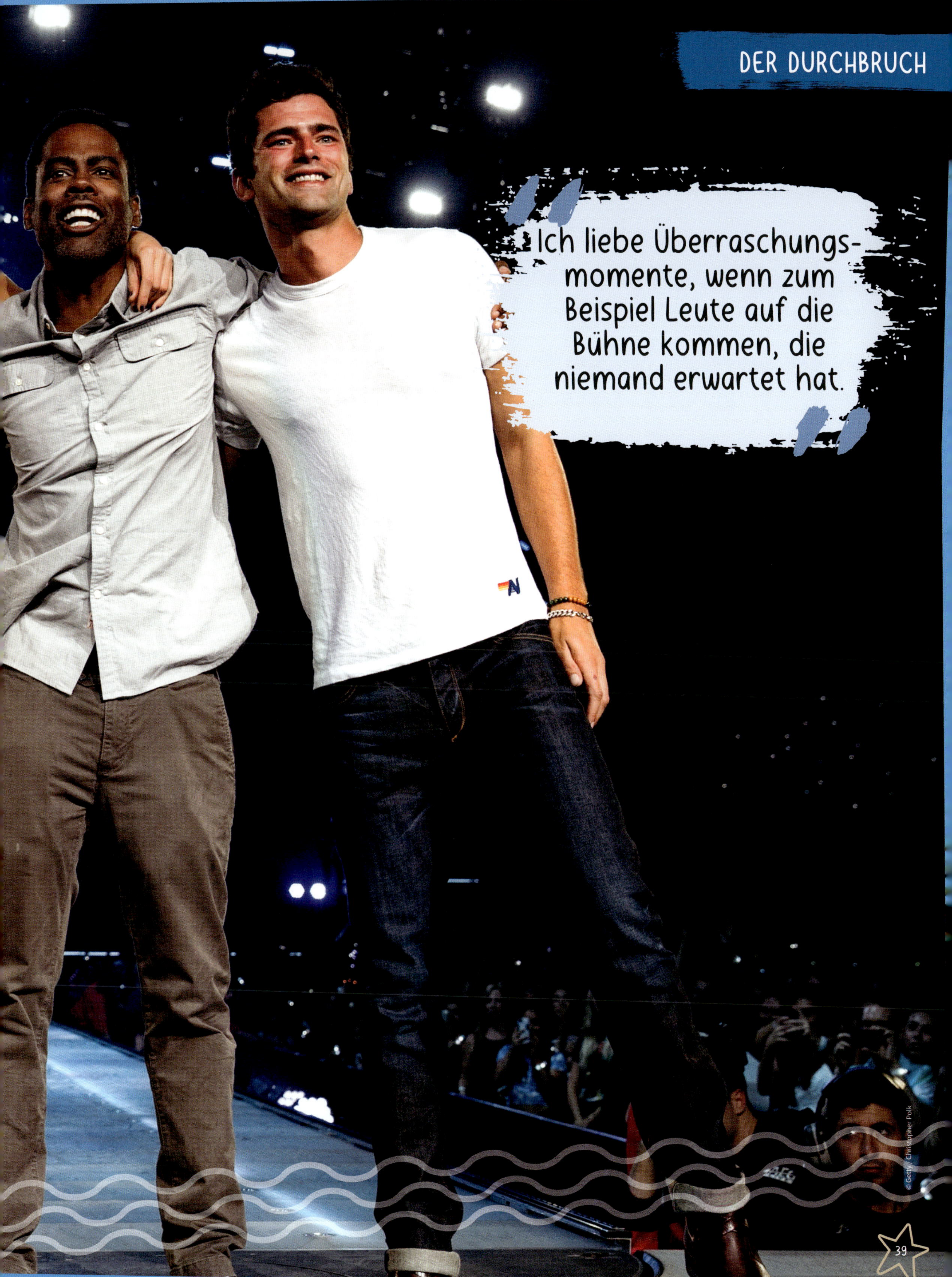

> „Ich liebe Überraschungsmomente, wenn zum Beispiel Leute auf die Bühne kommen, die niemand erwartet hat."

© Getty / Christopher Polk

KAPITEL 1

Künstlerin des Jahrzehnts

Bei der Verleihung der American Music Awards 2019 wurde Taylor als Künstlerin des Jahrzehnts ausgezeichnet. Sie nahm noch sechs weitere Preise entgegen, darunter den als Künstlerin des Jahres, und übertraf mit ihren nun 29 Awards Michael Jacksons Rekord von 24.

Taylor denkt an dieses schwierige Jahr zurück und sagt: „Die Zeit war sehr besonders, hielt aber auch die bisher größten Herausforderungen für mich bereit. Für mich zählen nur die Erinnerungen, die ich mit euch, meinen Fans während all der Jahre, teile."

„Diese Auszeichnung würdigt ein Jahrzehnt harter Arbeit, der Kunst, der Freude und der Erinnerungen."

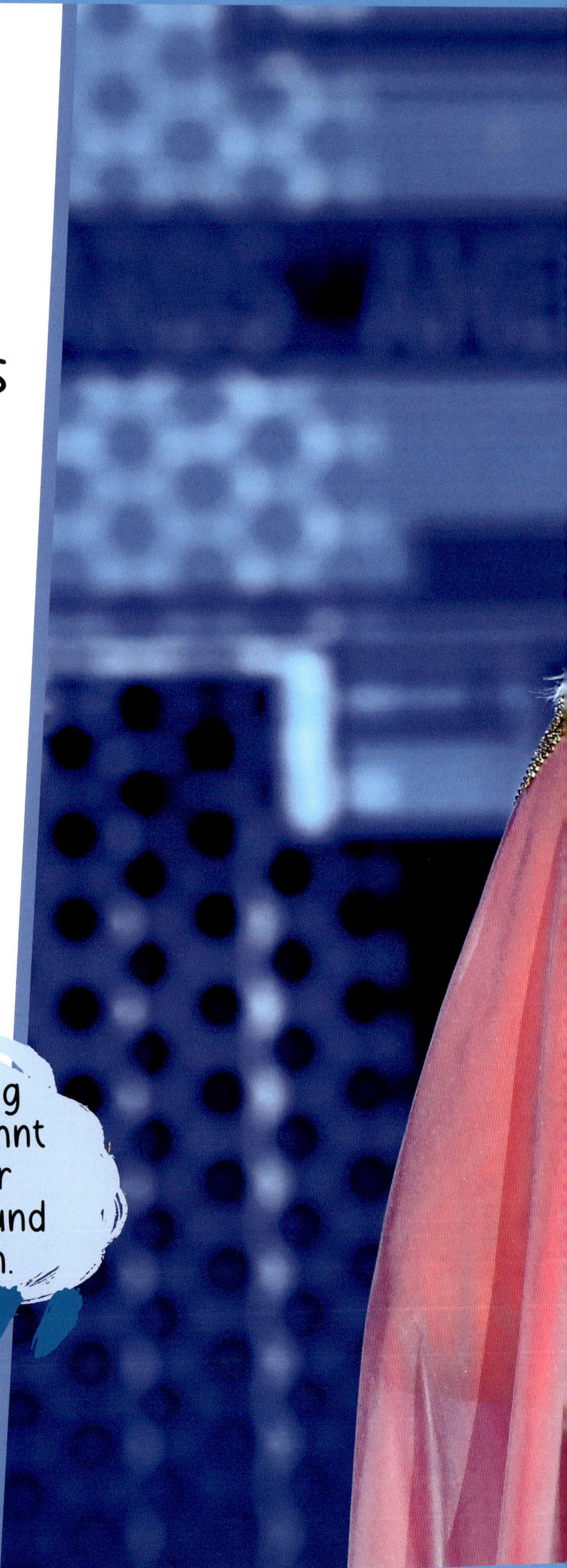

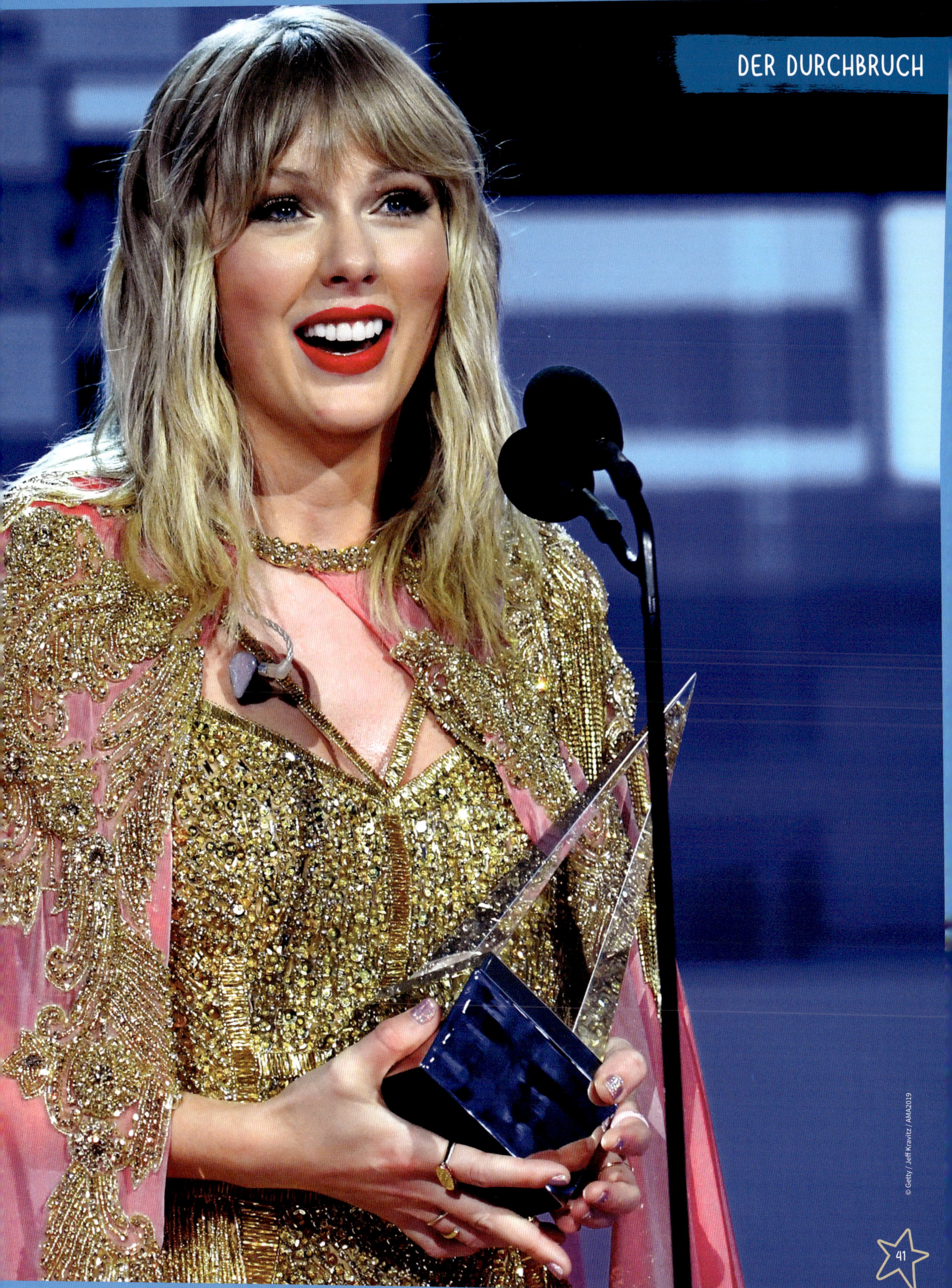

KAPITEL 1

Die Weltbühne

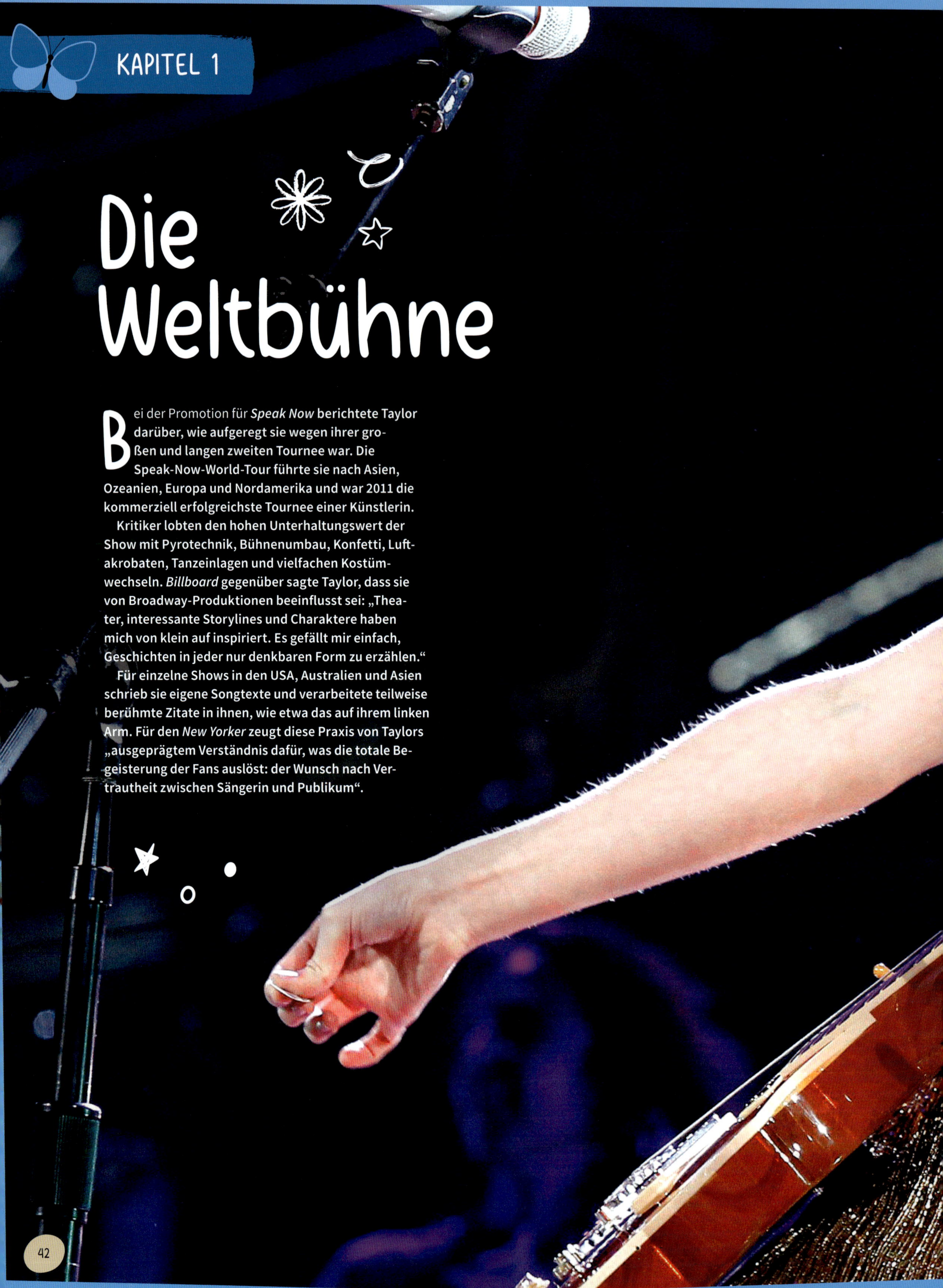

Bei der Promotion für *Speak Now* berichtete Taylor darüber, wie aufgeregt sie wegen ihrer großen und langen zweiten Tournee war. Die Speak-Now-World-Tour führte sie nach Asien, Ozeanien, Europa und Nordamerika und war 2011 die kommerziell erfolgreichste Tournee einer Künstlerin.

Kritiker lobten den hohen Unterhaltungswert der Show mit Pyrotechnik, Bühnenumbau, Konfetti, Luftakrobaten, Tanzeinlagen und vielfachen Kostümwechseln. *Billboard* gegenüber sagte Taylor, dass sie von Broadway-Produktionen beeinflusst sei: „Theater, interessante Storylines und Charaktere haben mich von klein auf inspiriert. Es gefällt mir einfach, Geschichten in jeder nur denkbaren Form zu erzählen."

Für einzelne Shows in den USA, Australien und Asien schrieb sie eigene Songtexte und verarbeitete teilweise berühmte Zitate in ihnen, wie etwa das auf ihrem linken Arm. Für den *New Yorker* zeugt diese Praxis von Taylors „ausgeprägtem Verständnis dafür, was die totale Begeisterung der Fans auslöst: der Wunsch nach Vertrautheit zwischen Sängerin und Publikum".

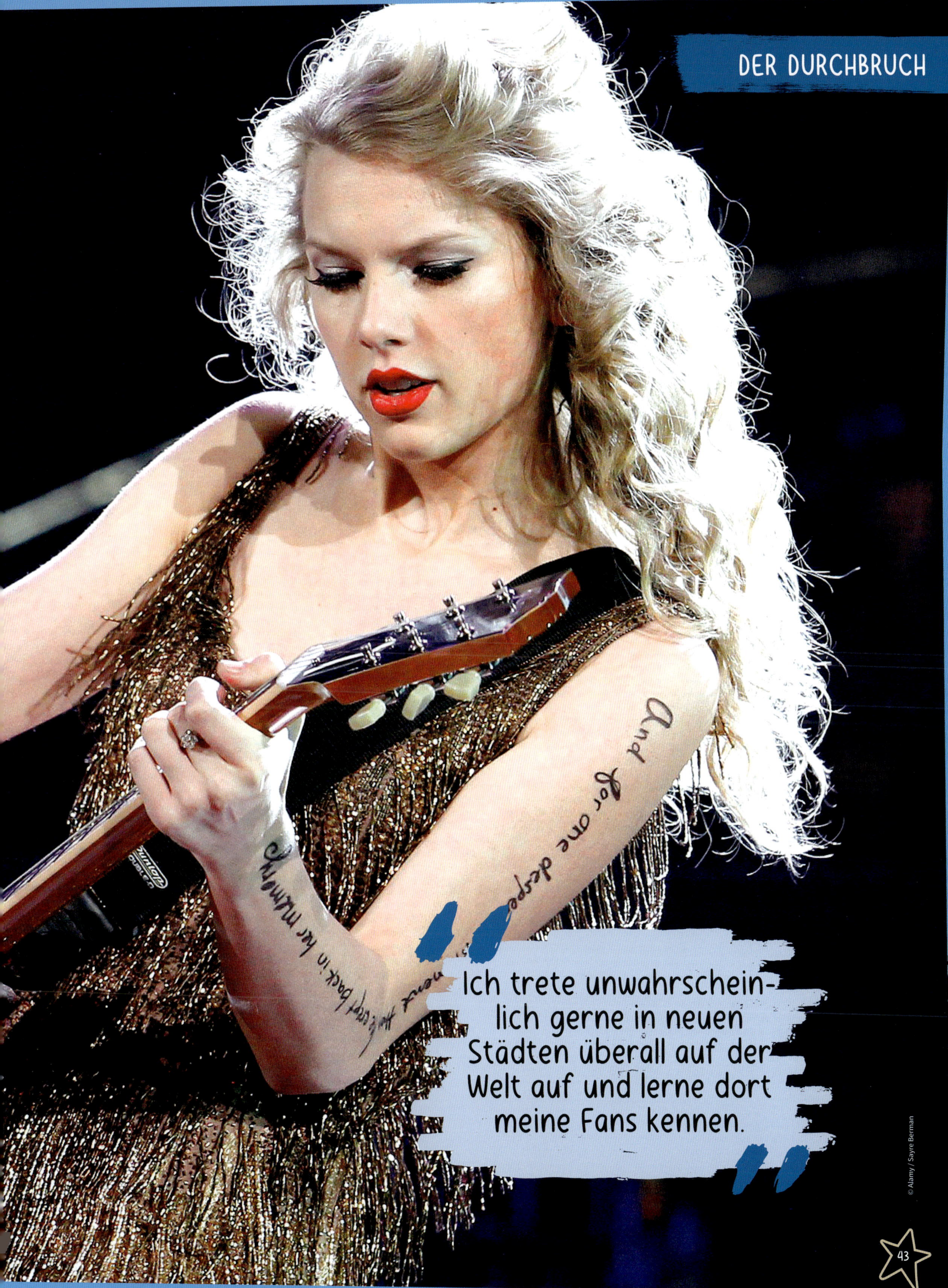

„Ich trete unwahrscheinlich gerne in neuen Städten überall auf der Welt auf und lerne dort meine Fans kennen."

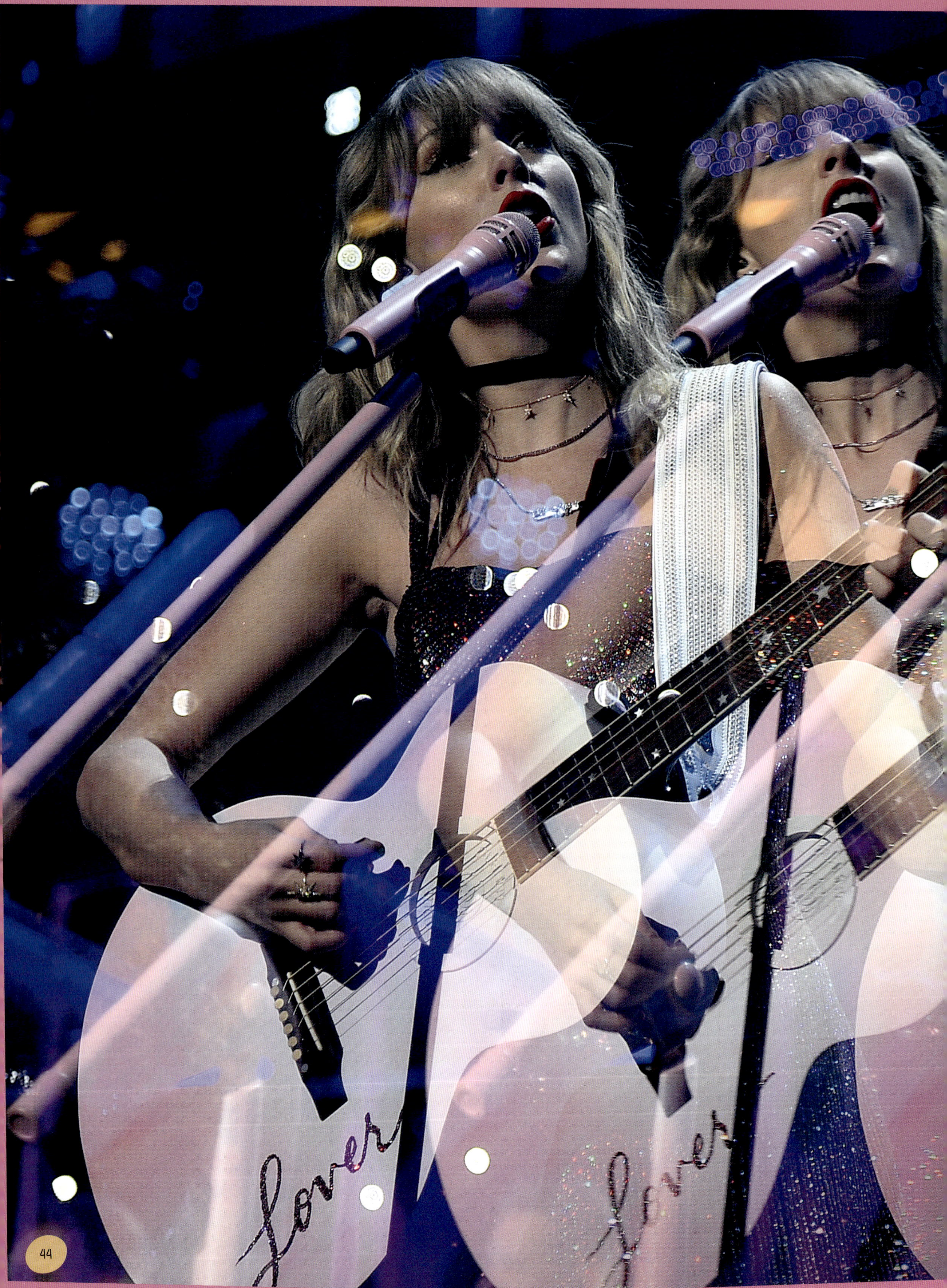
Lover
Lover

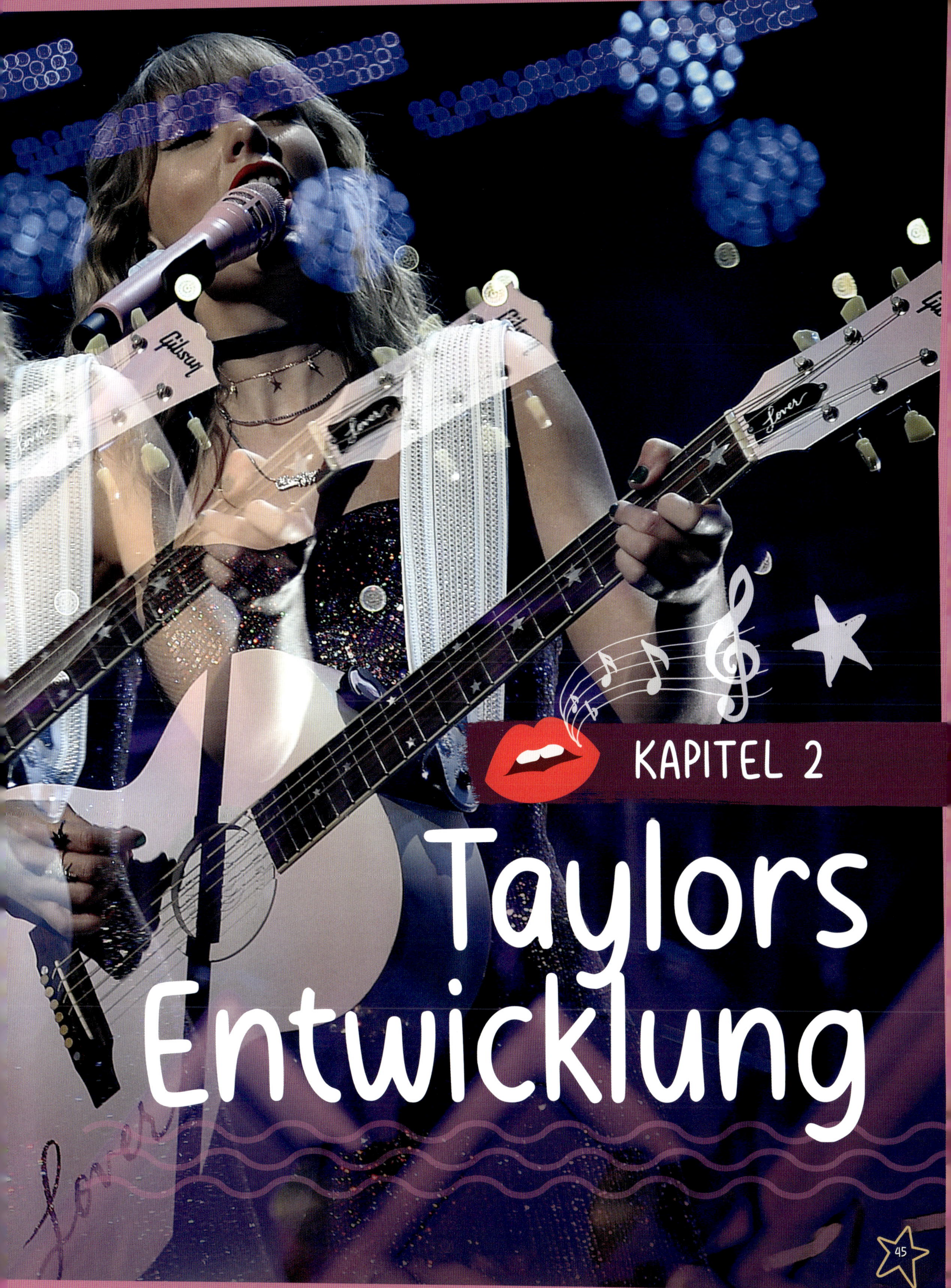

KAPITEL 2

Taylors Entwicklung

Taylors Entwicklung

Dank ihrer innovativen Ideen lernen die Fans mit jedem Album eine neue Seite von Taylor kennen.

Im Lauf ihrer Karriere mit zehn Studioalben, vier EPs, zwei neu aufgenommenen Alben, 18 Compilations und drei Live-Alben reicht Taylors Musik von ihren frühen Country-Tagen über Pop bis hin zu Indie und Folk. Kein Wunder also, dass sie heute als eine der dynamischsten Musikerinnen der Branche gilt, die dafür bekannt ist, Grenzen zu überschreiten und ihre Fans mit neuen Ideen zu überraschen.

Taylors Anfänge in der Country Music

Taylors Interesse an der Country Music reifte während ihrer Besuche in Nashville, Tennessee, einem bedeutenden Zentrum nicht nur für das Genre selbst, sondern für die Musikindustrie insgesamt.

„Als ich 10 Jahre alt war, oder sogar noch jünger, sah ich mir Dokus über Faith Hill, die Dixie Chicks, Shania Twain und LeAnn Rimes an", sagte Taylor gegenüber Entertainment Weekly, „und was ich immer wieder hörte, war, dass sie nach Nashville gehen mussten."

Die Verfolgung ihres Traums verlief jedoch nicht immer ohne Rückschläge. Die junge Taylor musste bei ihren ersten Anläufen viel Ablehnung einstecken. „Ich nahm meine Demo-CDs mit Karaoke-Songs mit", erzählte sie. „Ich klopfte an die Türen rund um die Music Row und sagte: ‚Hi, ich bin Taylor. Ich bin 11, ich will einen Plattenvertrag. Ruf mich an'."

Diese erfolglosen Versuche machten Taylor klar, dass das Singen von Coversongs nicht ausreichen würde, um auf sich aufmerksam zu machen. Ein paar Jahre später, nachdem sie Gitarre gelernt und mit dem Schreiben eigener Songs begonnen hatte, machte sie in Nashville endlich von sich reden und knüpfte Arbeitsbeziehungen zu renommierten Songwritern

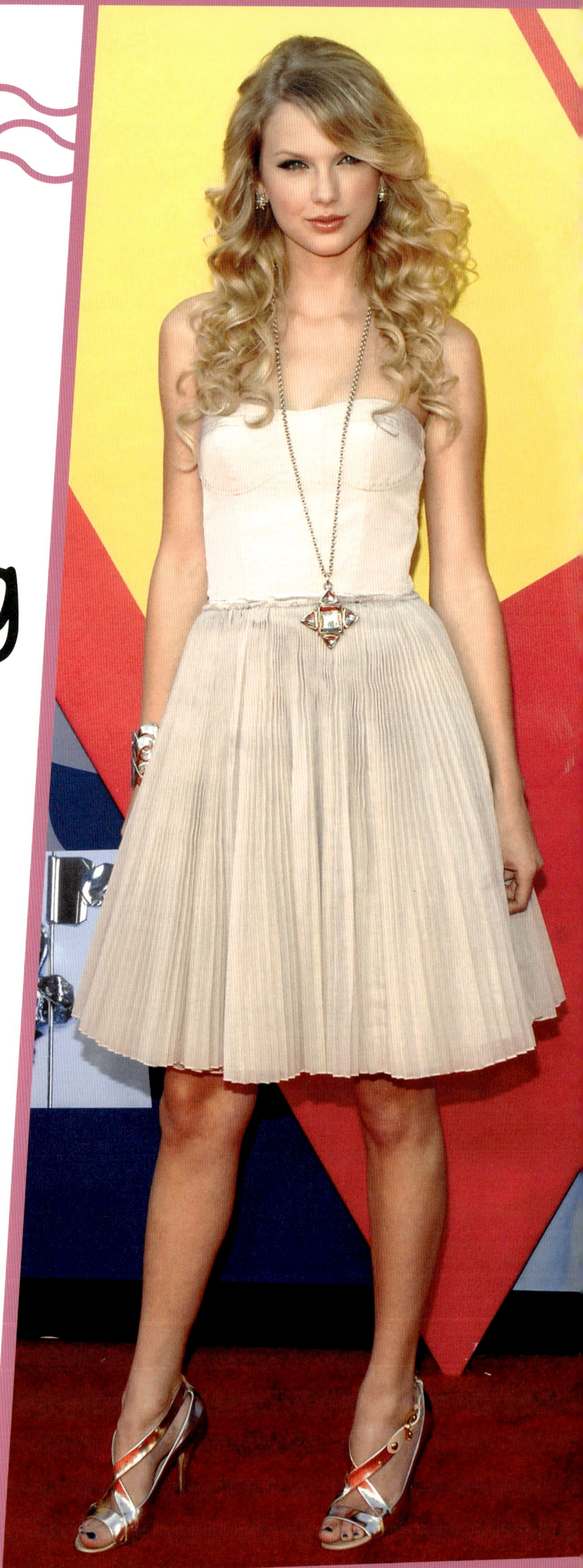

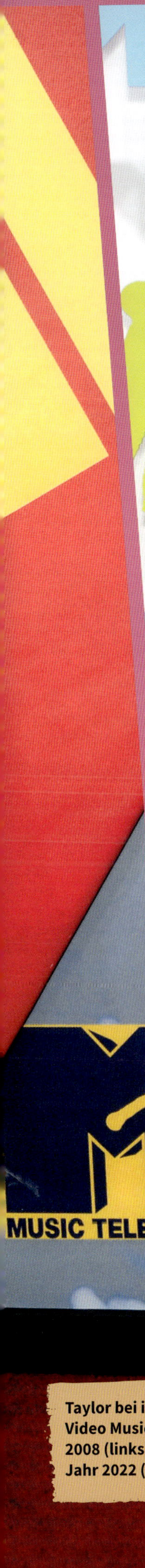

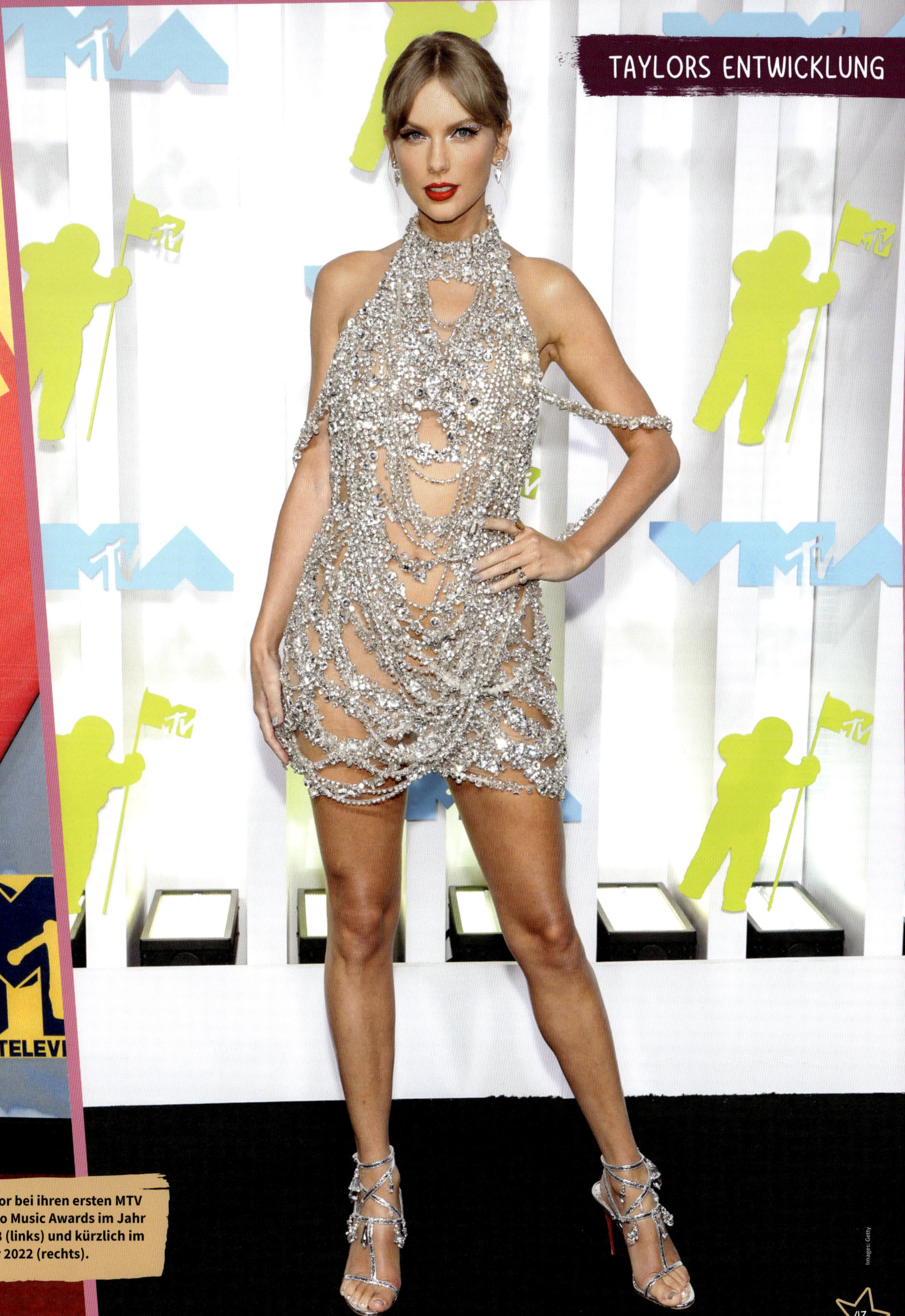

Taylor bei ihren ersten MTV Video Music Awards im Jahr 2008 (links) und kürzlich im Jahr 2022 (rechts).

Images: Getty

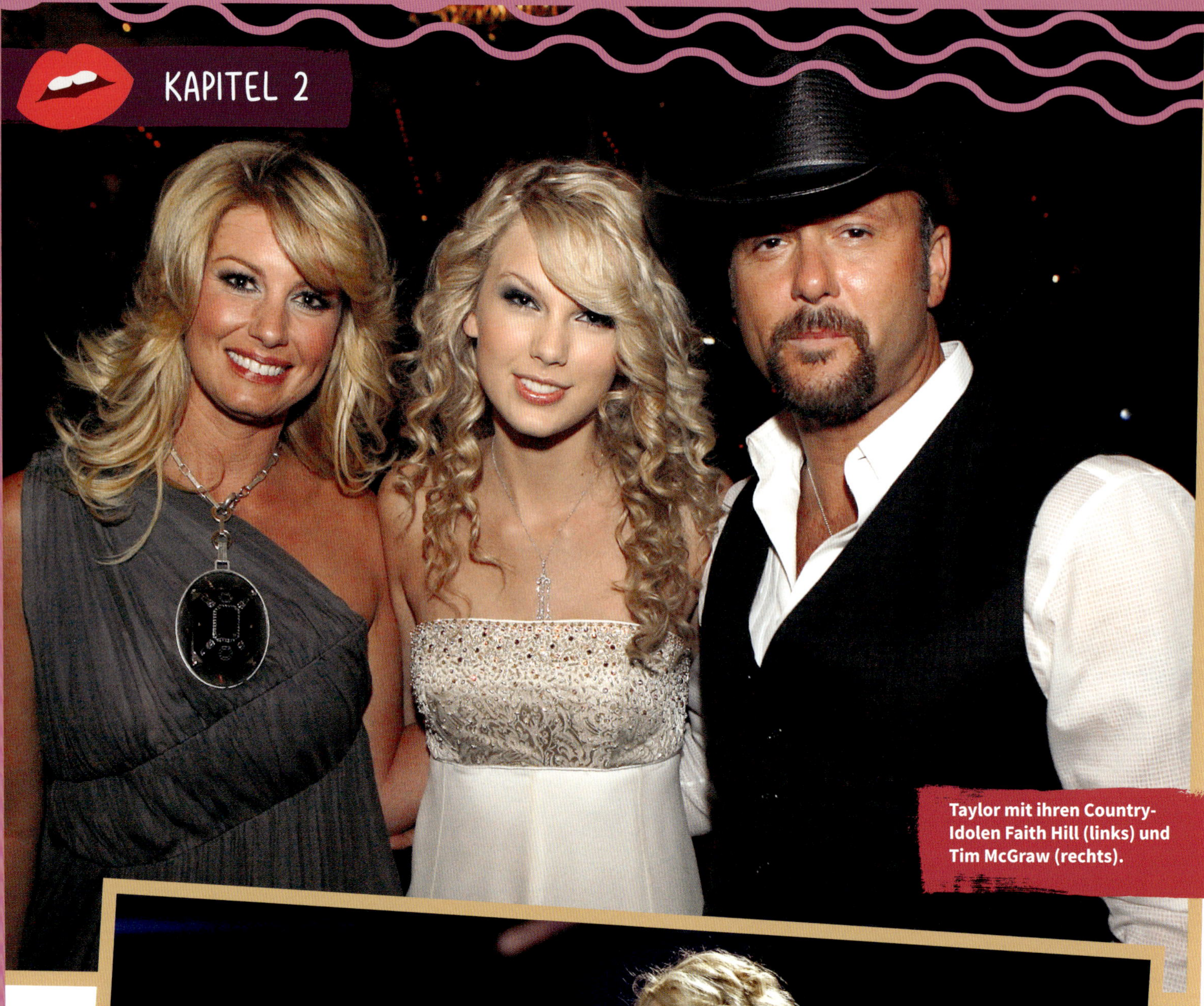

Taylor mit ihren Country-Idolen Faith Hill (links) und Tim McGraw (rechts).

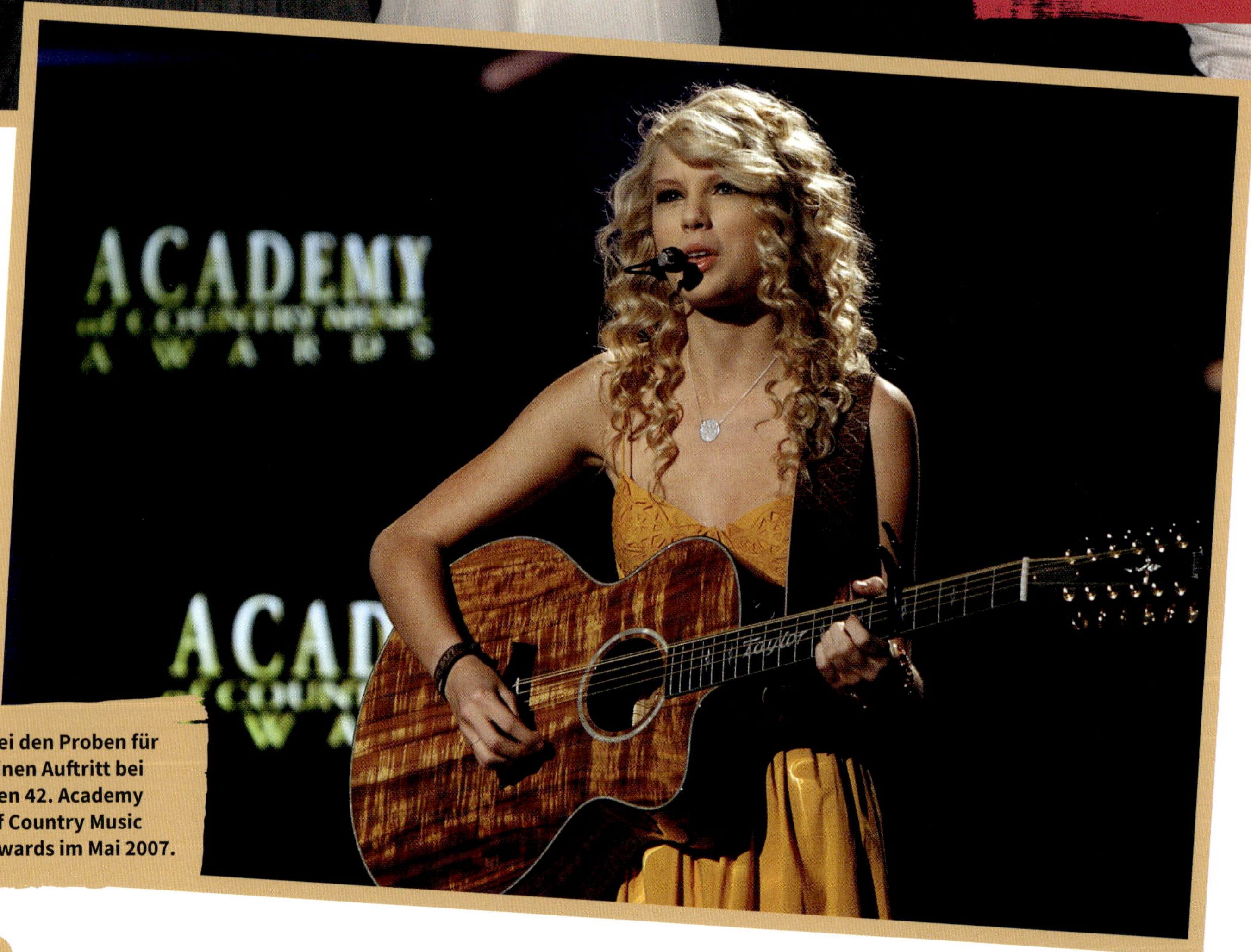

Bei den Proben für einen Auftritt bei den 42. Academy of Country Music Awards im Mai 2007.

der Music Row. Im Alter von 15 Jahren unterschrieb Taylor schließlich bei Big Machine Records und begann mit der Arbeit an ihrem ersten Album.

Taylors 2006 erschienenes Debütalbum *Taylor Swift* zeichnet sich durch authentischen Country-Sound aus. Taylor ist in erster Linie eine Geschichtenerzählerin. Das Album nimmt den Zuhörer mit auf eine Reise durch ihre Gedanken über Liebesbeziehungen und Freundschaften, wobei sie eine für Teenager nachvollziehbare Sicht auf Herzschmerz und Liebe bietet. Damit unterschied sie sich von vielen anderen Country-Künstlern dieser Zeit und konnte ihren Nashville-Country-Sound weiterentwickeln. Im Jahr 2009 sagte sie gegenüber *Variety*: „Ich singe nicht über Dinge wie Traktoren und Heuballen, denn so bin ich nicht wirklich aufgewachsen."

Bei Titeln wie „Teardrops on My Guitar" standen Taylors Fähigkeiten als Songwriterin im Vordergrund – es wurde ihr erster Top-15-Eintrag in den Billboard Hot 100. Der Titel ist bis heute einer ihrer bekanntesten Songs und erzählt von ihrer Liebe zu einem Klassenkameraden, der ihre Gefühle nicht erwiderte. Der Text von „Tied Together with a Smile" beschreibt ein Mädchen, das mit seiner psychischen Gesundheit zu kämpfen hat, und entstand an dem Tag, an dem Taylor erfuhr, dass eine ihrer besten Freundinnen eine Essstörung hat. Die Kritiker lobten das Album auch für ihre Fähigkeit, Songs mit einer klaren Botschaft zu schreiben. Laut Jonathan Bradley von *Billboard* hat Taylor Emotionen mit „scharf umrissenen Details eingefangen, und das in so kleinem Maßstab".

Zwei Jahre später veröffentlichte Taylor ihr Nachfolgealbum *Fearless*. Auf ihrem zweiten Studioalbum begann sie damit, Pop-Elemente mit ihrer Art von Country Music zu verschmelzen, insbesondere bei den erfolgreichsten Singles des Albums „Love Story" und „You Belong with Me". Natürlich gab es auch ein Video zu „You Belong with Me", das eine Fülle von Memes im Internet inspirierte. Auf *Fearless* machte Taylor dem Namen des Albums alle Ehre; ihr Sound war fröhlicher und ausgelassener als zuvor.

Taylors Übergang zum Pop

Taylor bezeichnete ihr fünftes Album *1989* als ihr „erstes offizielles Pop-Album", während auf einigen ihrer früheren Alben bereits Pop-Elemente in ihren Sound eingeflossen waren, wie zum Beispiel auf *Fearless*. Auf ihrem dritten Album, *Speak Now*, das 2010 erschien, entwickelte sie ihren Sound weiter, mit Einflüssen von Pop und sogar Folk. Auf *Speak Now* hat Taylor jeden Song selbst geschrieben und mitproduziert; es ist das einzige Album, auf dem sie als alleinige Songschreiberin genannt wird.

In einem Online-Video-Chat sagte Taylor: „Ich habe alle Songs für dieses Album selbst geschrieben", wie CMT berichtet. Sie fuhr fort: „Es war keine Absicht. Es hat sich einfach so ergeben. Meine besten Ideen kamen mir um 3 Uhr morgens in Arkansas, und ich hatte keinen Co-Autor dabei. Und das passierte dann wieder in New York, in Boston und in Nashville." Auf *Speak Now* stehen die Texte im Vordergrund. Einer der Höhepunkte des Albums ist sicher „Back to December", ein für Taylor einzigartiger Song, da er nicht nur eine Trennungsballade ist, sondern auch ein Song, der Introspektive, Reflexion und eine Entschuldigung beinhaltet. Er verdeutlicht, wie reif Taylors Texte inzwischen geworden waren und wie sich ihre Fähigkeit, eine Geschichte zu erzählen, seit ihren Teenagerjahren weiterentwickelt hatte. Im Jahr 2012 veröffentlichte Taylor ihr viertes Studioalbum *Red*, das ihre Musik weiter in den Bereich des Pop rückte. In den Singles des Albums, darunter „I Knew

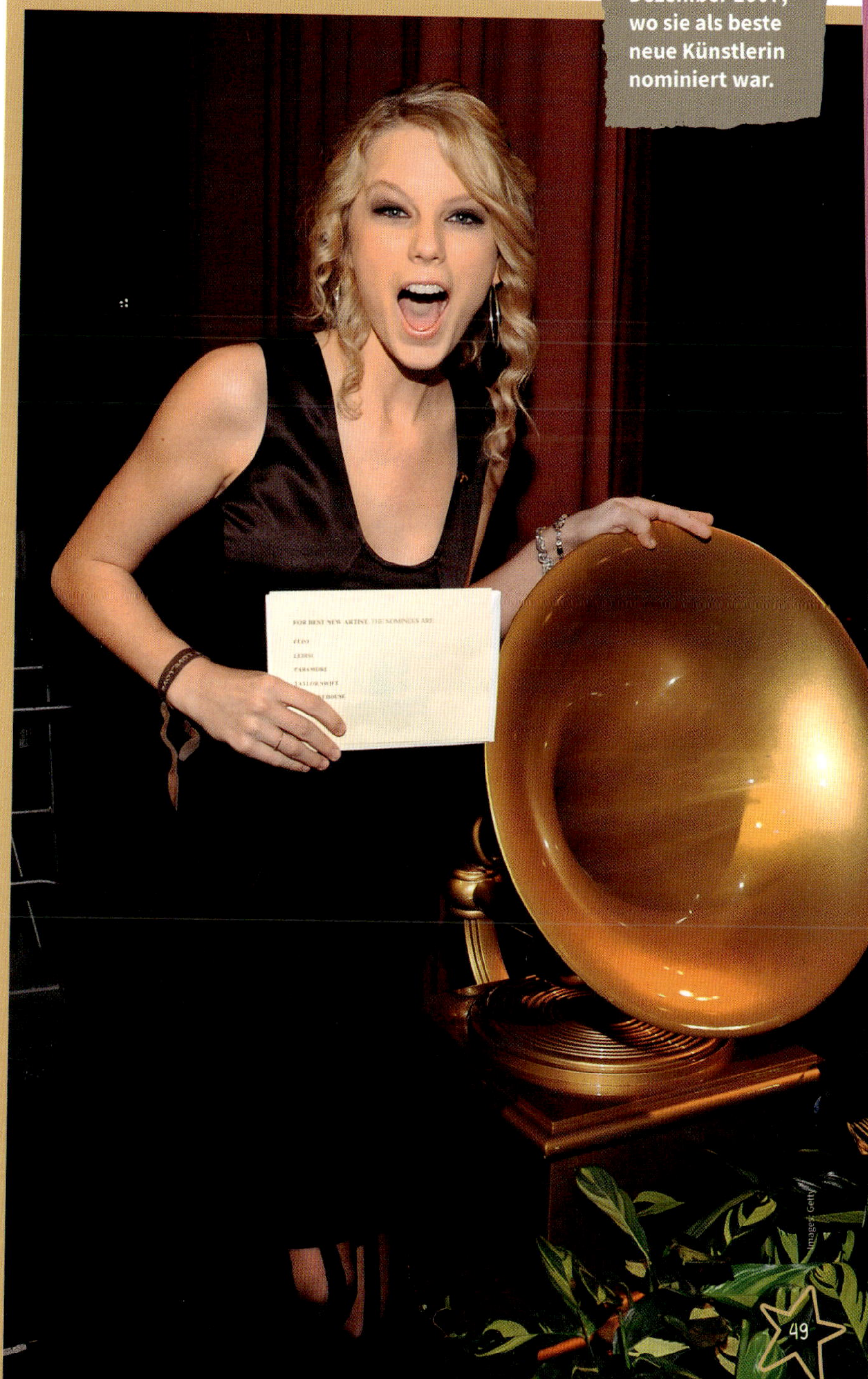

Taylor bei der Grammy-Verleihung im Dezember 2007, wo sie als beste neue Künstlerin nominiert war.

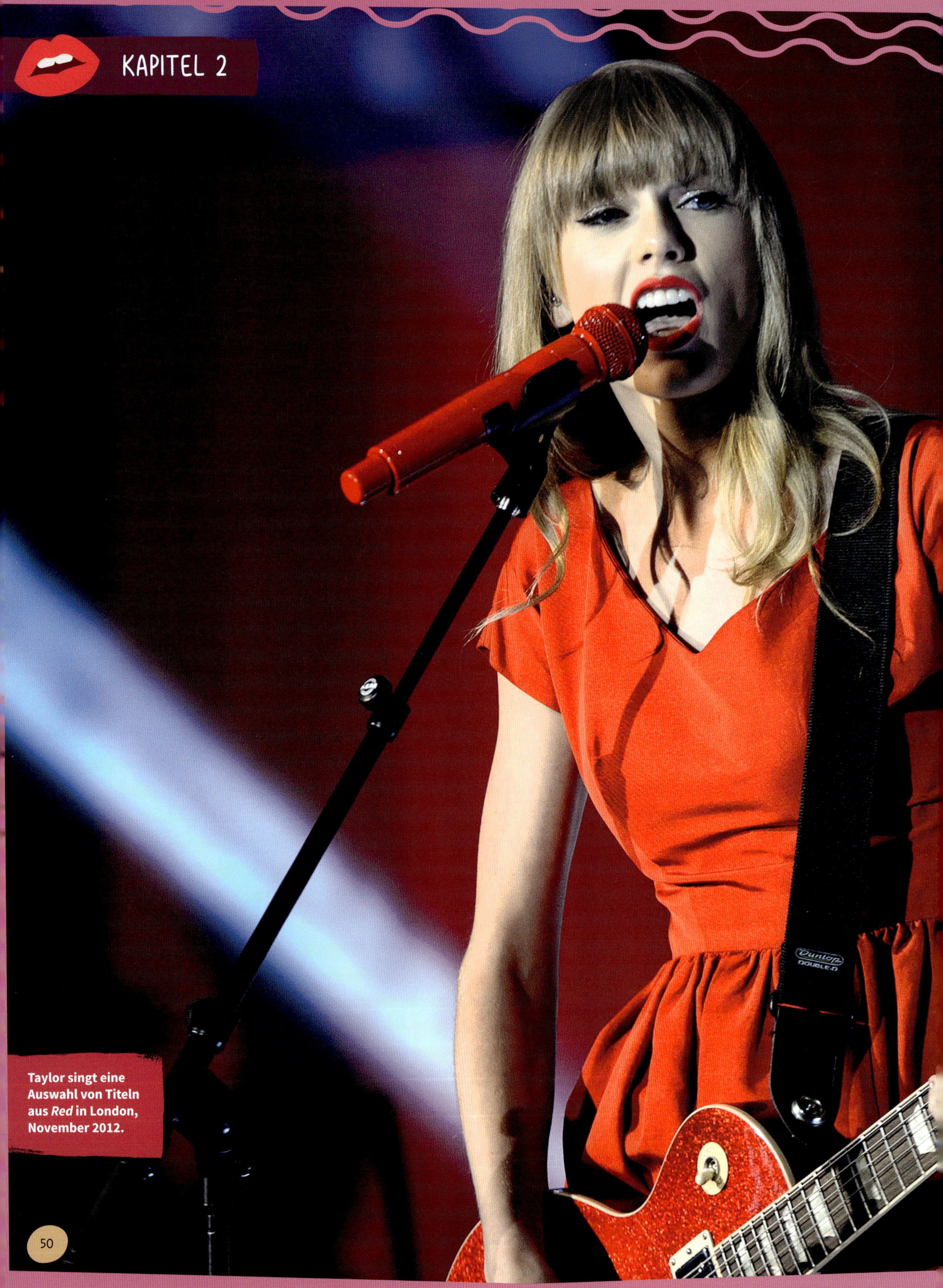

Taylor singt eine Auswahl von Titeln aus *Red* in London, November 2012.

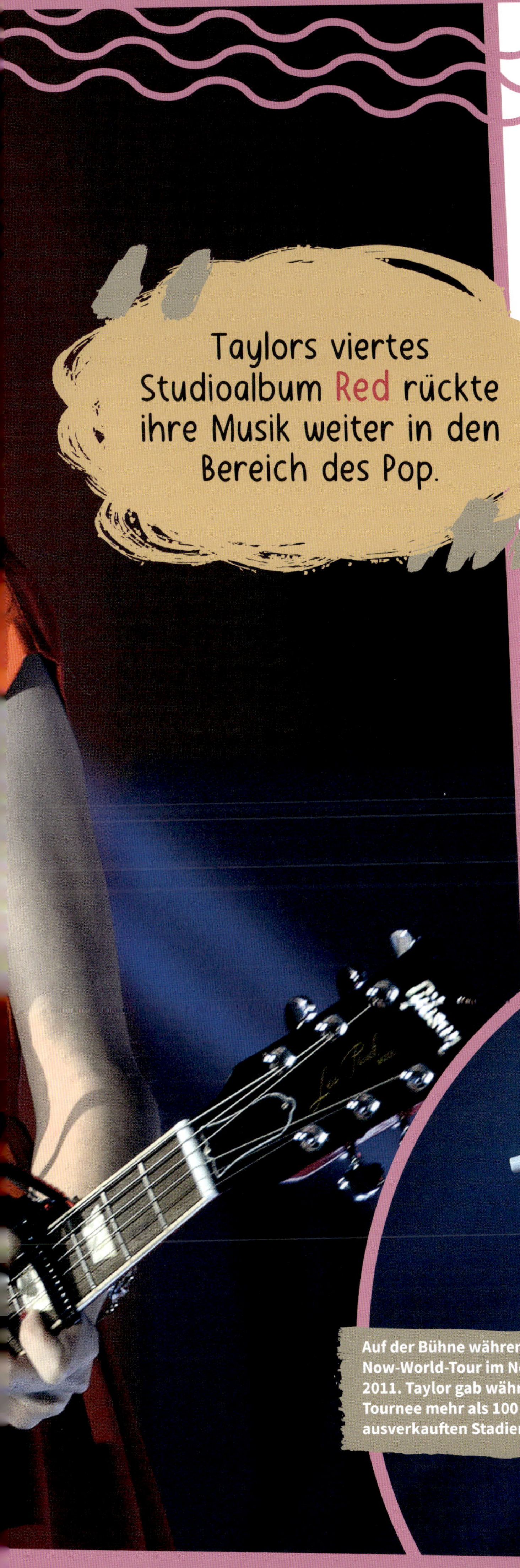

Taylors viertes Studioalbum Red rückte ihre Musik weiter in den Bereich des Pop.

You Were Trouble" und „We Are Never Ever Getting Back Together", experimentiert Taylor stärker mit Pop-Elementen, während sie bei Songs wie „All Too Well" eher bei ihren Wurzeln bleibt. Zum Zeitpunkt der Veröffentlichung von *Red* hatte Taylors Privatleben einen regelrechten Fan- und Medienrummel ausgelöst. Anstatt zu versuchen, ihre Privatsphäre zu schützen, machte Taylor ihren Prominentenstatus mit zum Thema des Albums, was dazu führte, dass sie einige ihrer bis dahin lustigsten Songs schrieb.

Ihr fünftes Studioalbum, *1989*, das 2014 erschien, ist reiner Pop mit modernerem Sound. Der Titel des Albums ist eine Hommage an ihr Geburtsjahr, und interessanterweise wirkt es fast wie eine Wiedergeburt. *1989* markierte einen wesentlichen Wandel in ihrer Musik: Es wendet sich voll und ganz dem Pop zu und enthält einige ihrer legendärsten Tracks, darunter „Blank Space" und „Shake It Off". Wie schon bei *Red* setzte sich Taylor auch auf *1989* mit der Art und Weise auseinander, wie die Medien ihr Privatleben darstellten, und machte sich über die Sensationsgier lustig. Im Musikvideo zu „Blank Space" nimmt sie die sexistische Art und Weise aufs Korn, in der ihr Privatleben breitgetreten wird. Taylor spielt darin einen verrückten Vamp. Laut dem Regisseur des Clips, Joseph Kahn, trat Taylor an ihn heran und wollte ein Video, „in dem es darum geht, dass es vielleicht an ihr liegen könnte, wenn so viele Männer mit ihr Schluss machen".

1989 enthält auch den Song, den Taylor so schnell geschrieben hat wie keinen anderen, wie sie in der *Vogue* bestätigte. Wie sie ihrem Interviewpartner sagte,

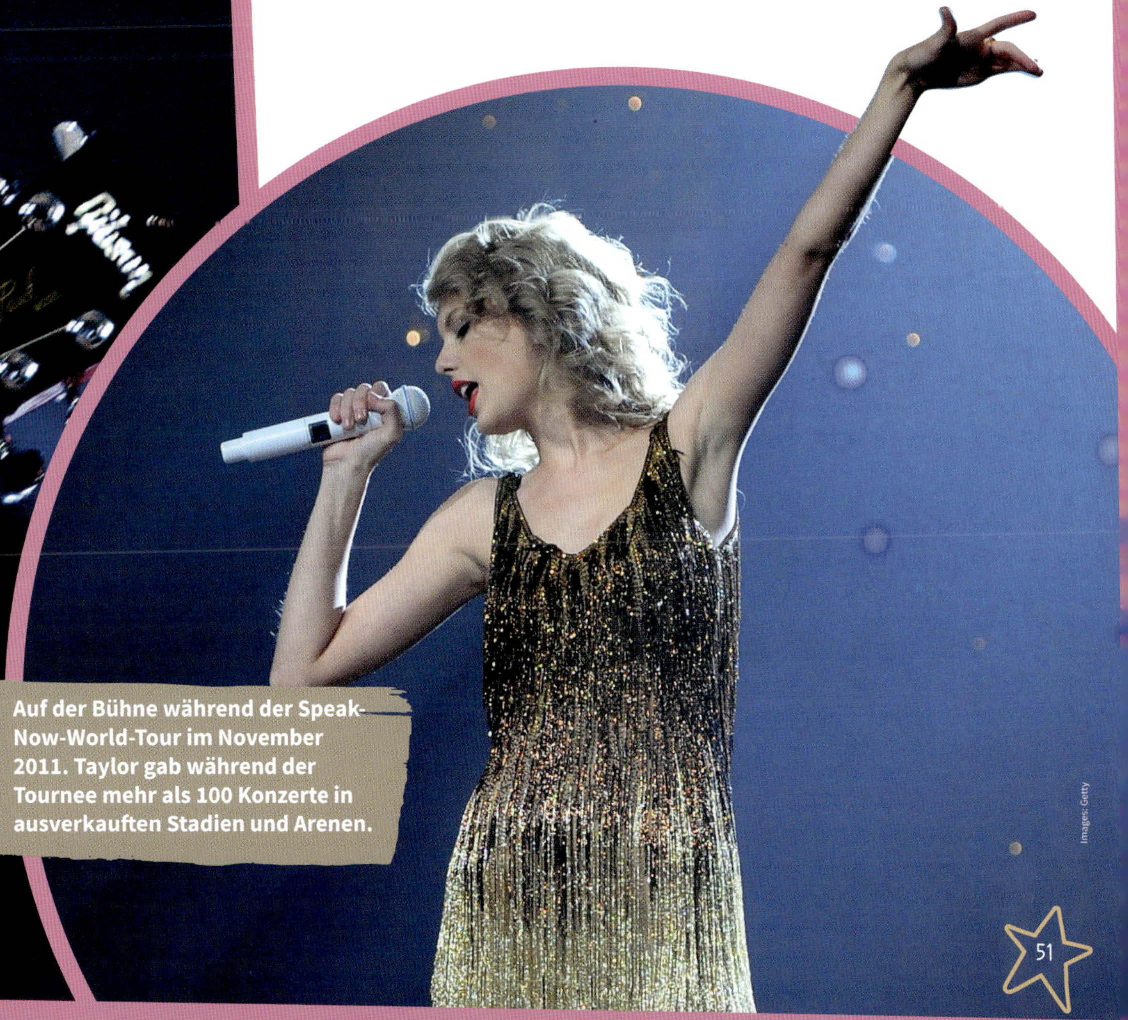

Auf der Bühne während der Speak-Now-World-Tour im November 2011. Taylor gab während der Tournee mehr als 100 Konzerte in ausverkauften Stadien und Arenen.

Images: Getty

brauchte „Blank Space“ am wenigsten Zeit zum Schreiben, „weil [ich] viele der Zeilen bereits im Jahr vor der Session aufgeschrieben hatte.“ Sie bestätigte auch, dass sie für „All Too Well“ auf ihrem Album *Red* am längsten gebraucht hat: „Es ist ein wirklich emotionaler Song, ich habe monatelang an ihm geschrieben.“

Drei Jahre später erschien ihr sechstes Studioalbum, *Reputation*. Wie die beiden Vorgängeralben war auch dieses erneut ein Mittel Taylors, um sich gegen die Klatschpresse zu wehren. Vor der Veröffentlichung des Albums und nach mehreren öffentlichkeitswirksamen Auseinandersetzungen mit anderen Prominenten hatte sie die sozialen Medien und die Presse gemieden und ein eher zurückgezogenes Leben geführt. *Reputation* war Taylors deutliche Antwort auf sensationslüsternen Medienklatsch und Kritik. Sie bewarb das Album auch nicht auf einer Pressetour und bezeichnete es später als „Verteidigungsmechanismus“.

Reputation war Taylors viertes Album in Folge, das auf Platz eins der US Billboard 200 einstieg, und es wurde das meistverkaufte Album einer Künstlerin weltweit. Klanglich bewegt es sich eindeutig im Bereich des Pop, mit starken Synthesizern und einer deutlichen Abkehr von ihrem früheren Country-Sound. Die eher düstere Leadsingle „Look What You Made Me Do“ war eine starke Rückkehr nach ihrer öffentlichen Pause. Das zugehörige satirische Musikvideo zeigt Taylor in verschiedenen Szenarien, die darauf abzielen, das öffentliche Narrativ über sie zu zerschlagen. *Reputation* war Taylors letztes Album unter ihrem 12-Jahres-Vertrag mit Big Machine Records, bevor sie im November 2018 bei Universal Music Group unterschrieb.

Ihr nächstes Album, *Lover*, war ihr letztes Pop-Album, bevor sie sich verstärkt der Folk-Musik zuwandte. Alle 18 Songs des Albums schafften es in derselben Woche in die Billboard Hot 100, womit Taylor einen neuen Rekord für die meisten gleichzeitigen Einträge einer Frau in den Charts aufstellte. Das Album enthält herausragende Tracks wie „You Need to Calm Down“, in dem sich Taylor in einem Video mit LGBTQ+-Ikonen wie Hayley Kiyoko, Ellen DeGeneres und den Fab Five aus der Netflix-Serie Queer Eye gegen Internet-Trolle und Homophobie positioniert. Nachdem Taylor jahrelang The Chicks als Einfluss genannt hatte, arbeitete sie für *Lover* mit ihnen zusammen, und zwar bei „Soon You'll Get Better“.

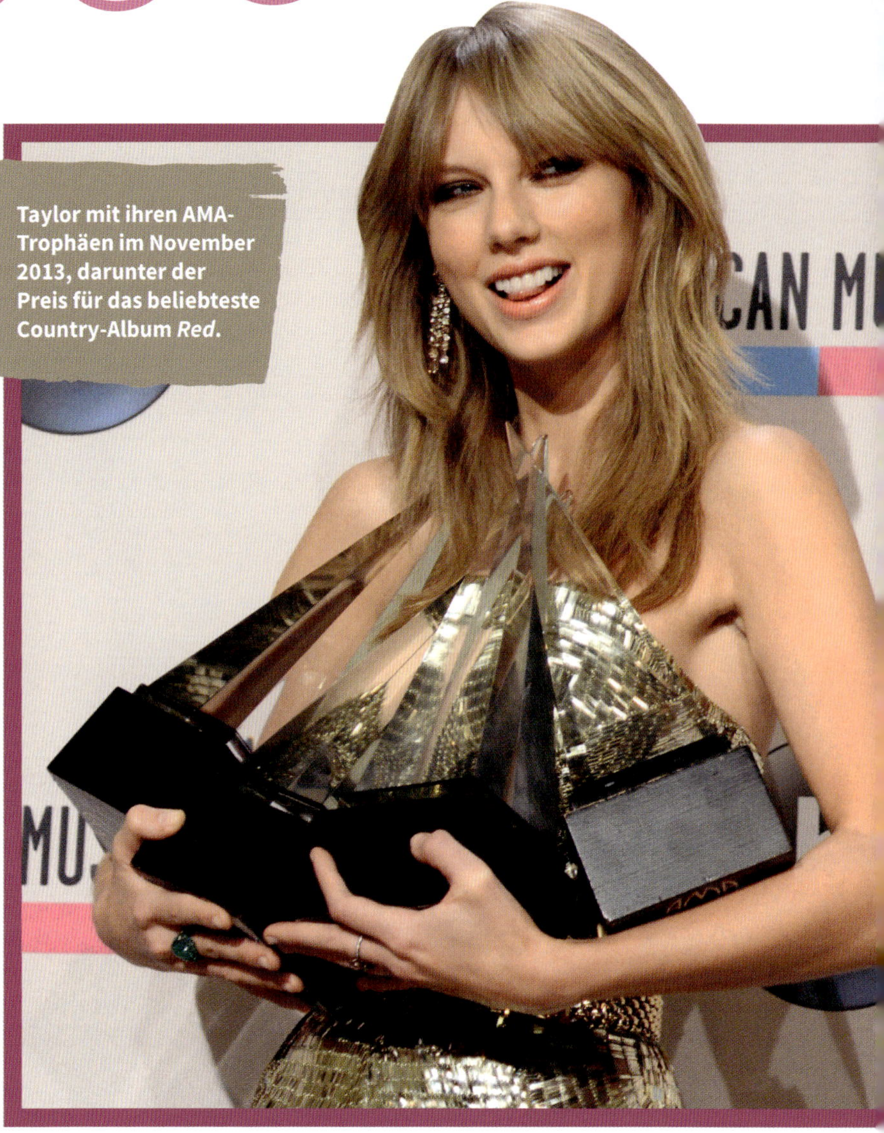

Taylor mit ihren AMA-Trophäen im November 2013, darunter der Preis für das beliebteste Country-Album *Red*.

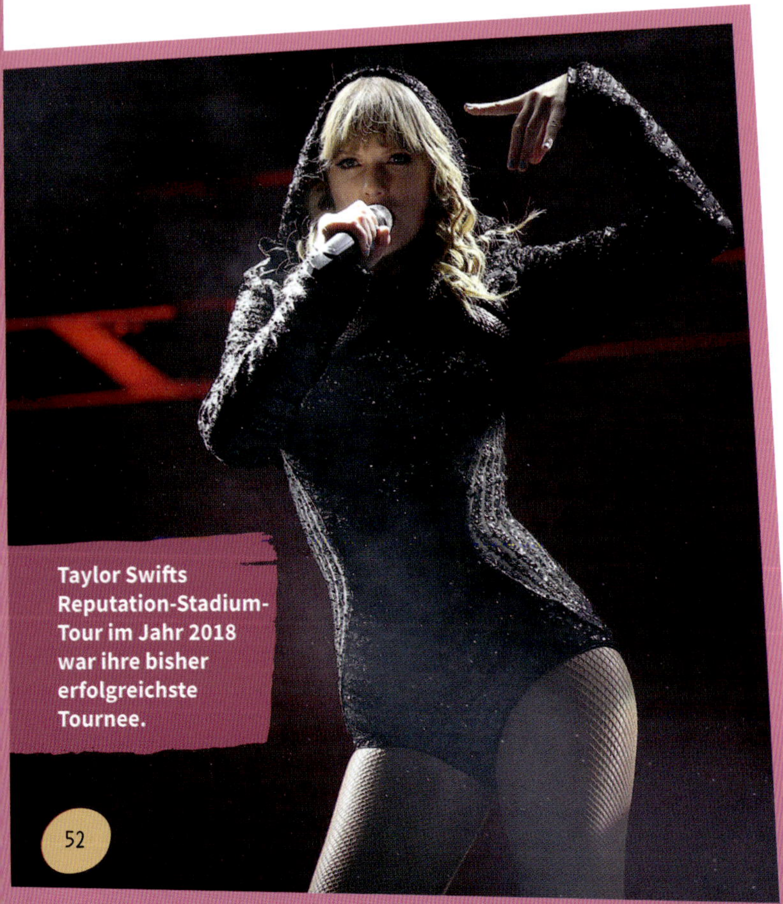

Taylor Swifts Reputation-Stadium-Tour im Jahr 2018 war ihre bisher erfolgreichste Tournee.

Ein neuer Indie- und Folk-Sound

Nach *Lover* überraschte Taylor ihre Fans mit zwei Alben: *Folklore* und *Evermore*. *Folklore*, das im Juli 2020 erschien, schrieb Taylor während der COVID-19-Pandemie in Quarantäne. Es verbindet einen sanfteren Sound mit Indie-Folk und alternativen Melodien. Damit löste sich Taylor von ihren Country- und Pop-Tagen und begab sich auf eine noch reifere Reise, die ihr eine Vielzahl von Themen wie Romantik, Nostalgie und Melancholie ermöglichte, um ihre Geschichten zu erzählen. Aufgrund seiner introspektiven Natur erhielt das Album überwiegend gute Kritiken, weshalb *Folklore* weithin als Taylors bisher bestes Album angesehen und zuweilen sogar als bahnbrechend bezeichnet wird.

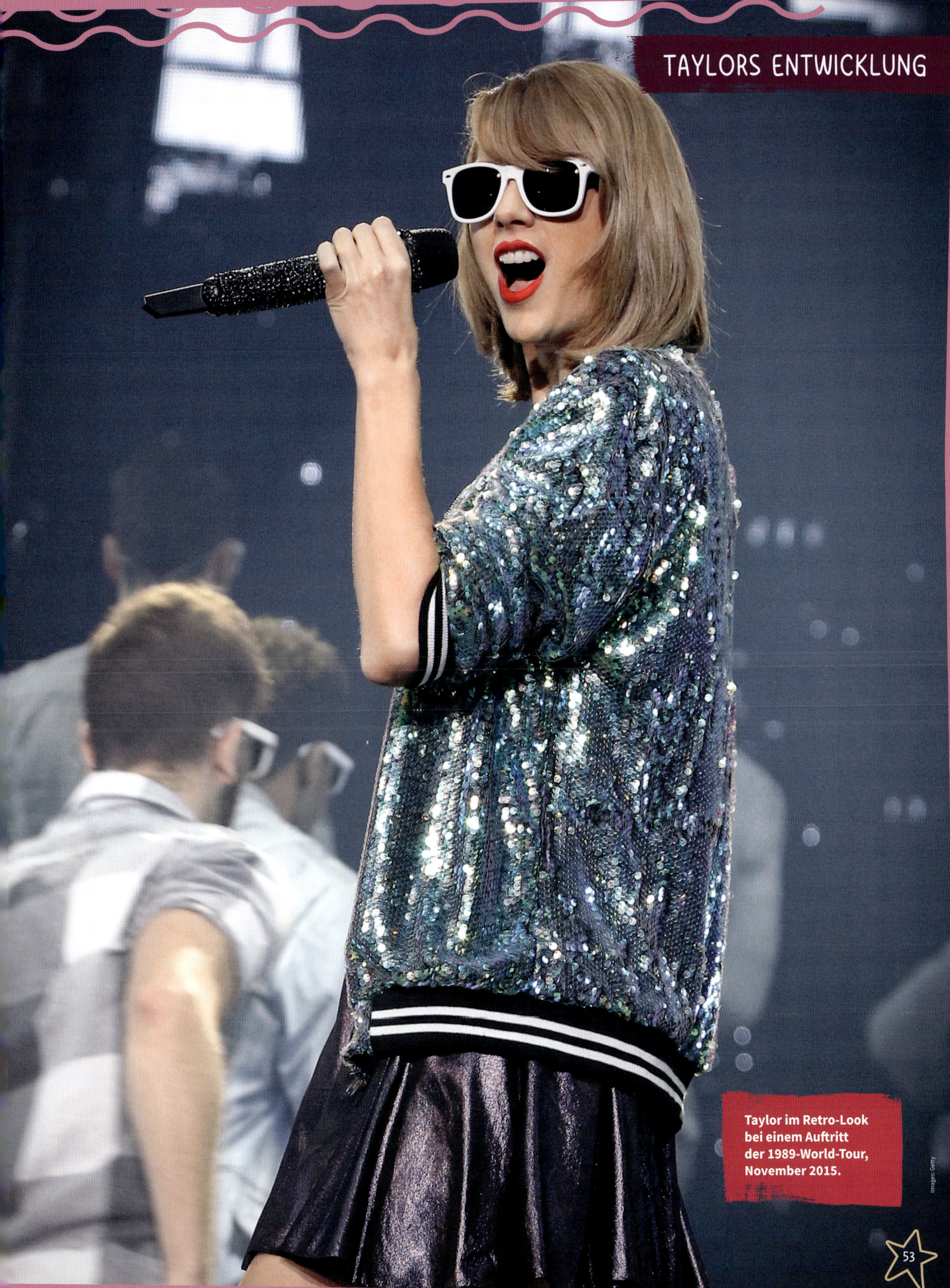

Taylor im Retro-Look bei einem Auftritt der 1989-World-Tour, November 2015.

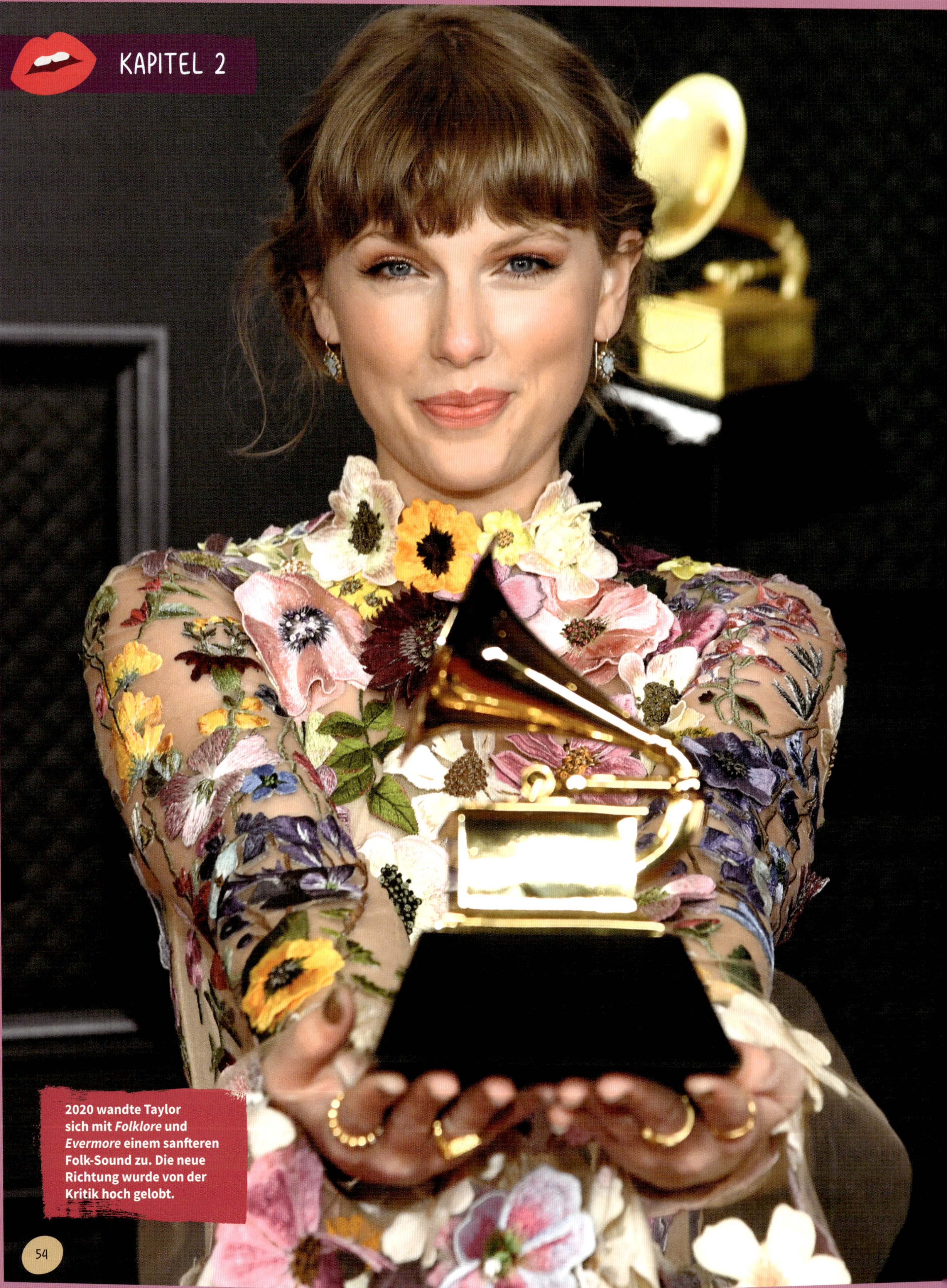

2020 wandte Taylor sich mit *Folklore* und *Evermore* einem sanfteren Folk-Sound zu. Die neue Richtung wurde von der Kritik hoch gelobt.

TAYLORS ENTWICKLUNG

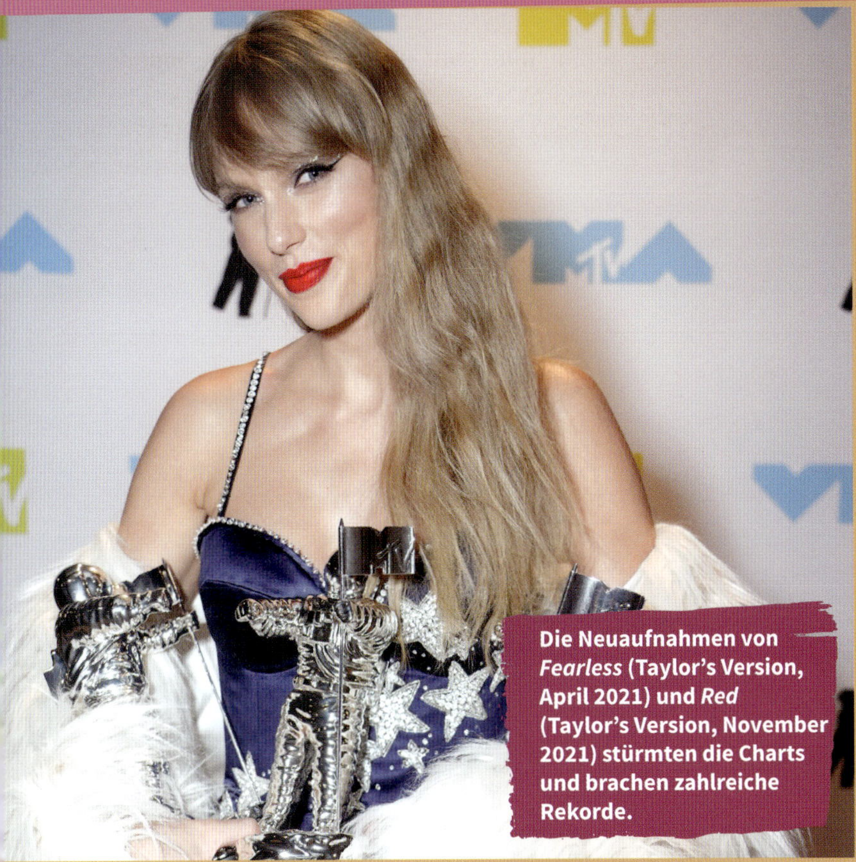

Die Neuaufnahmen von *Fearless* (Taylor's Version, April 2021) und *Red* (Taylor's Version, November 2021) stürmten die Charts und brachen zahlreiche Rekorde.

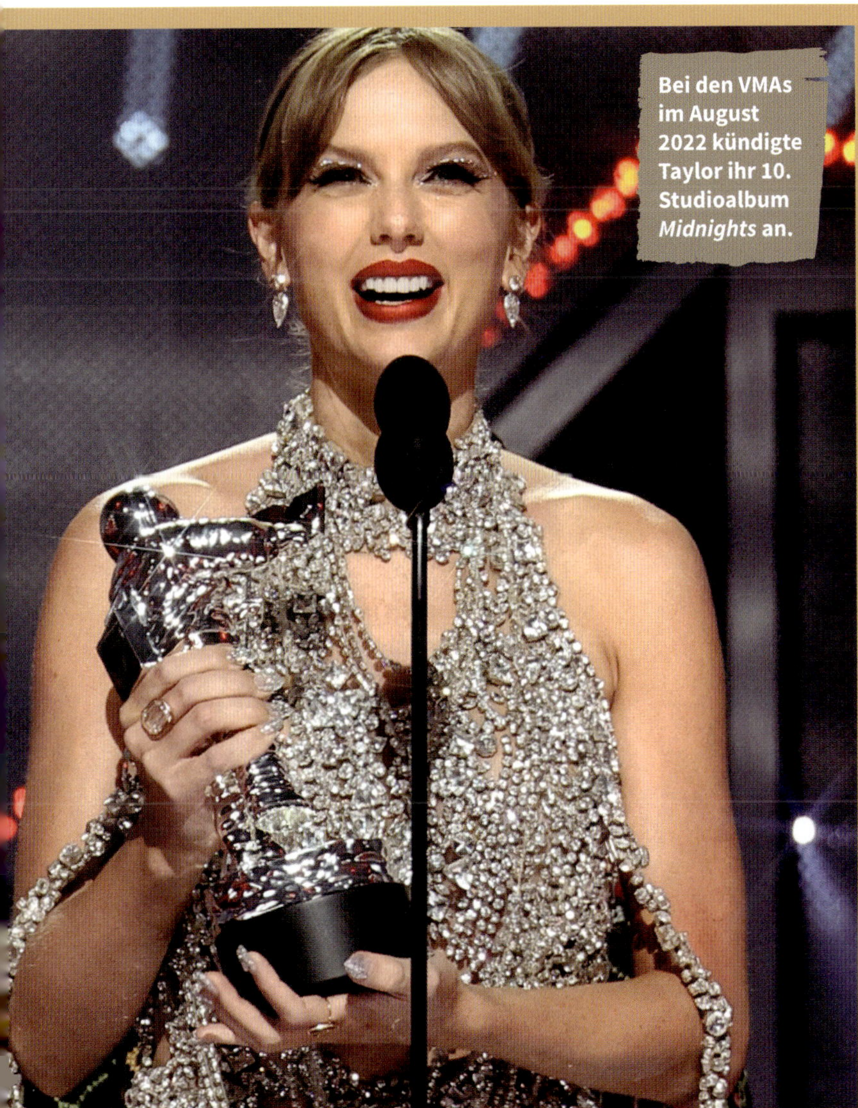

Bei den VMAs im August 2022 kündigte Taylor ihr 10. Studioalbum *Midnights* an.

Nur wenige Monate später, im Dezember 2020, veröffentlichte Taylor das Nachfolgealbum *Evermore*. Wie schon bei *Folklore* war seine Erscheinung eine Überraschung und wurde nur wenige Stunden vor seiner Veröffentlichung angekündigt. Musikalisch setzt es den Folk-Pop- und Indie-Stil fort. Aufregend war, dass auf *Evermore* Stars wie Bon Iver, Haim und The National zu hören sind. Die Kritiker nahmen auch *Evermore* gut auf und sahen es als eine brillante Erweiterung von Taylors Experimenten auf *Folklore* an.

Im Jahr 2021 veröffentlichte Taylor die ersten Alben ihres mit Spannung erwarteten Neuaufnahme-Projekts: *Fearless (Taylor's Version)* im April und *Red (Taylor's Version)* im November. Kritiker und Fans lobten die originalgetreuen Neuaufnahmen der beliebten Klassiker und begrüßten die Zugabe von Bonusmaterial in Form bisher unveröffentlichter Tracks. Vor allem das neue ungekürzte „All Too Well" brach mit zehn Minuten und 13 Sekunden den Guinness-Weltrekord für den längsten Song, der Platz 1 der Billboard Hot 100 erreichte.

Taylor schrieb und drehte dazu auch einen Kurzfilm, für den sie bei den MTV VMAs im August 2022 das Video des Jahres gewann. Während ihrer Dankesrede kündigte sie überraschend an, dass ihr zehntes Studioalbum *Midnights* im Oktober erscheinen würde.

Auf dem Album wechselt Taylor erneut die Genres zu Electronica und Synthie-Pop, kombiniert mit nachdenklichen, bekenntnishaften Texten, die sich auf die „13 schlaflosen Nächte" ihres Lebens beziehen. Wie bei Taylor üblich, brach *Midnights* mehrere Weltrekorde – darunter die meisten Streams eines Albums am ersten Tag auf Spotify – und war das erste Album aller Zeiten, das alle Plätze der Top Ten in den Billboard Hot 100-Charts belegte.

Taylor gilt weithin als eine der größten Songwriterinnen und musikalischen Erzählerinnen. Immer wieder hat sie ihre Musik als Mittel eingesetzt, um ihre eigene Geschichte zu erzählen und ihre Fans zu ermutigen, sich mit ihrem Liebeskummer, ihren Romanzen, ihren Sorgen und Nöten auseinanderzusetzen. Da sie nie Angst hat, sich neu zu erfinden, sind ihre Fans immer gespannt, was Taylor als Nächstes kreieren wird.

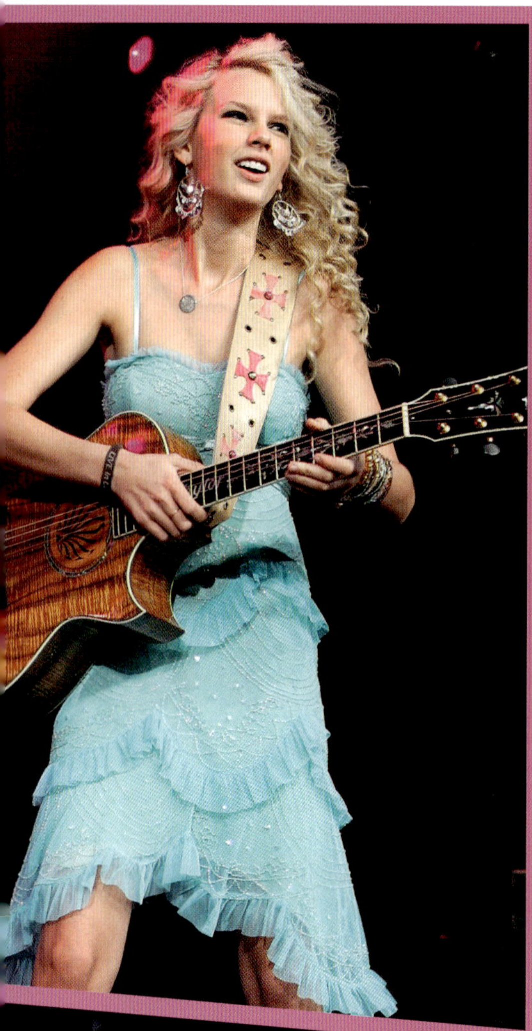

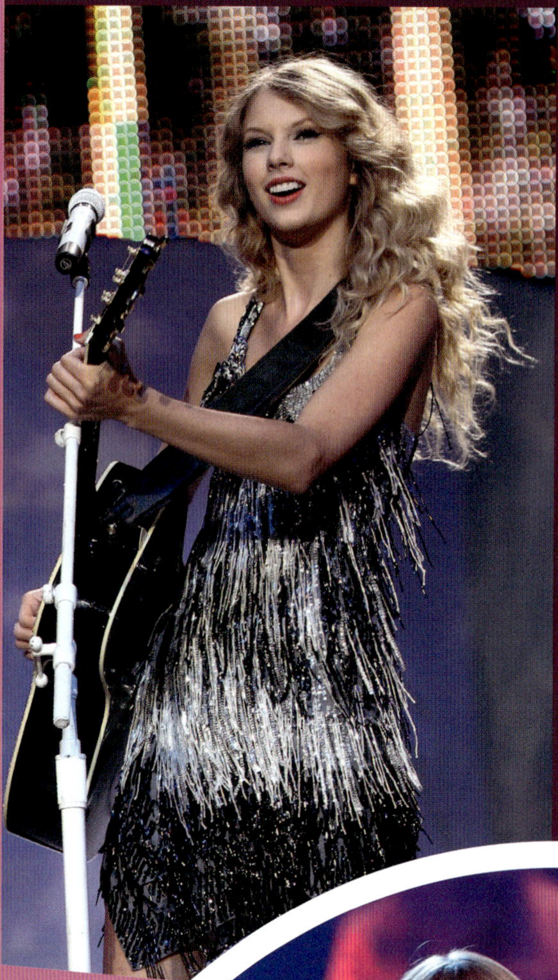

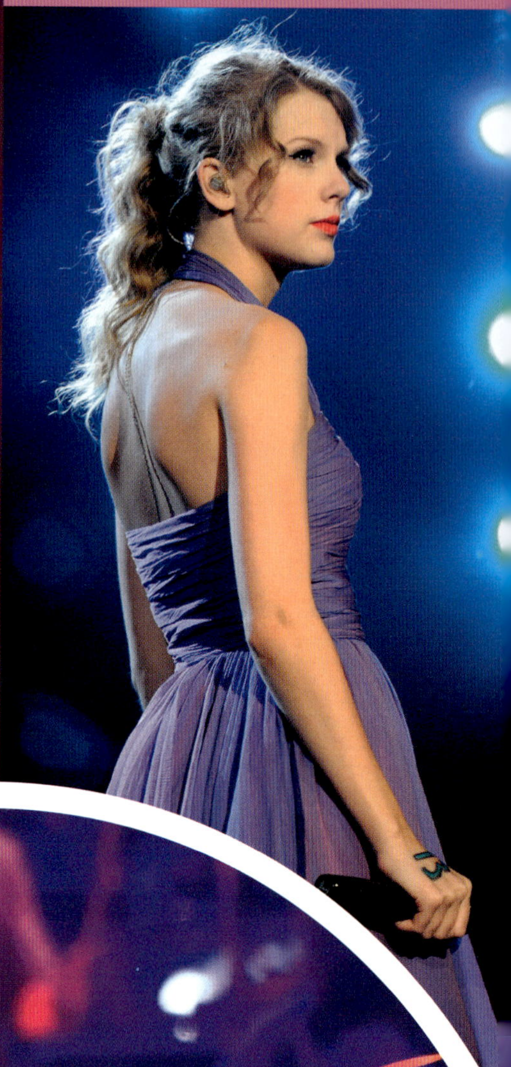

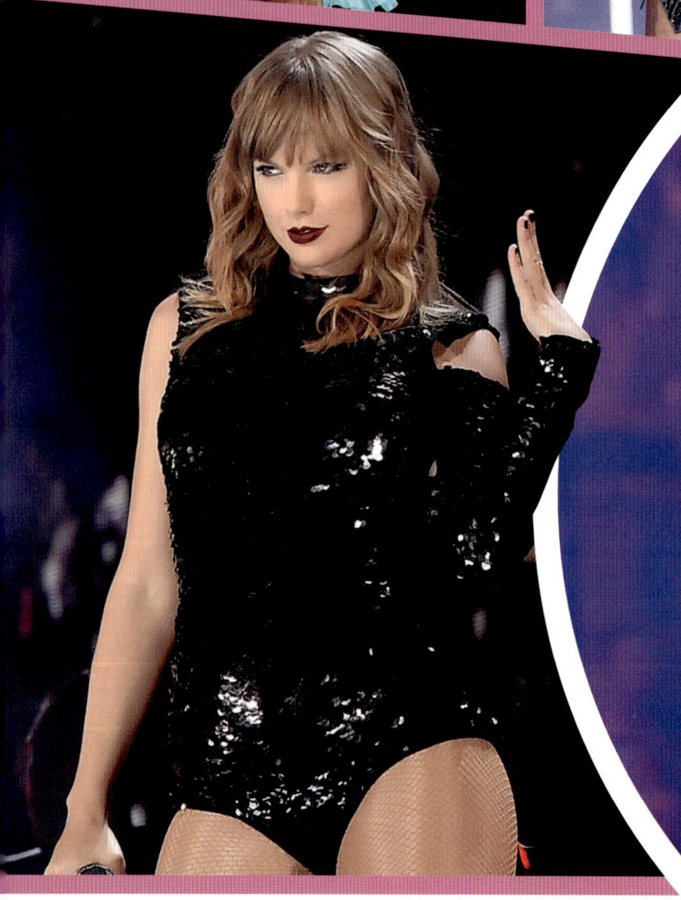

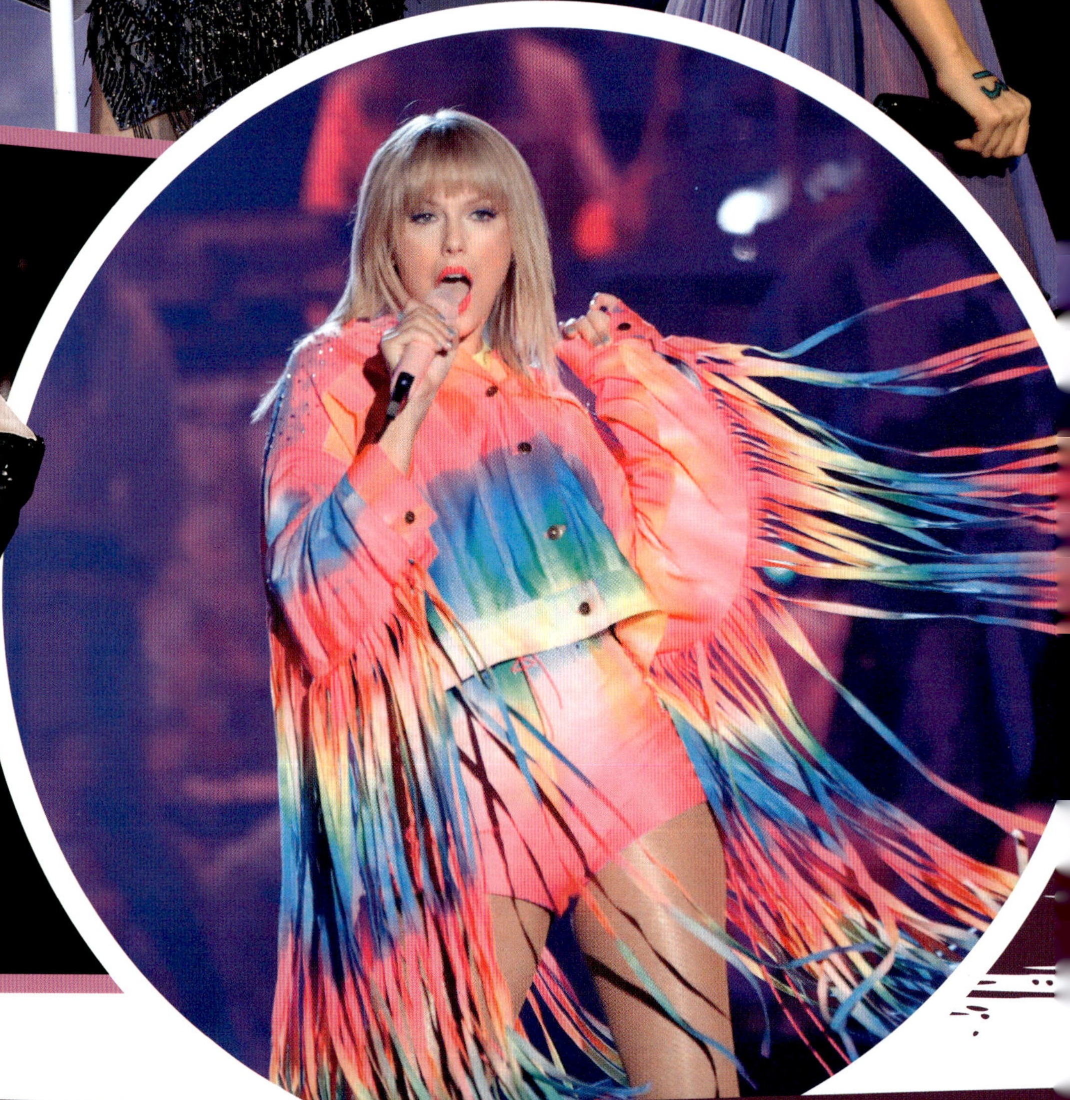

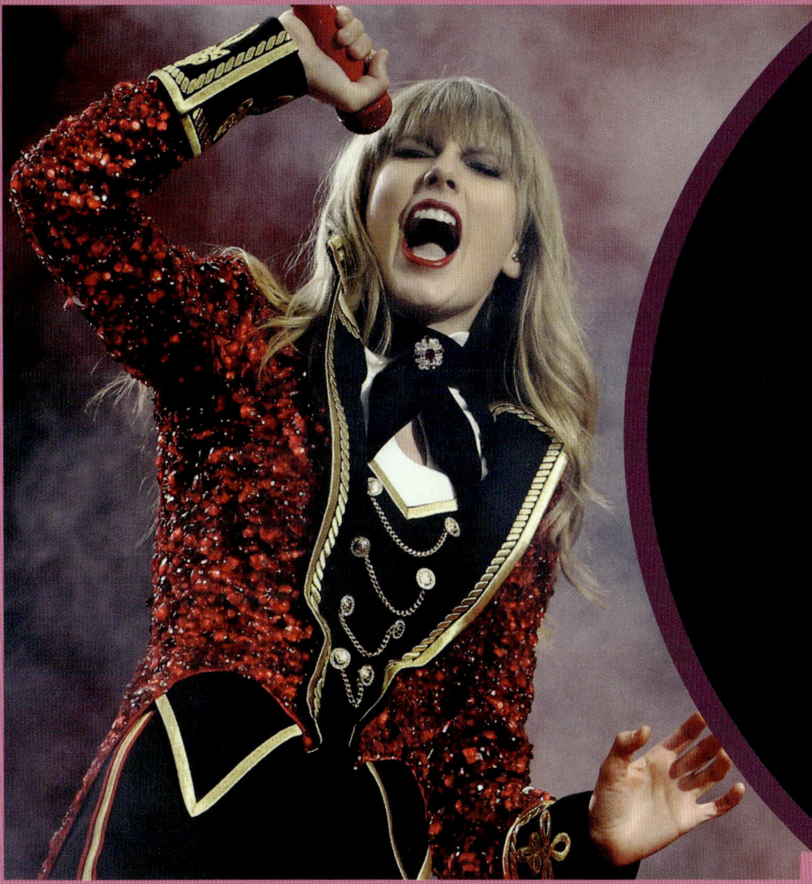

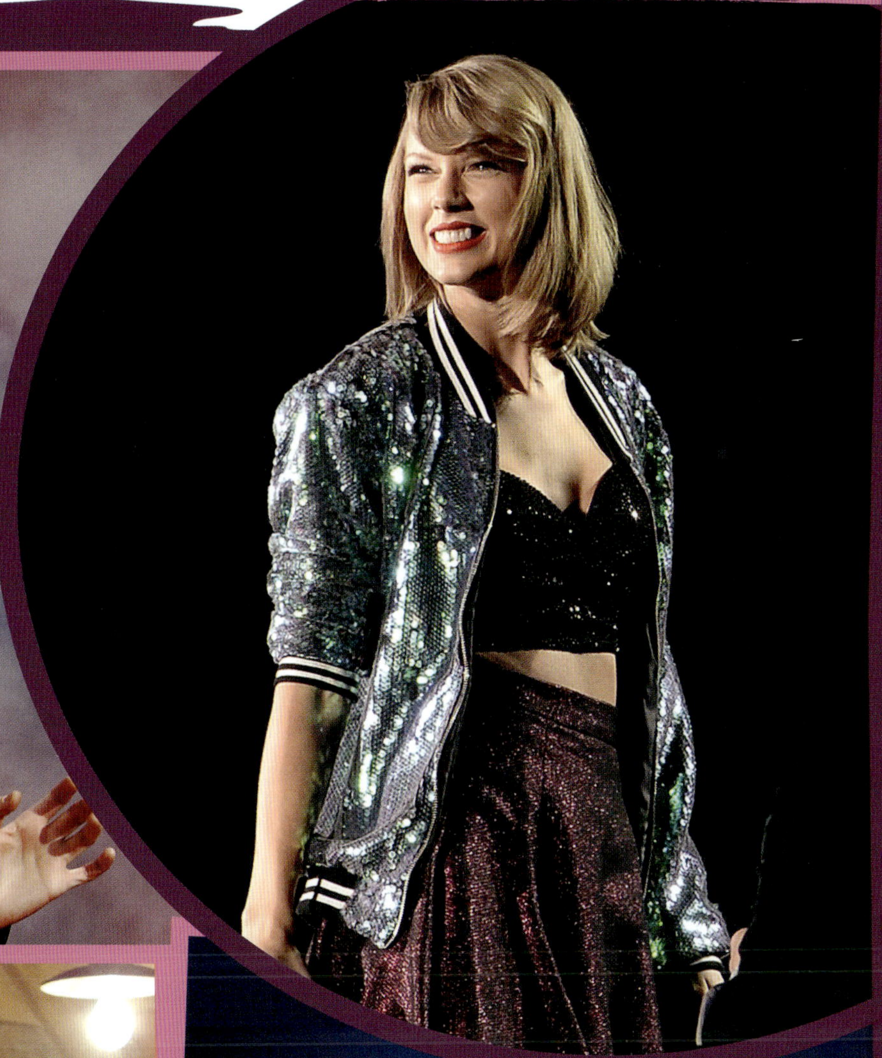

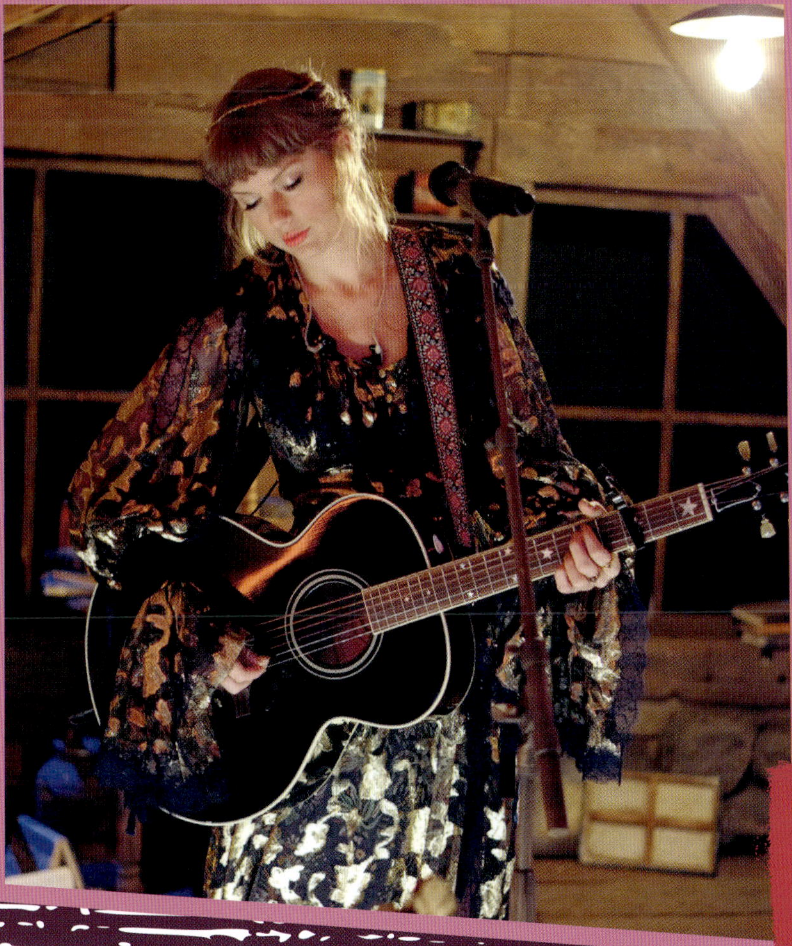

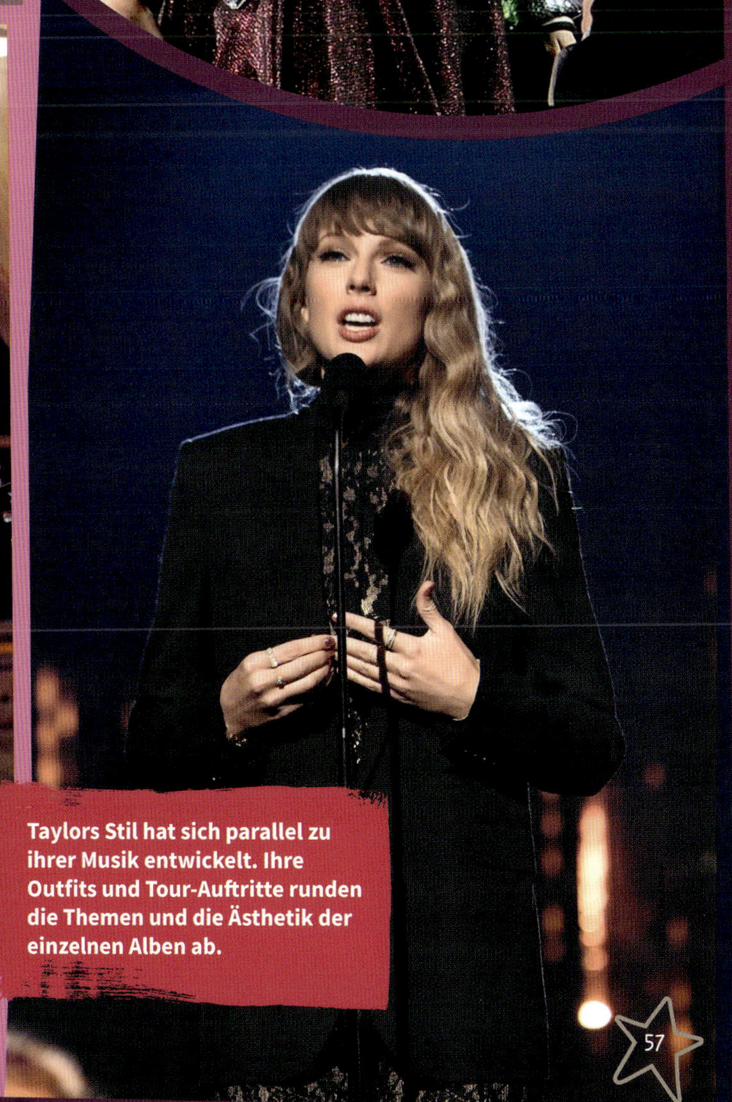

Taylors Stil hat sich parallel zu ihrer Musik entwickelt. Ihre Outfits und Tour-Auftritte runden die Themen und die Ästhetik der einzelnen Alben ab.

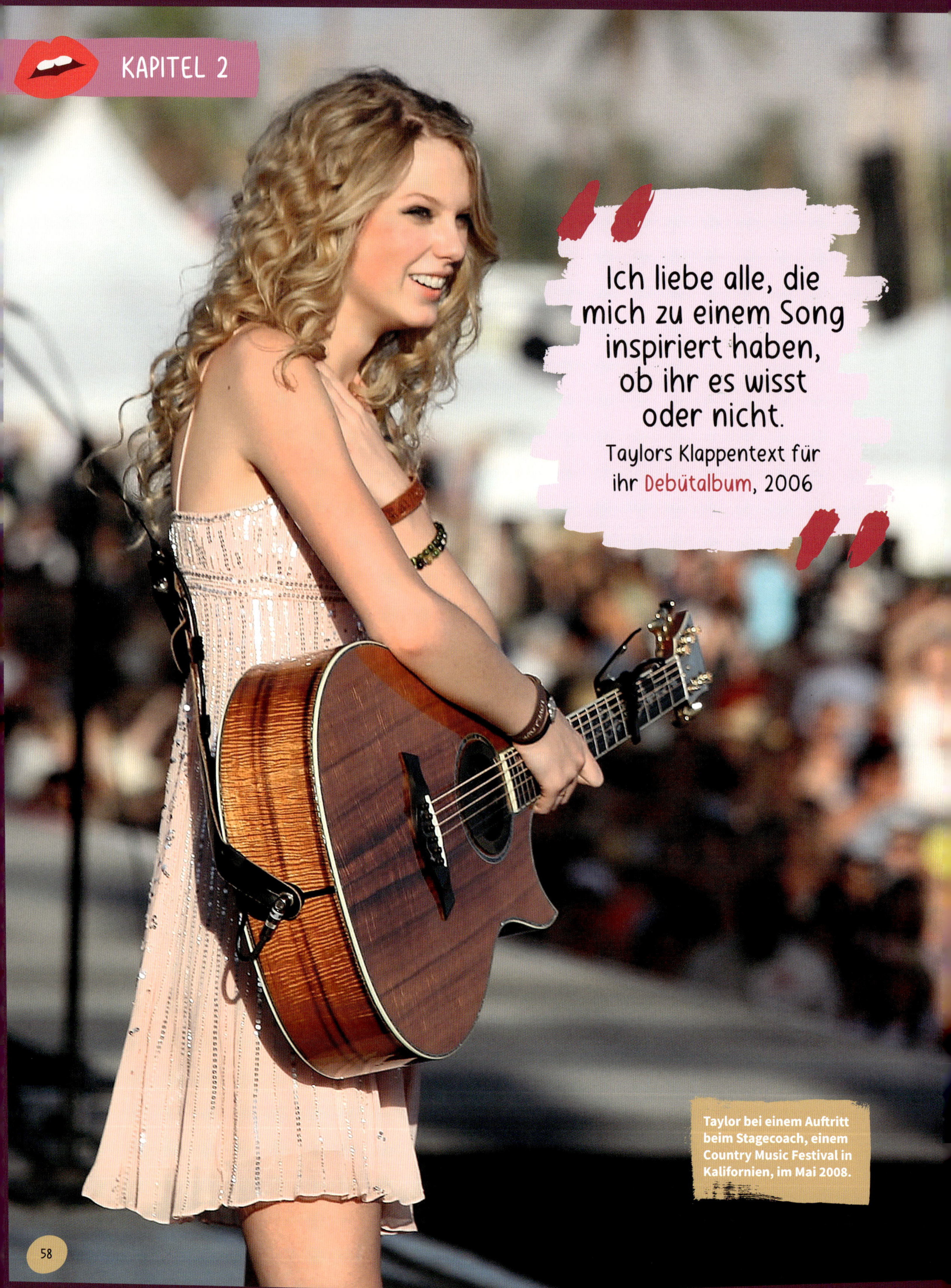

> Ich liebe alle, die mich zu einem Song inspiriert haben, ob ihr es wisst oder nicht.
>
> Taylors Klappentext für ihr Debütalbum, 2006

Taylor bei einem Auftritt beim Stagecoach, einem Country Music Festival in Kalifornien, im Mai 2008.

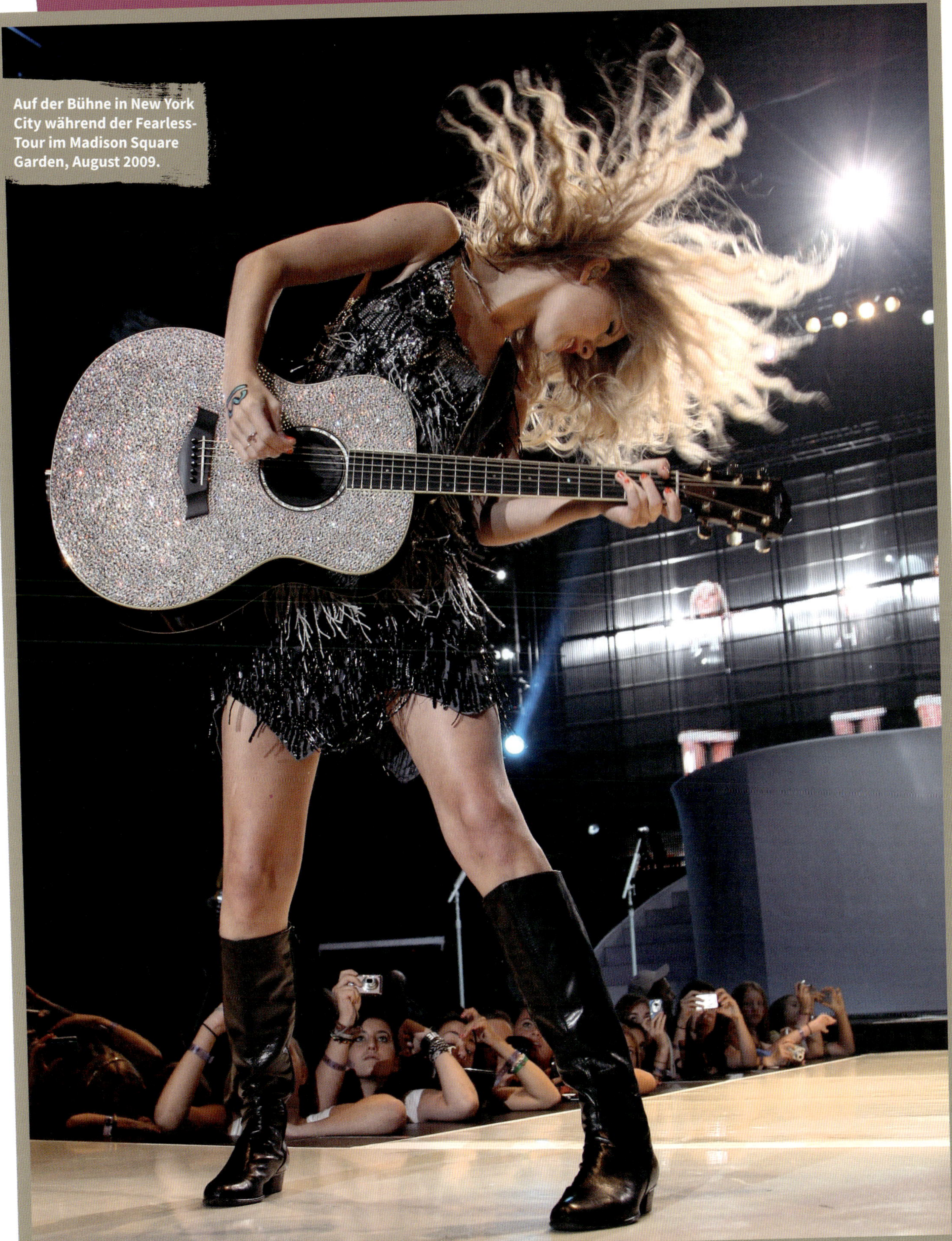

Auf der Bühne in New York City während der Fearless-Tour im Madison Square Garden, August 2009.

Images: Getty

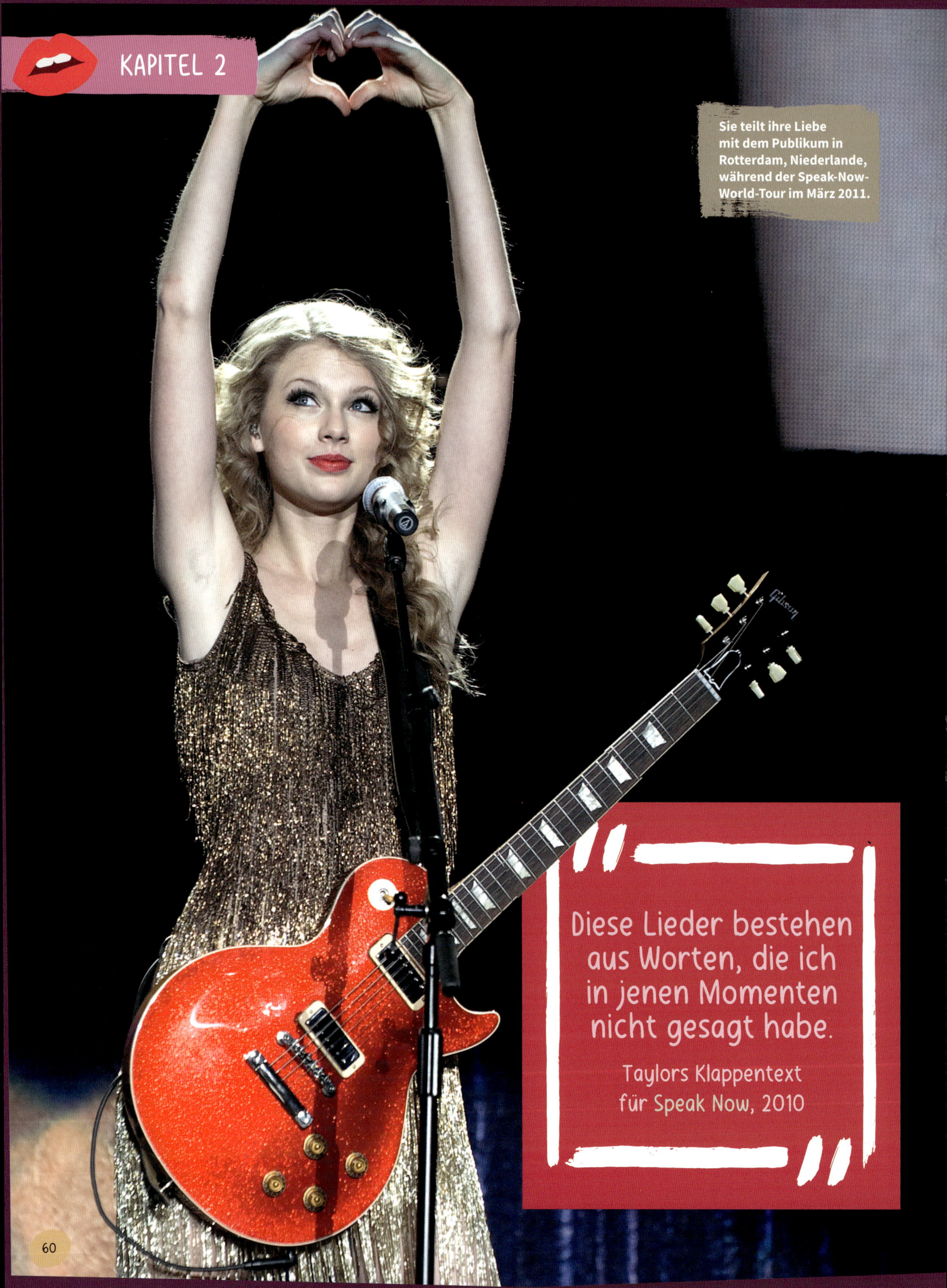

Sie teilt ihre Liebe mit dem Publikum in Rotterdam, Niederlande, während der Speak-Now-World-Tour im März 2011.

> „Diese Lieder bestehen aus Worten, die ich in jenen Momenten nicht gesagt habe."
>
> Taylors Klappentext für Speak Now, 2010

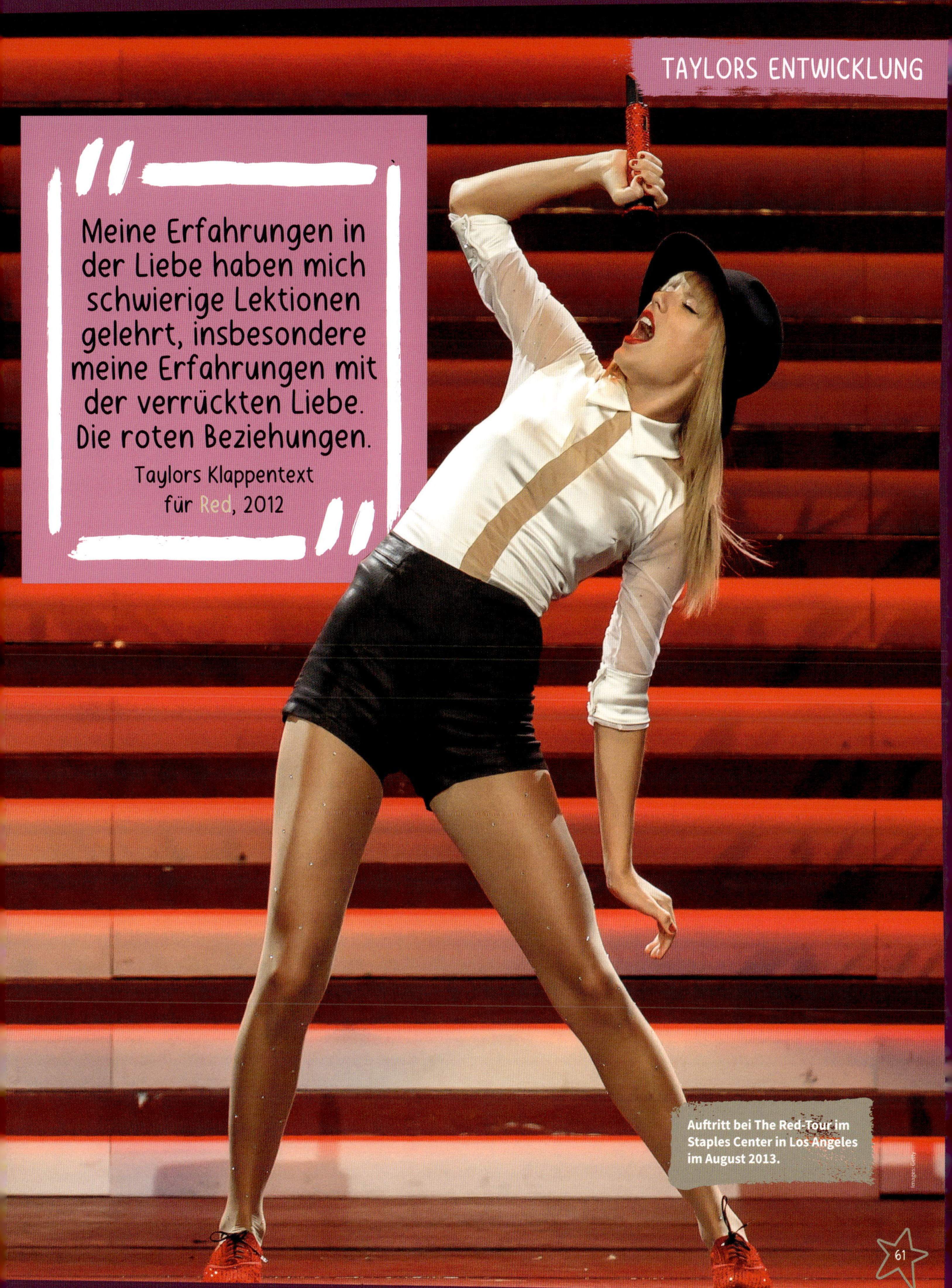

> „Meine Erfahrungen in der Liebe haben mich schwierige Lektionen gelehrt, insbesondere meine Erfahrungen mit der verrückten Liebe. Die roten Beziehungen.“
>
> Taylors Klappentext für Red, 2012

Auftritt bei The Red-Tour im Staples Center in Los Angeles im August 2013.

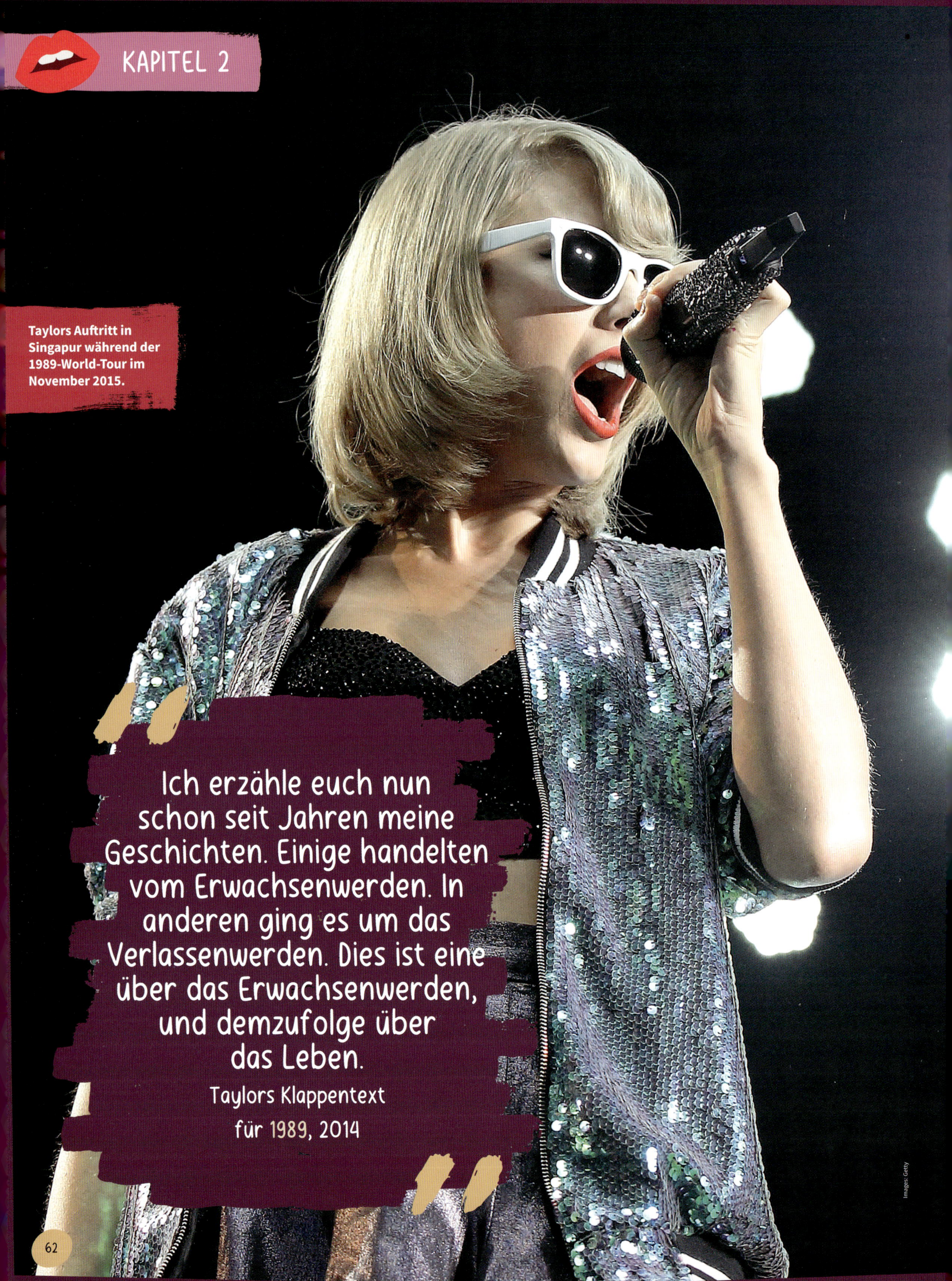

Taylors Auftritt in Singapur während der 1989-World-Tour im November 2015.

> „Ich erzähle euch nun schon seit Jahren meine Geschichten. Einige handelten vom Erwachsenwerden. In anderen ging es um das Verlassenwerden. Dies ist eine über das Erwachsenwerden, und demzufolge über das Leben."
>
> Taylors Klappentext für *1989*, 2014

Images: Getty

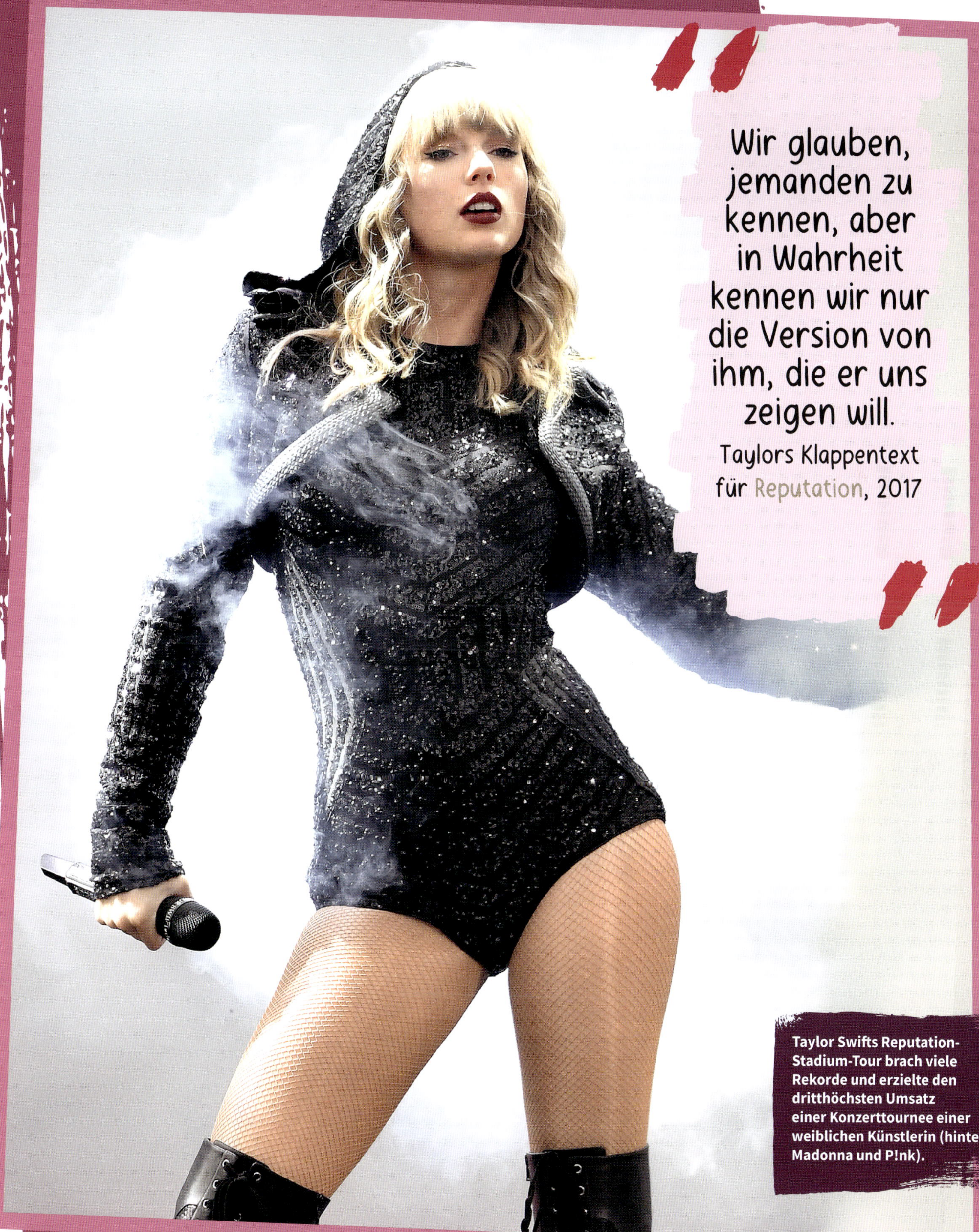

„Wir glauben, jemanden zu kennen, aber in Wahrheit kennen wir nur die Version von ihm, die er uns zeigen will.“

Taylors Klappentext für Reputation, 2017

Taylor Swifts Reputation-Stadium-Tour brach viele Rekorde und erzielte den dritthöchsten Umsatz einer Konzerttournee einer weiblichen Künstlerin (hinter Madonna und P!nk).

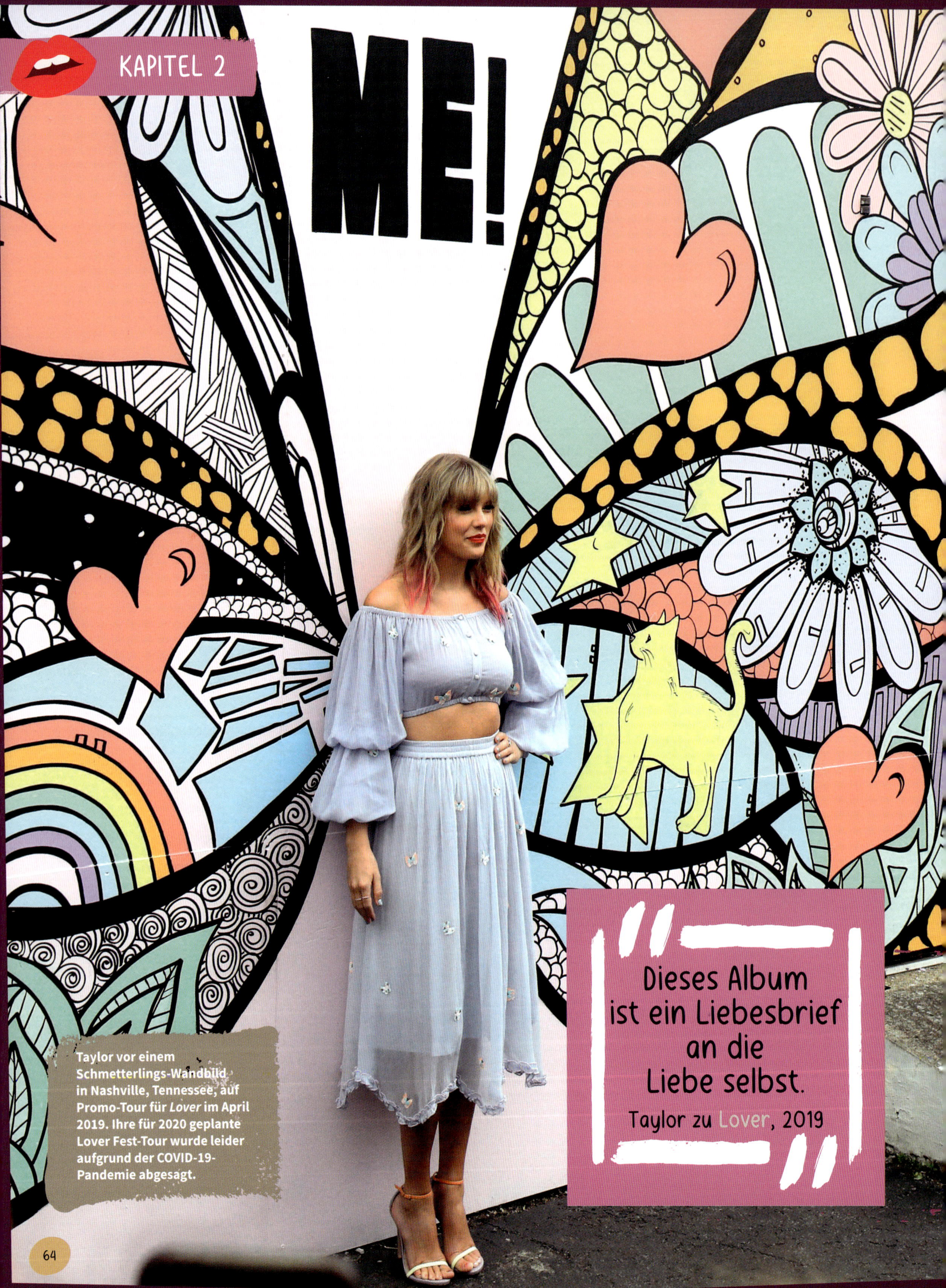

Taylor vor einem Schmetterlings-Wandbild in Nashville, Tennessee, auf Promo-Tour für *Lover* im April 2019. Ihre für 2020 geplante Lover Fest-Tour wurde leider aufgrund der COVID-19-Pandemie abgesagt.

> „Dieses Album ist ein Liebesbrief an die Liebe selbst."
>
> Taylor zu Lover, 2019

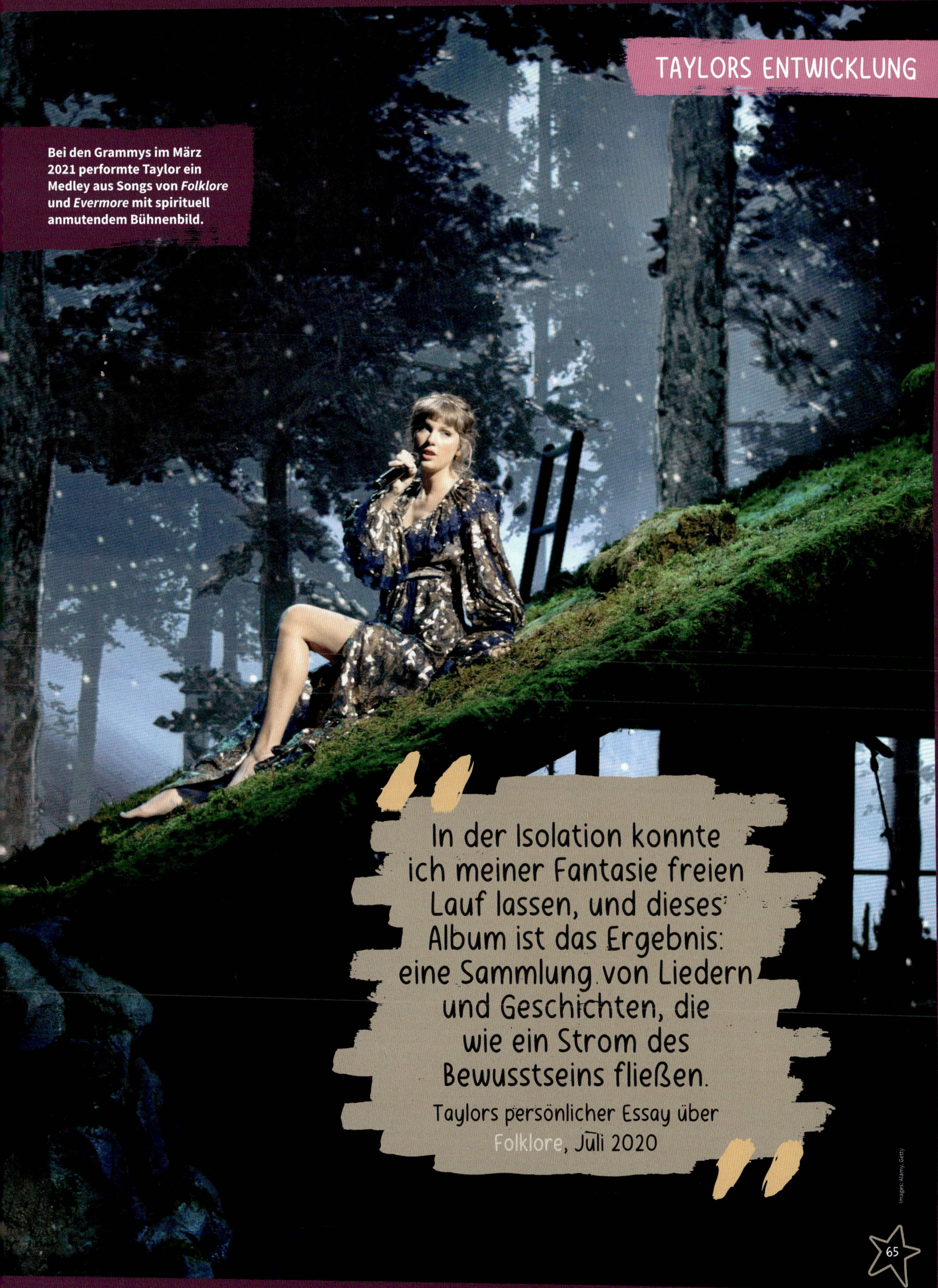

Bei den Grammys im März 2021 performte Taylor ein Medley aus Songs von *Folklore* und *Evermore* mit spirituell anmutendem Bühnenbild.

> „In der Isolation konnte ich meiner Fantasie freien Lauf lassen, und dieses Album ist das Ergebnis: eine Sammlung von Liedern und Geschichten, die wie ein Strom des Bewusstseins fließen.
>
> Taylors persönlicher Essay über Folklore, Juli 2020"

Images: Alamy, Getty

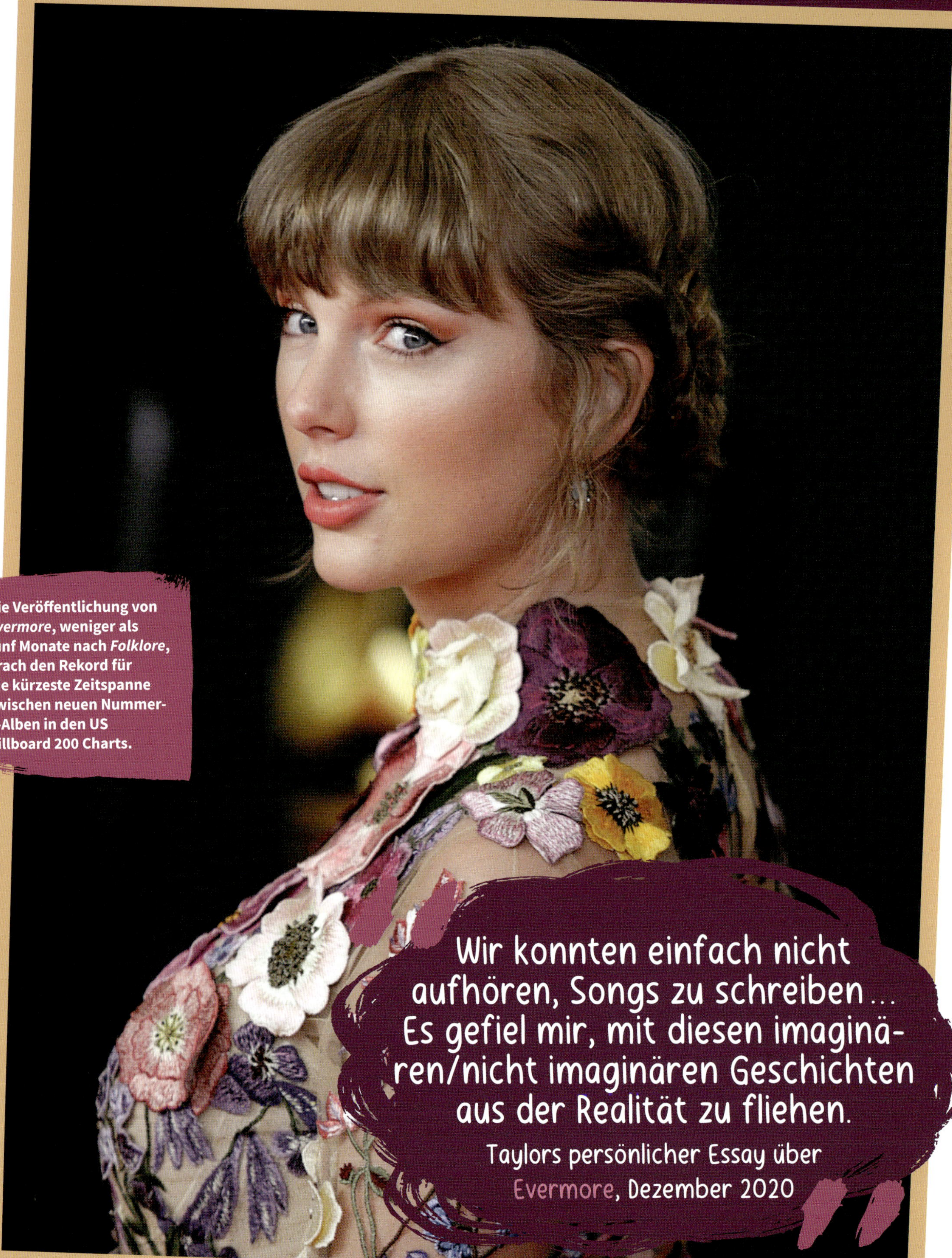

Die Veröffentlichung von *Evermore*, weniger als fünf Monate nach *Folklore*, brach den Rekord für die kürzeste Zeitspanne zwischen neuen Nummer-1-Alben in den US Billboard 200 Charts.

Wir konnten einfach nicht aufhören, Songs zu schreiben ... Es gefiel mir, mit diesen imaginären/nicht imaginären Geschichten aus der Realität zu fliehen.

Taylors persönlicher Essay über Evermore, Dezember 2020

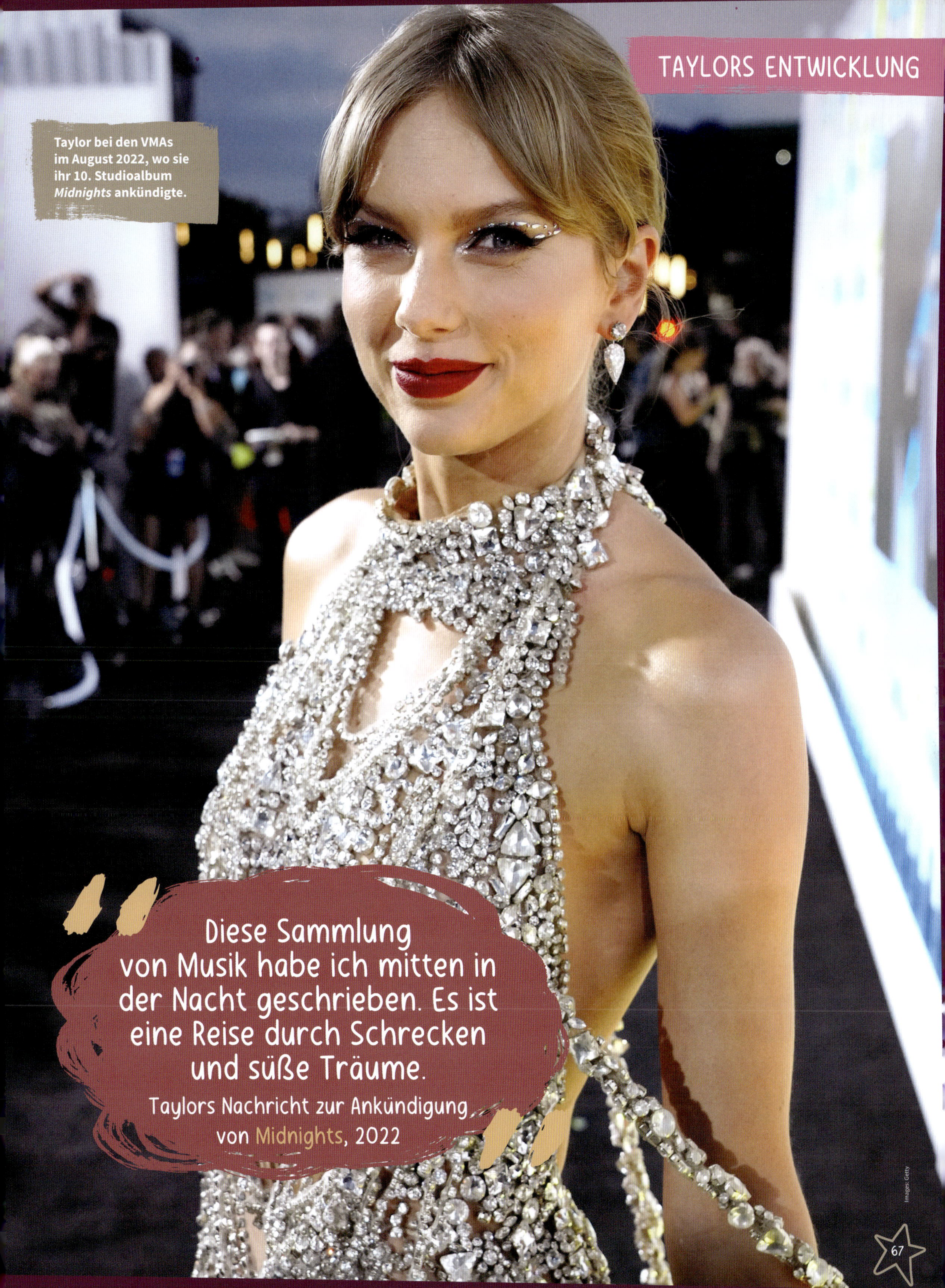

Taylor bei den VMAs im August 2022, wo sie ihr 10. Studioalbum *Midnights* ankündigte.

> „Diese Sammlung von Musik habe ich mitten in der Nacht geschrieben. Es ist eine Reise durch Schrecken und süße Träume."
>
> Taylors Nachricht zur Ankündigung von Midnights, 2022

Images: Getty

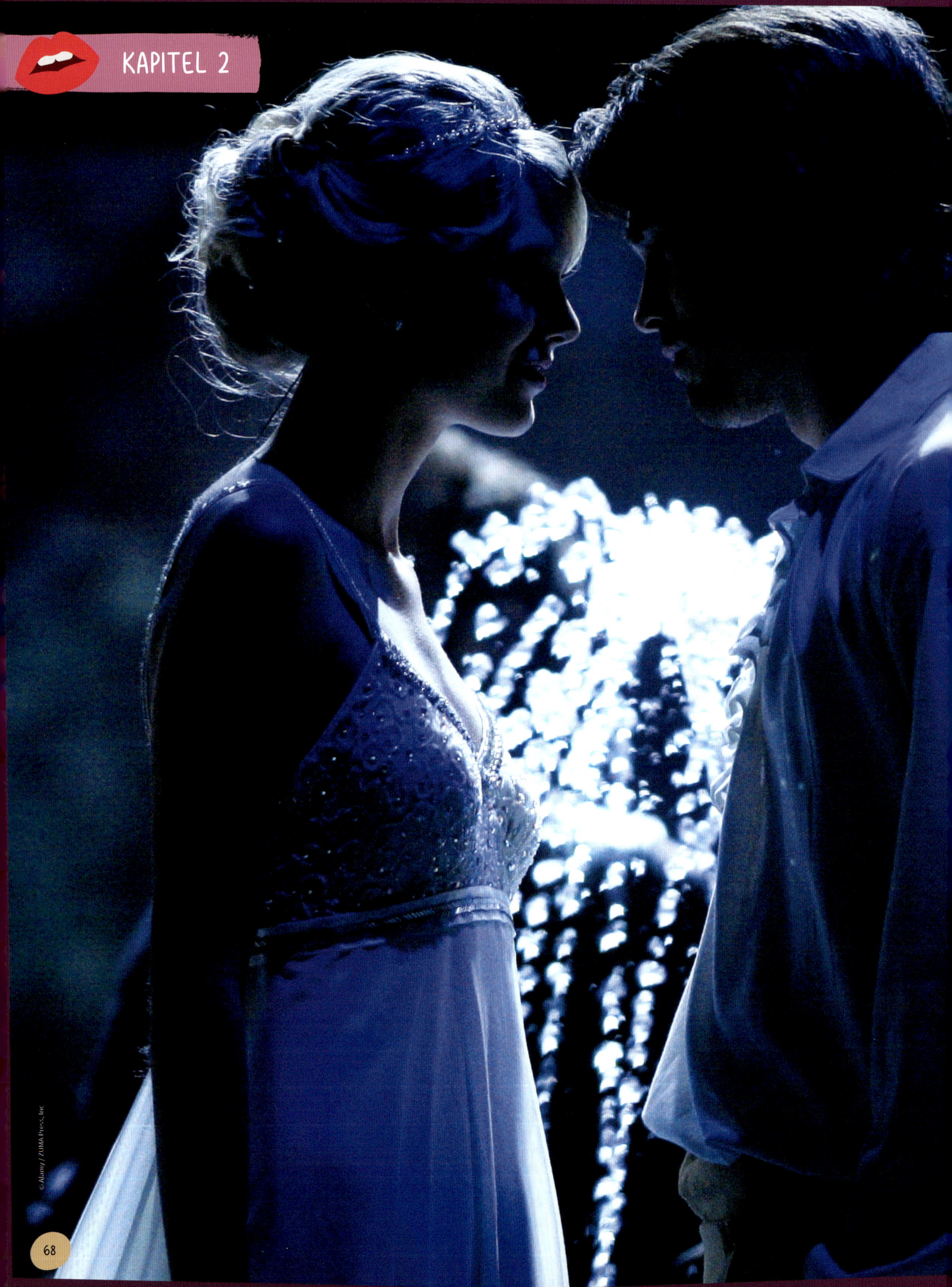

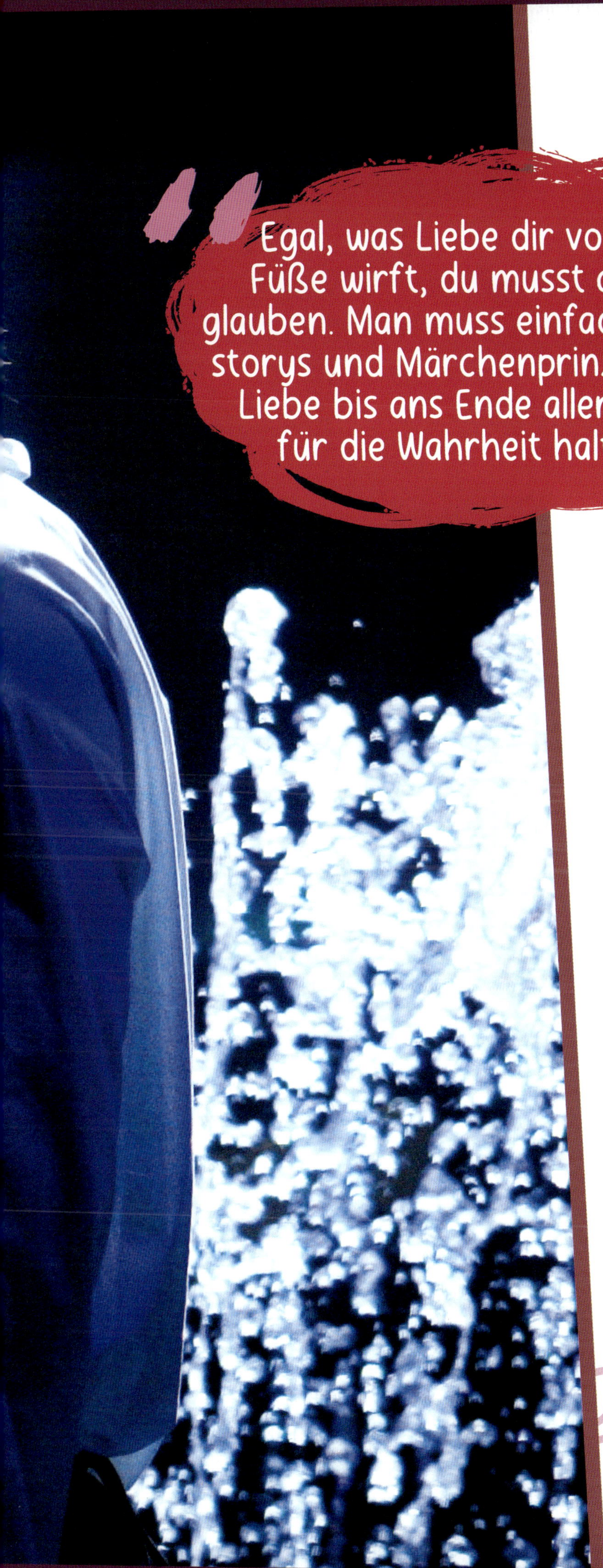

> „Egal, was Liebe dir vor die Füße wirft, du musst an sie glauben. Man muss einfach Lovestorys und Märchenprinzen und Liebe bis ans Ende aller Tage für die Wahrheit halten."

Die Macht der Liebe

Shakespeares *Romeo und Julia* war die Inspiration für „Love Story", die erste Single-Auskopplung aus Taylors zweitem Album *Fearless* und ihr erster internationaler Hit. Der Song katapultierte sie in den Mainstream und ist ihre erste Crossover-Single, die Platz 4 der Billboard-Pop-Charts und Platz 2 der Single-Charts in Großbritannien erreichte.

Der Sound von Banjo, Geige, Mandoline und Gitarre zieht sich durch den Country-Pop-Song in mittlerem Tempo, der, wie die *New York Times* behauptet, „das Zeug zum Emo-Rocker hat".

Kritiker halten den Song für einen ihrer besten. Roisin O'Connor vom *Independent* schrieb, der Titel präsentiere Taylor als Liedtexterin, die „die Macht der verbotenen Liebe erfasst".

> Furchtlos zu sein heißt für mich, zu leben, trotz all der Dinge, die einen zu Tode ängstigen.

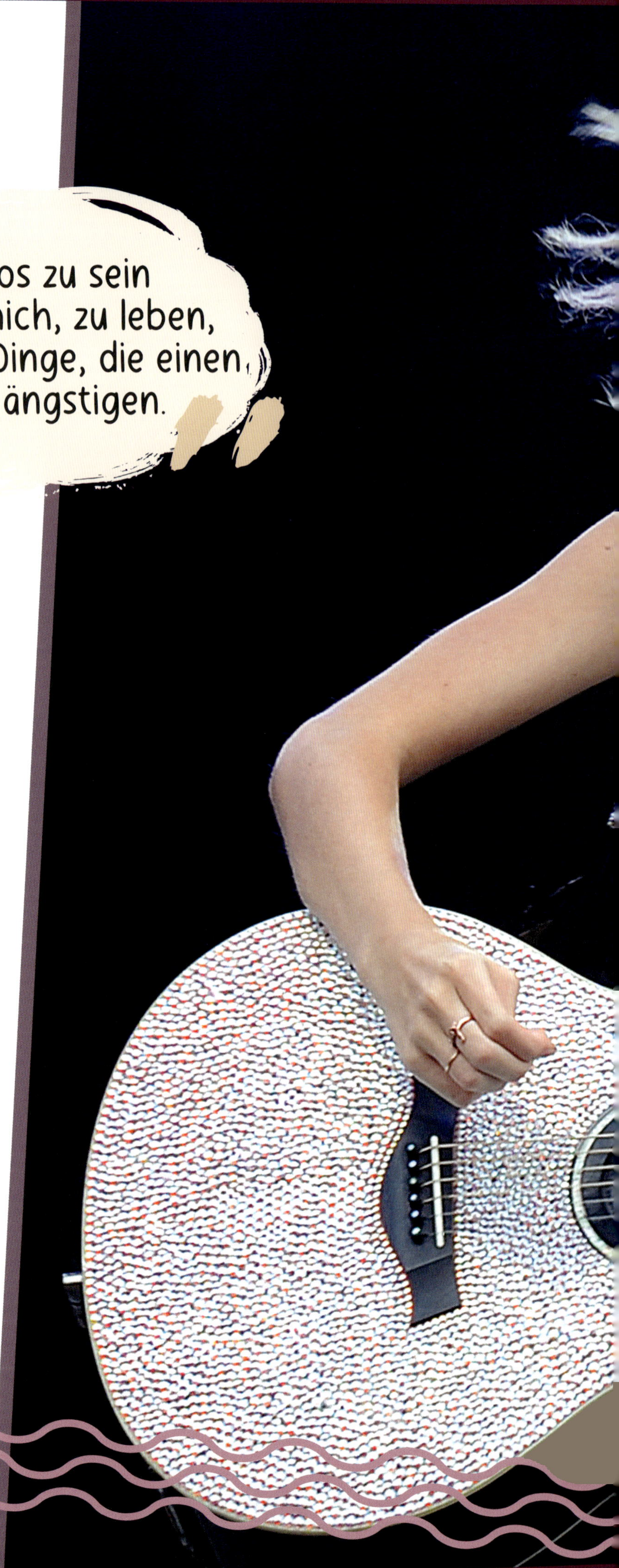

Fearless

Auf Taylors zweitem Album *Fearless* verschmelzen in den Songs Pop, Country, Rock und Folk. Taylor hat hier wirklich zu ihrem eigenen Stil gefunden. Die Texte handeln von Liebesgeschichten, Herzschmerz und Sehnsucht, während Streicher warme Klänge beisteuern. Die Titel sind souverän und raffiniert geschrieben und geprägt von echter Reife.

Kritiker zollten der emotionalen Ehrlichkeit in Taylors Songtexten Anerkennung, mit denen sich junge ebenso wie ältere Menschen identifizieren können. „Eines der besten Mainstream-Alben des Jahres 2008", urteilte Stephen Thomas Erlewine von *AllMusic*.

Zu den herausragenden Liedern gehört „White Horse", ein ergreifender Titel mit schmachtendem Cello, und der Titelsong, eine hochfliegende Ballade im 4/4-Takt. Inzwischen hat Taylor subtile stimmliche Schattierungen entwickelt, die für zusätzliche Dynamik und Textur sorgten.

Das Album schoss in den USA auf Platz 1, festigte Taylors Erfolg und verschaffte ihr Superstar-Status.

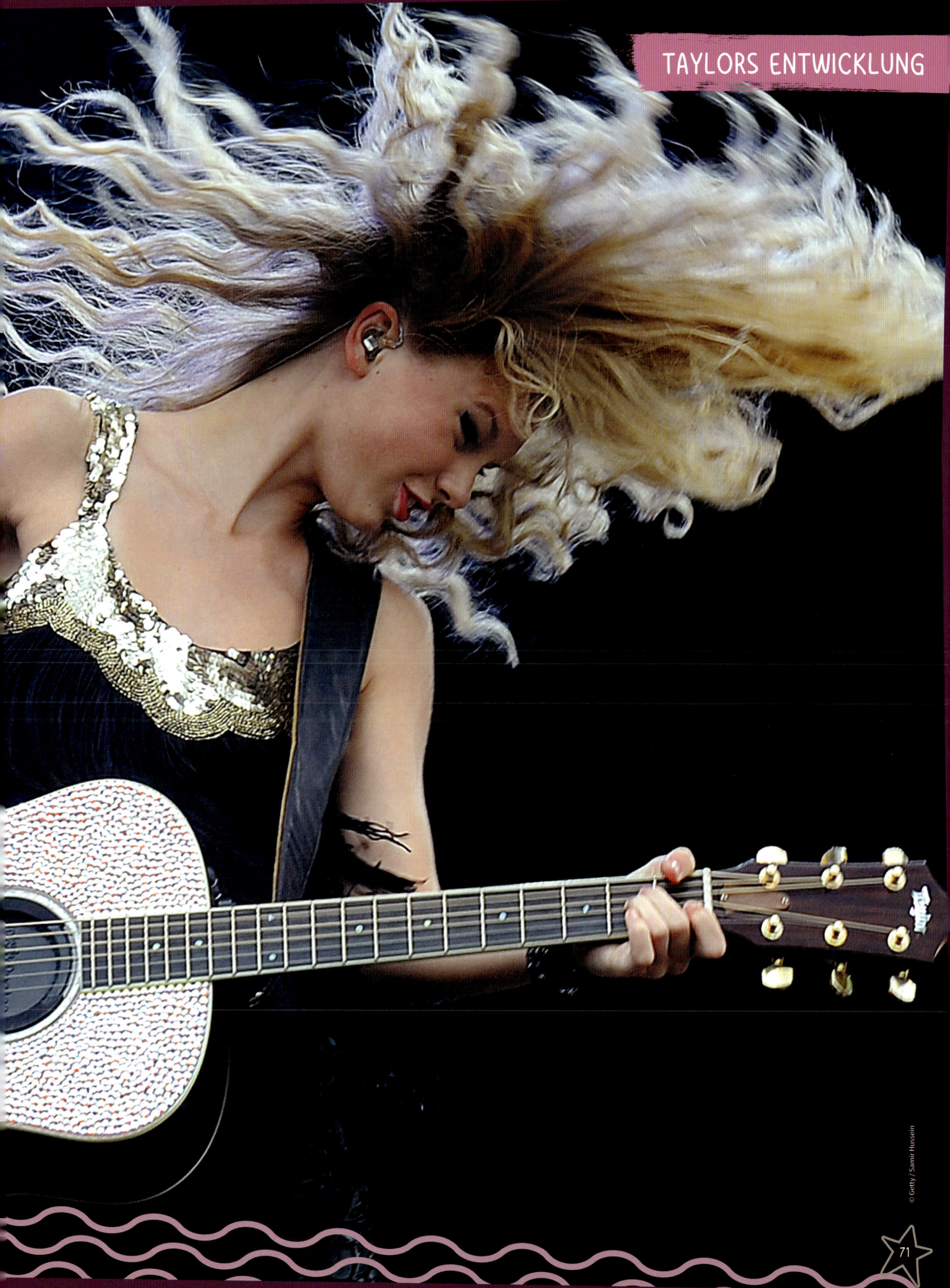

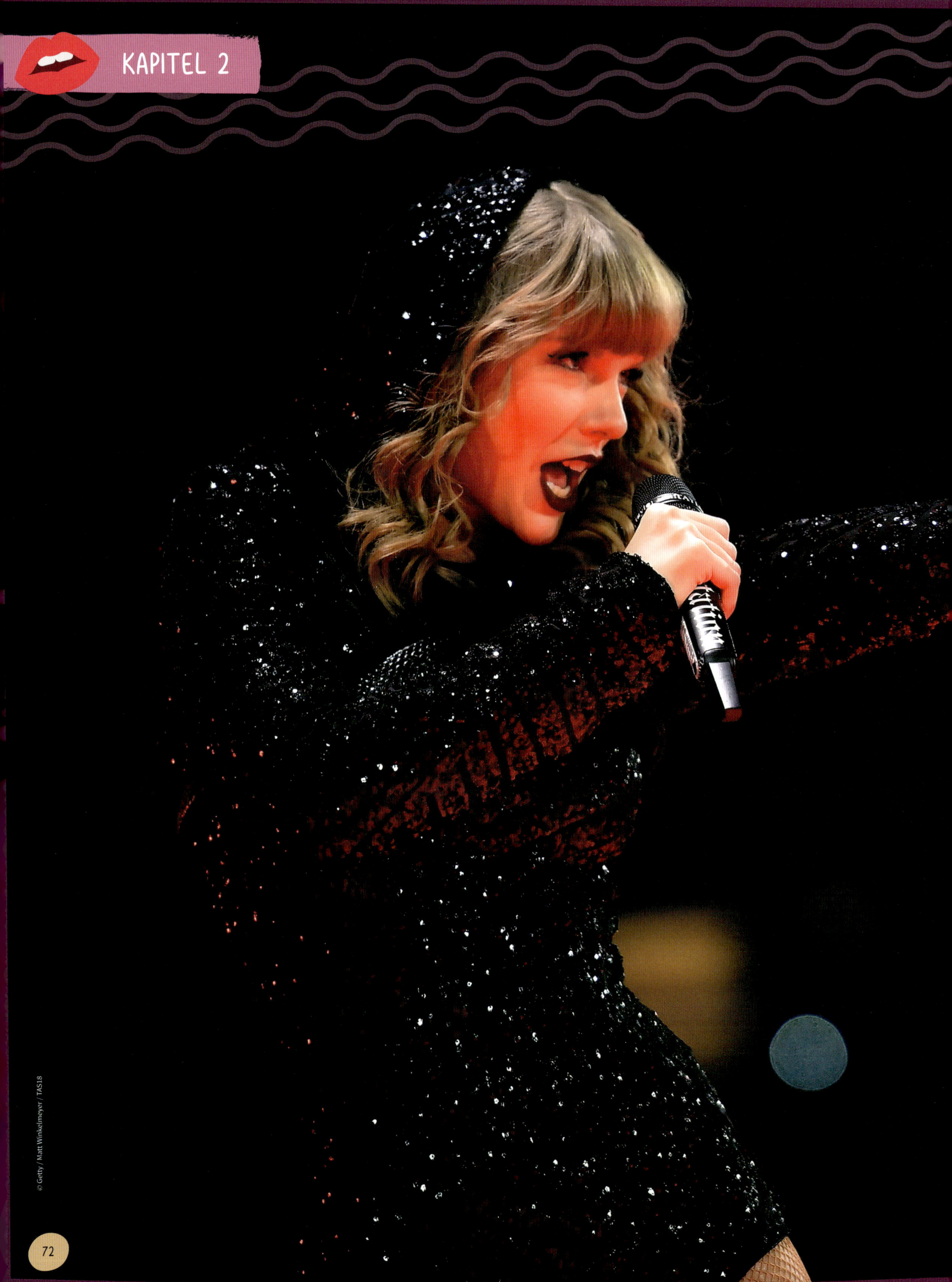

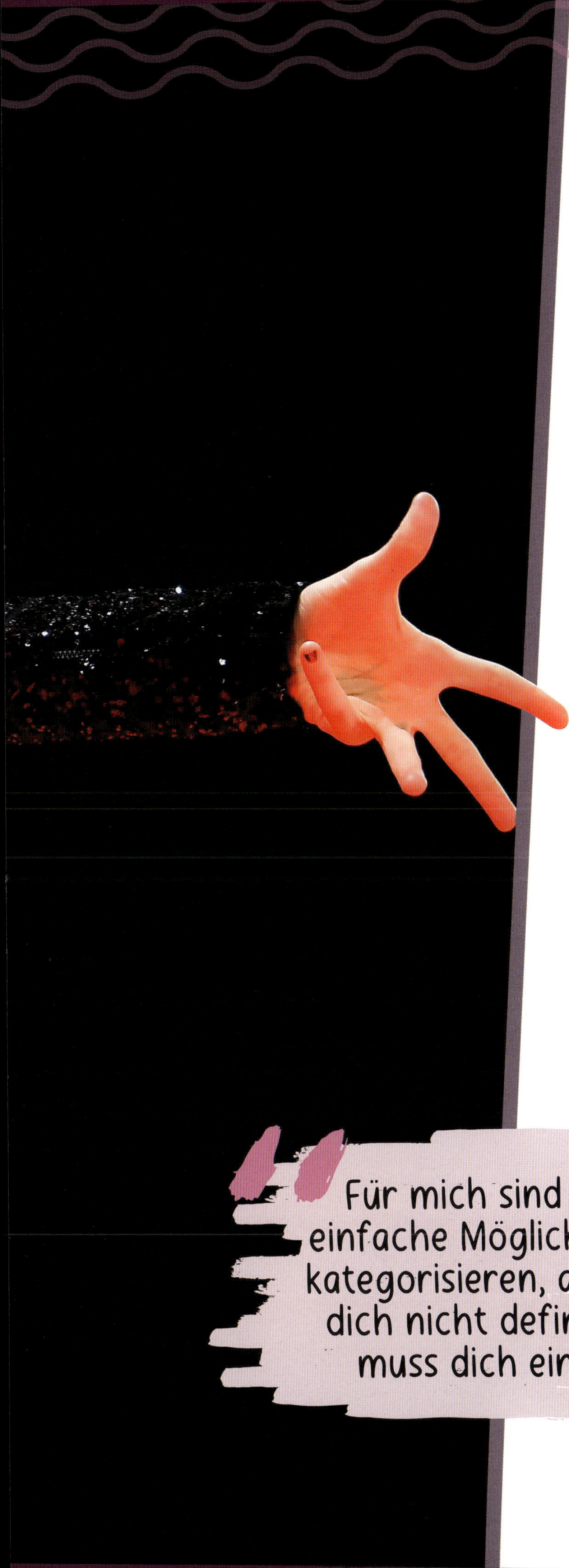

Reputation

Rache, Liebe und Lust sind die Hauptthemen auf Taylors sechstem Album, das sie in der Quarantäne während des Lockdowns zusammenstellte. Die interessante Sammlung von R&B-Titeln, in denen Elemente von Elektropop, Hip-Hop und Trap zum Tragen kommen, vollzieht einen unerwarteten Genrewechsel.

Reputation erschien im November 2017, mehr als drei Jahre nach Taylors letztem Album – der größte Zeitabstand zwischen zwei ihrer Veröffentlichungen. Doch noch bevor das Album auf den Markt kam, landeten die Titel „Look What You Made Me Do" und „... Ready For It" bereits in den Top 10, wobei der Erstere auch die internationalen Charts toppte. Das Album schaffte es in 15 Ländern auf Platz 1, und Kritiker lobten es als Taylors bisher reifstes und intimstes Werk. *Reputation* ist außerdem lautstark sowie mit abgrundtiefen Bässen, schnarrender Percussion und kristallklaren Synthie-Klängen angereichert. Inhaltlich stehen Taylors Liebesleben und ihre öffentlichen Fehden im Mittelpunkt.

> „Für mich sind Genres eine einfache Möglichkeit, Musik zu kategorisieren, aber sie sollten dich nicht definieren, nichts muss dich einschränken."

KAPITEL 2

Folklore

Am 23. Juli 2020 überraschte Taylor ihre Fans mit der Ankündigung, dass *Folklore*, ihr achtes Studioalbum, wenige Stunden später um Mitternacht veröffentlicht werden würde. Während des Lockdowns hatte sie neue kreative Pfade ausgelotet, weg von R&B und Elektropop hin zu einem organischeren Indie-Folk-Sound. Außer ihrem Langzeitmitarbeiter Jack Antonoff holte Taylor Aaron Dessner von *The National* mit ins Boot, der dem Album zur gewünschten Indie-Atmosphäre verhalf.

Akustikklavier und -gitarre sind die vorherrschenden Instrumente, während die Texte von Fantasie, Geschichte und Erinnerung geprägt sind. „In der Quarantäne ist meine Fantasie mit mir durchgegangen und dieses Album ist dabei herausgekommen, eine Sammlung von Songs und Geschichten, die einem Bewusstseinsstrom ähneln", sagt Taylor.

„Cardigan", „August" und „Betty" sind drei Höhepunkte des Albums, deren Inhalte zusammenhängen und die Taylor als „Teenager-Liebes-Dreieck" bezeichnet. Aus dem Rahmen fällt auch „Exile" unter Mitwirkung von Justin Vernon von Bon Iver. Angesichts der frischen, ehrlichen Klangfreude ist es wenig überraschend, dass *Folklore* in den USA das meistverkaufte Album des Jahres 2020 war.

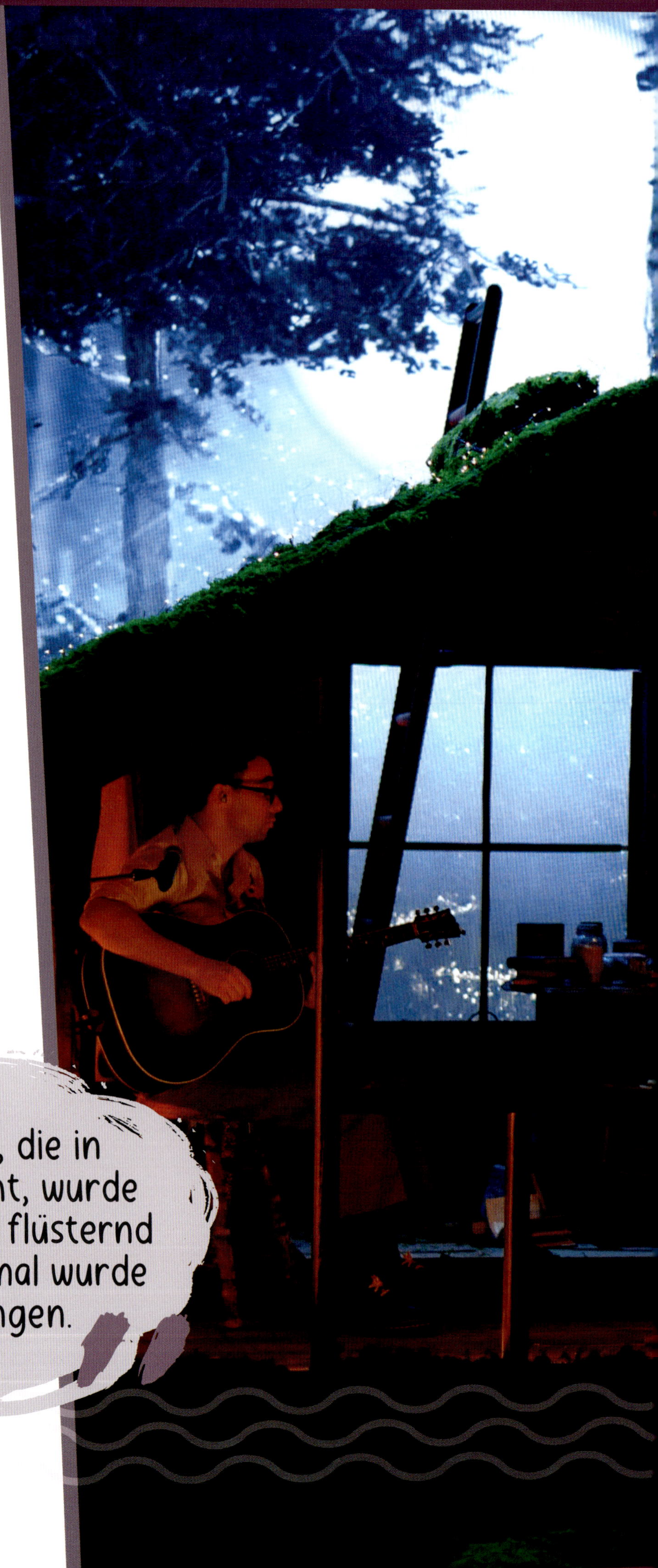

„Eine Geschichte, die in die Folklore eingeht, wurde weitergereicht und flüsternd verbreitet. Manchmal wurde sie auch gesungen."

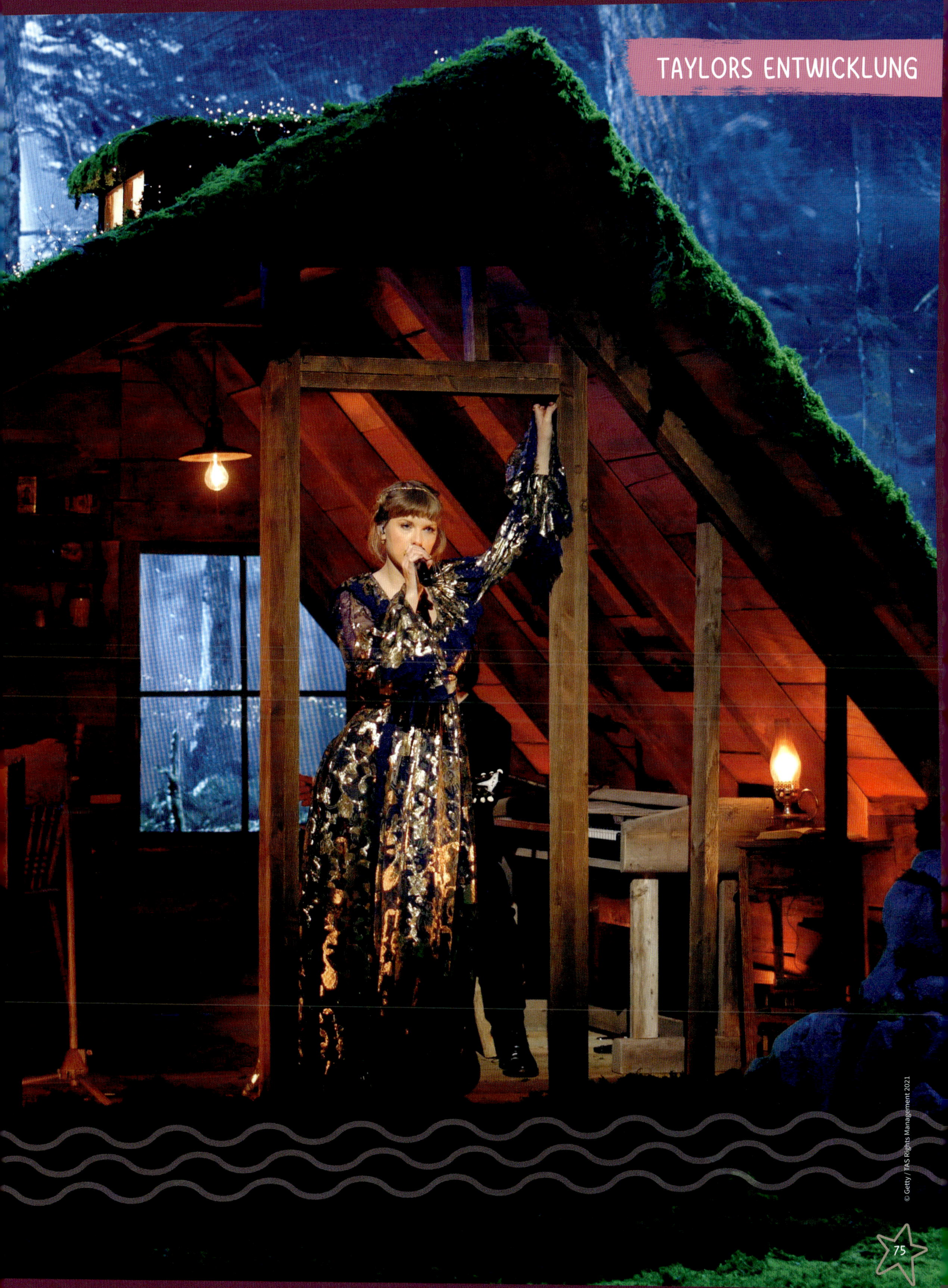

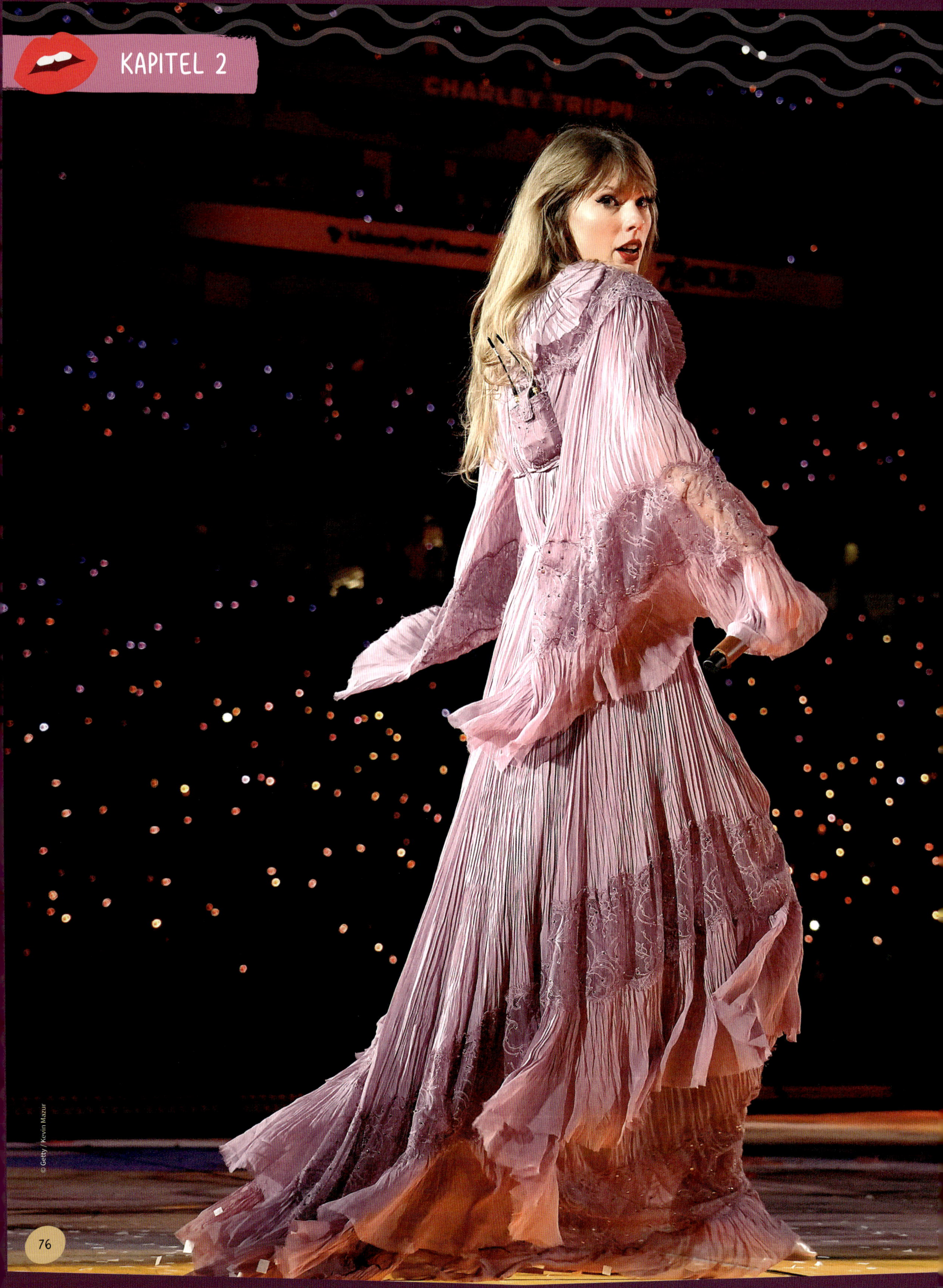

© Getty / Kevin Mazur

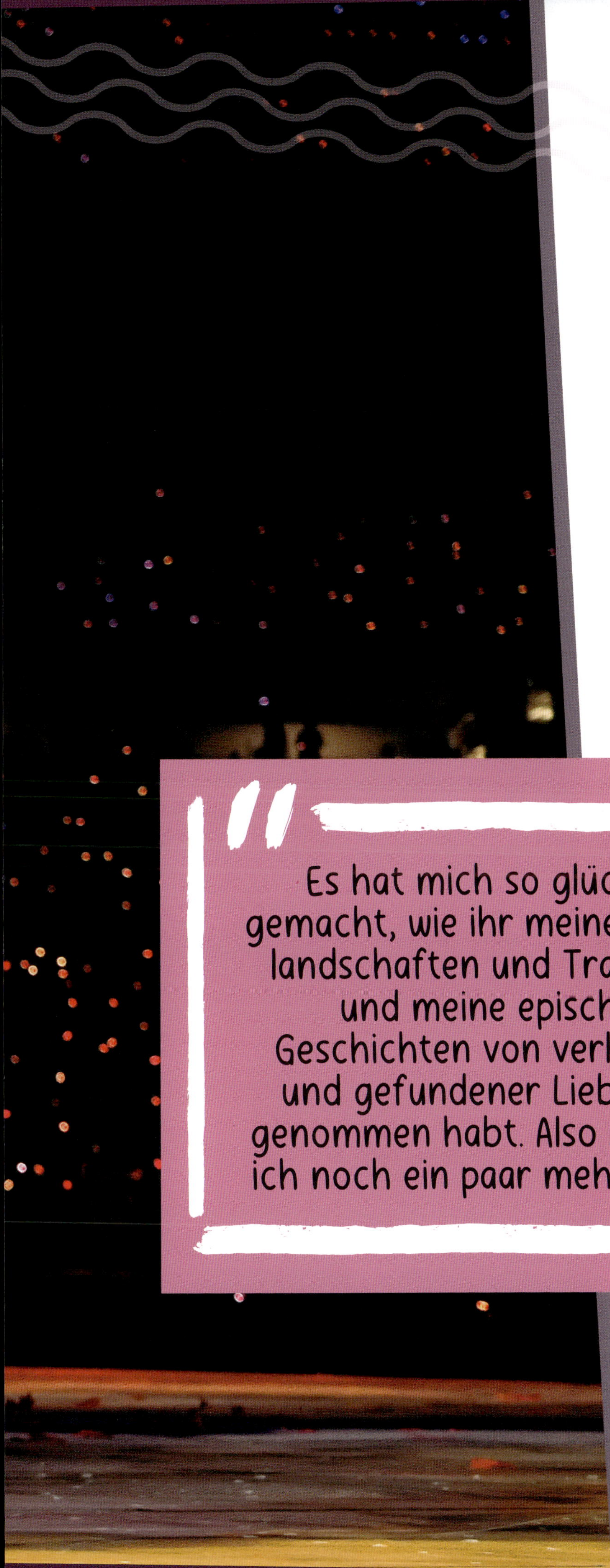

Evermore

Taylor bezeichnete ihr neuntes Album als „Schwester“ von *Folklore*, weil diese weitere Indie-Folk-Arbeit gleichfalls während der Pandemie entstand und aufgenommen wurde. Dabei setzte sie ihre produktive Zusammenarbeit mit Aaron Desser von The National fort, über die sie selbst sagt: „Um es schlicht auszudrücken, wir konnten einfach nicht aufhören, miteinander Songs zu schreiben.“

Mit *Evermore* erhielten die Fans noch mehr launige und fantasievolle Storys. Wie immer bei Taylor stechen bestimmte Zeilen hervor und packen den Zuhörer. „Sei nie so freundlich, dass du vergisst, klug zu sein, sei nie so klug, dass du vergisst, freundlich zu sein“, singt sie, inspiriert von ihrer verstorbenen Großmutter, in „Marjorie“.

„Tolerate It“ und „Closure“ handeln von unausgewogenen Beziehungen, während „Cowboy Like Me“ die Geschichte eines Hochstaplers erzählt, der unter einem schlechten Stern agiert. Für die Mörderballade „No Body, No Crime“ tat sie sich mit ihren BFFs Haim zusammen.

In den USA und in Großbritannien erreichte das Album Platz 1 der Charts, in acht weiteren Ländern ebenfalls Spitzenpositionen. Das Magazin *Spin* kommentierte, dass Taylor mit *Evermore* in den „Pantheon der Songschreiber aufsteigt, die trotz der unvorstellbaren Erwartungen an sie beständig Qualität liefern“.

> „Es hat mich so glücklich gemacht, wie ihr meine Traumlandschaften und Tragödien und meine epischen Geschichten von verlorener und gefundener Liebe aufgenommen habt. Also schreibe ich noch ein paar mehr davon.“

KAPITEL 2

> Die Pop-Ikone Taylor Swift gehört zu den weltweit einflussreichsten Wirtschaftslenkern.
>
> Anne Steele, The Wall Street Journal

Ein starkes Vermächtnis

Als Künstlerin und Geschäftsfrau hinterlässt Taylor mit ihrer Musik einen mächtigen Fußabdruck. Im Verlauf ihrer Karriere hat sie Country, Pop, Rock, Elektropop, R&B, Folk, Trap und Hip-Hop abgeliefert und gezeigt, dass Künstler sich nicht auf ein Genre beschränken müssen.

Auch ihr Einfluss auf die Musikindustrie ist gewaltig. Sie kämpft für die Rechte der Musikschaffenden, und es ist ihr gelungen, sich die Kontrolle über ihr Werk zurückzuholen. Aus Protest gegen geringe Tantiemenzahlungen entzog sie Spotify ihren Titelkatalog und nahm ihre ersten sechs Alben neu auf, um sich das Eigentum darüber zu sichern. Außerdem hat sie die Interaktion von Künstlern und Fans revolutioniert, indem sie als Erste für die Vermarktung ihrer Musik umfassend auf soziale Medien setzte.

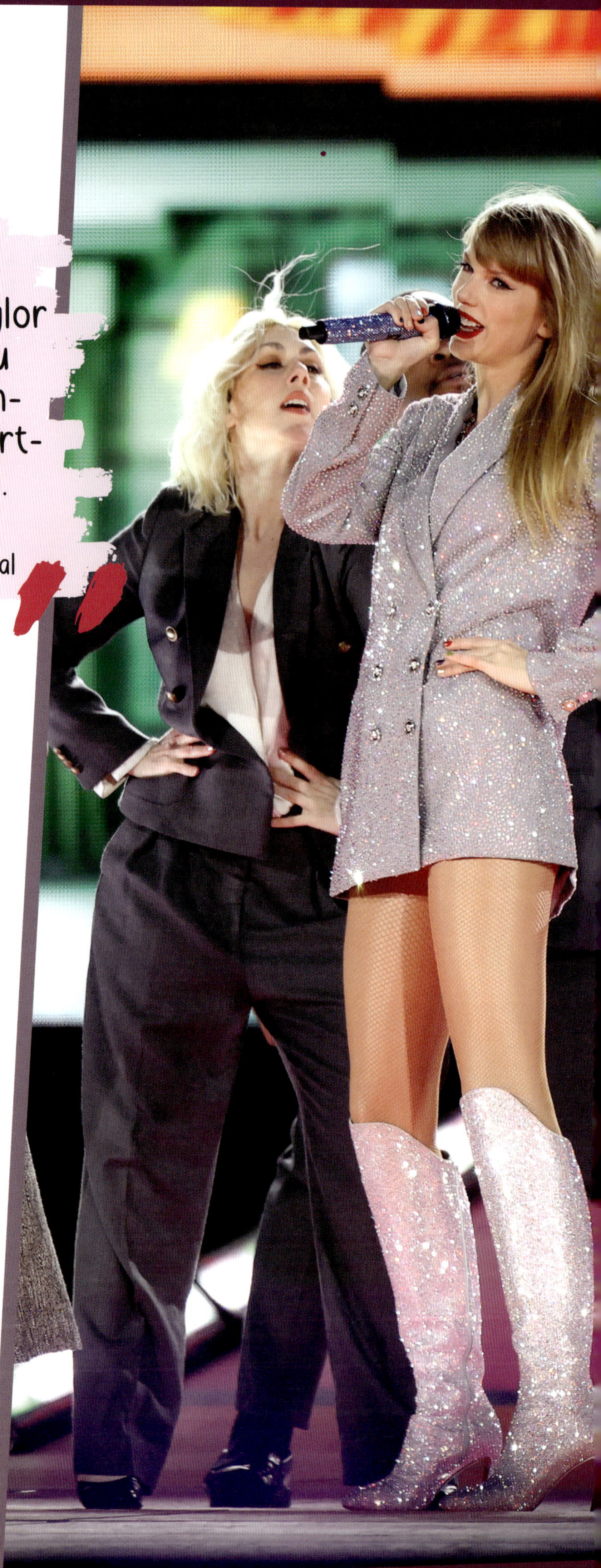

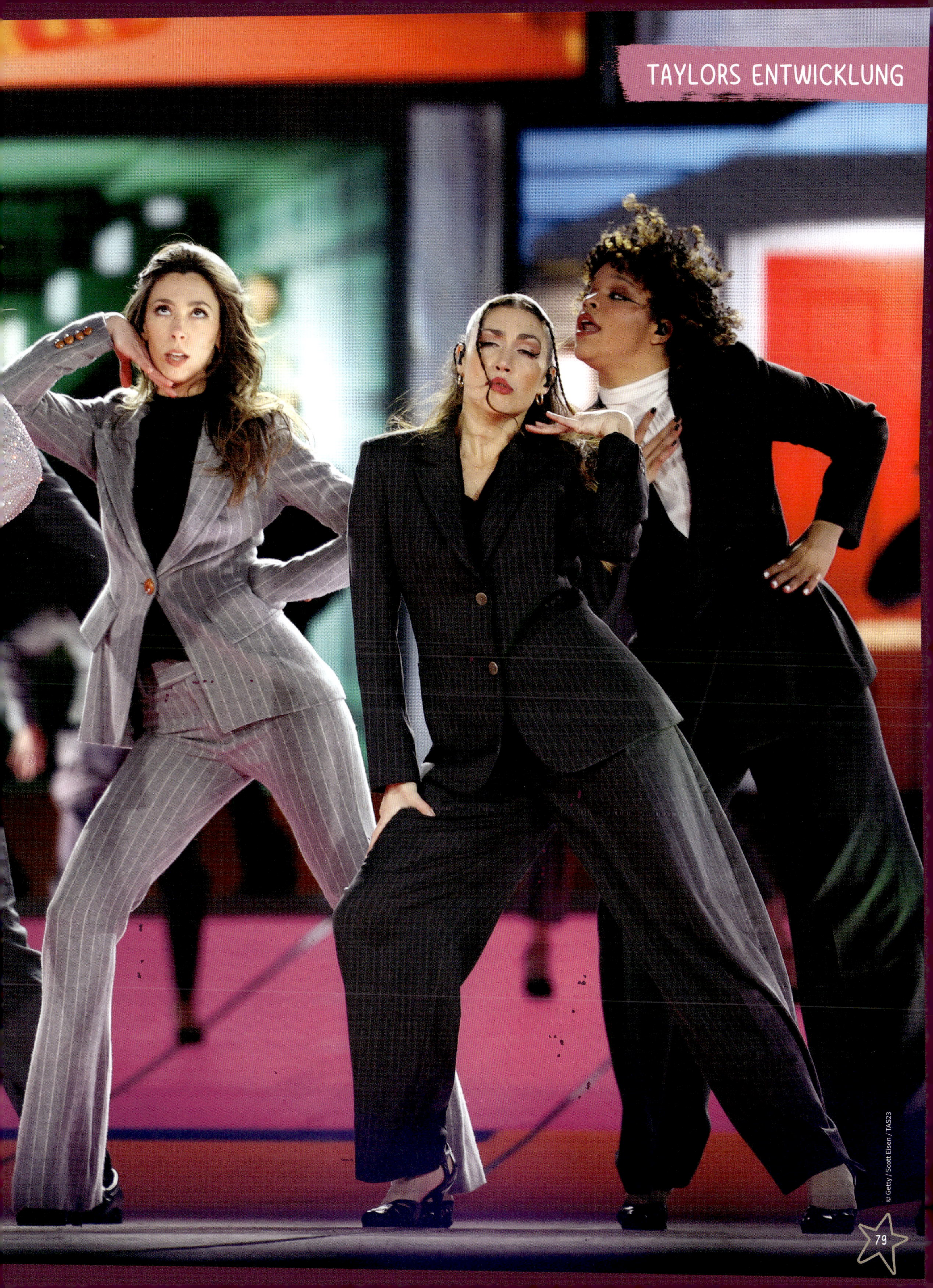

© Getty / Scott Eisen / TAS23

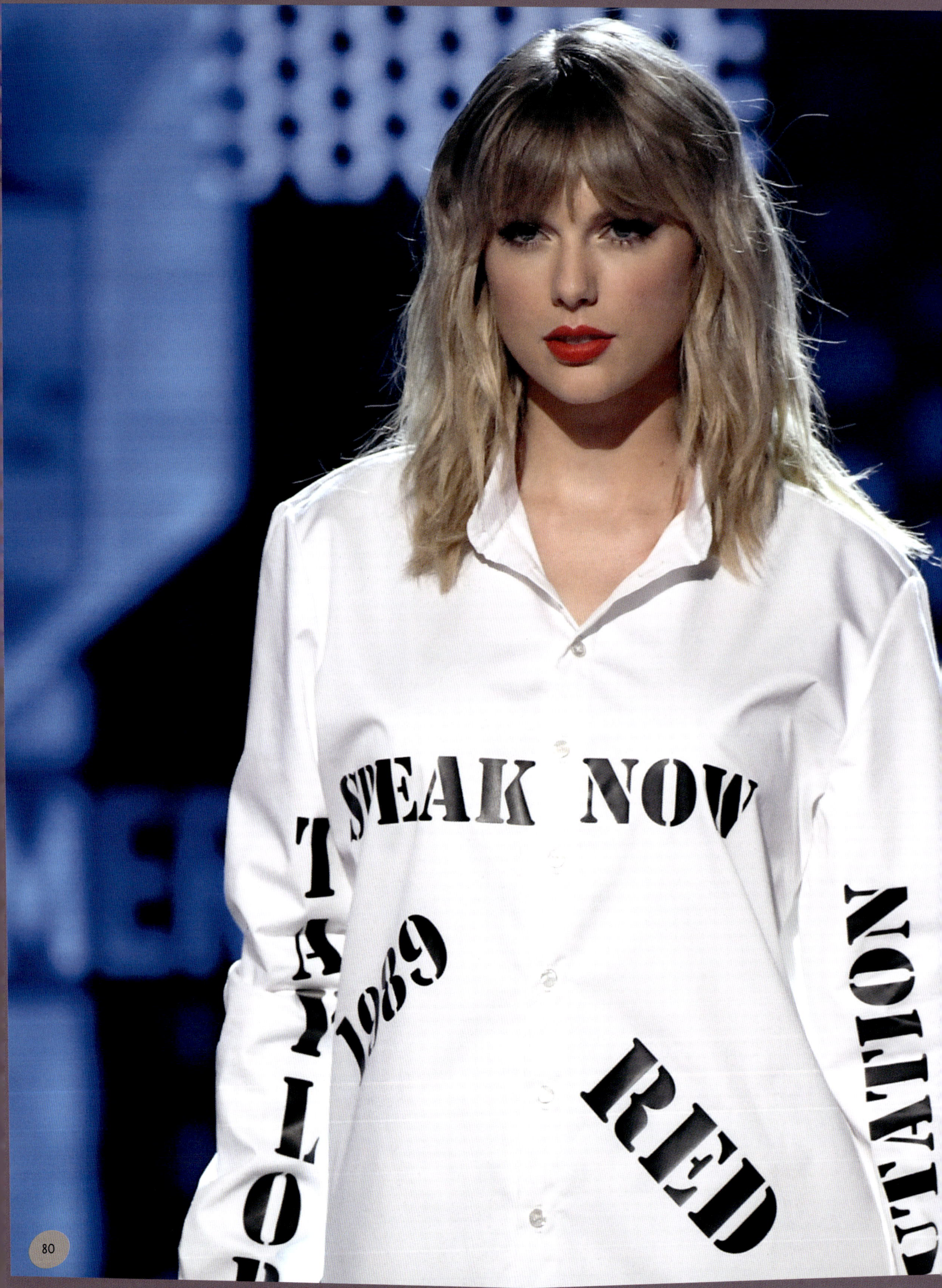
SPEAK NOW
1989
RED

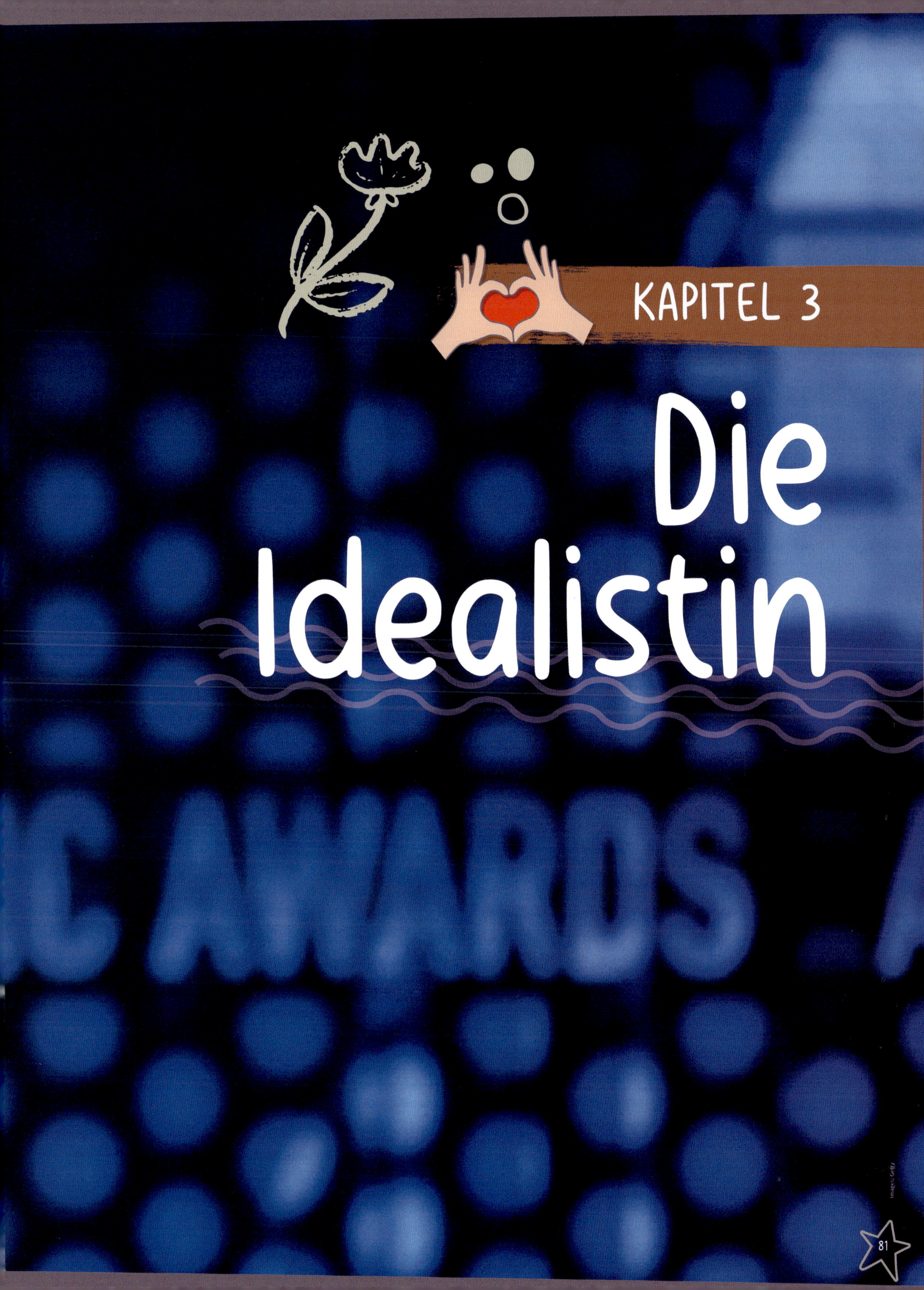

KAPITEL 3

Die Idealistin

Images: Getty

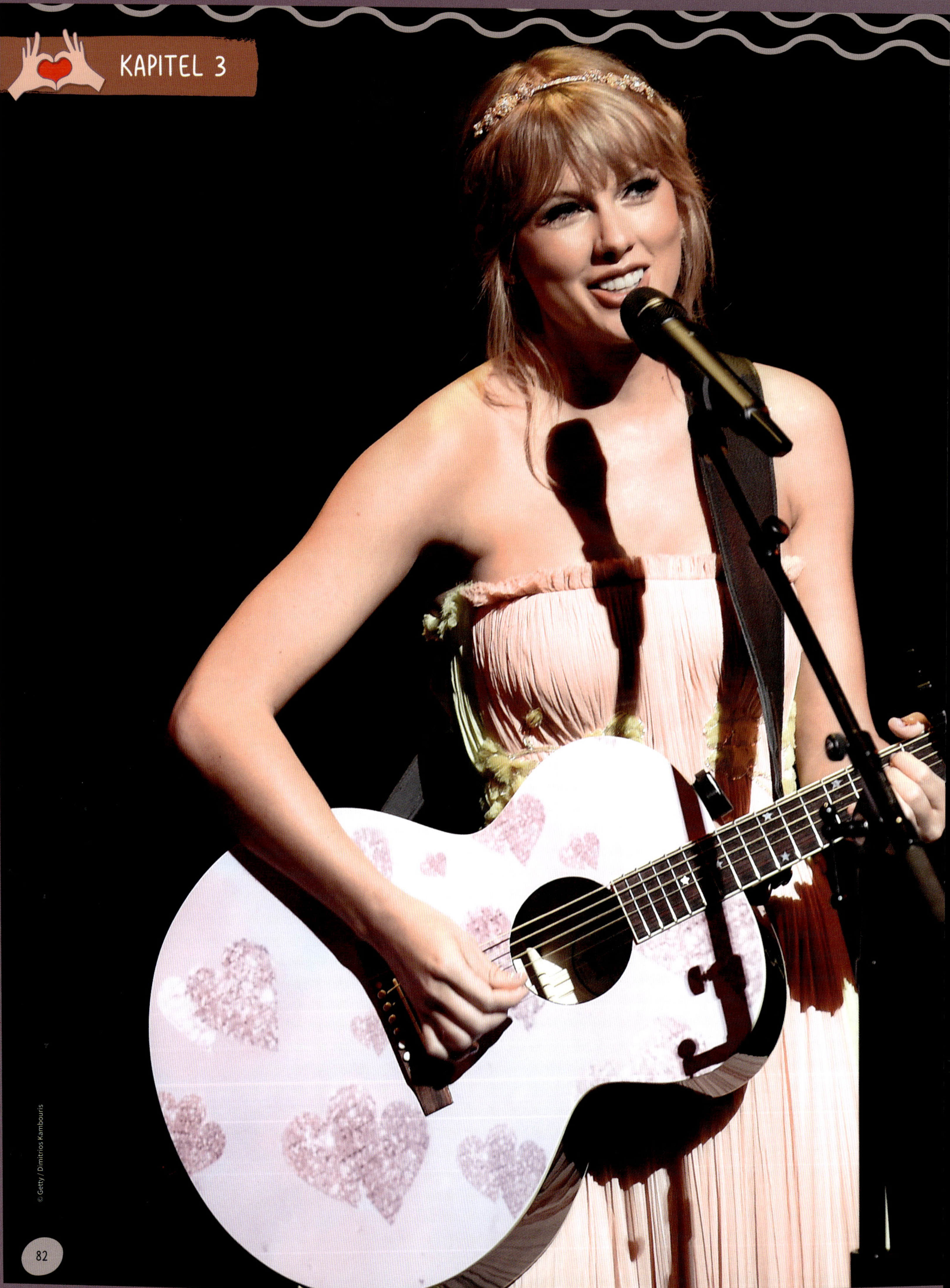

© Getty / Dimitrios Kambouris

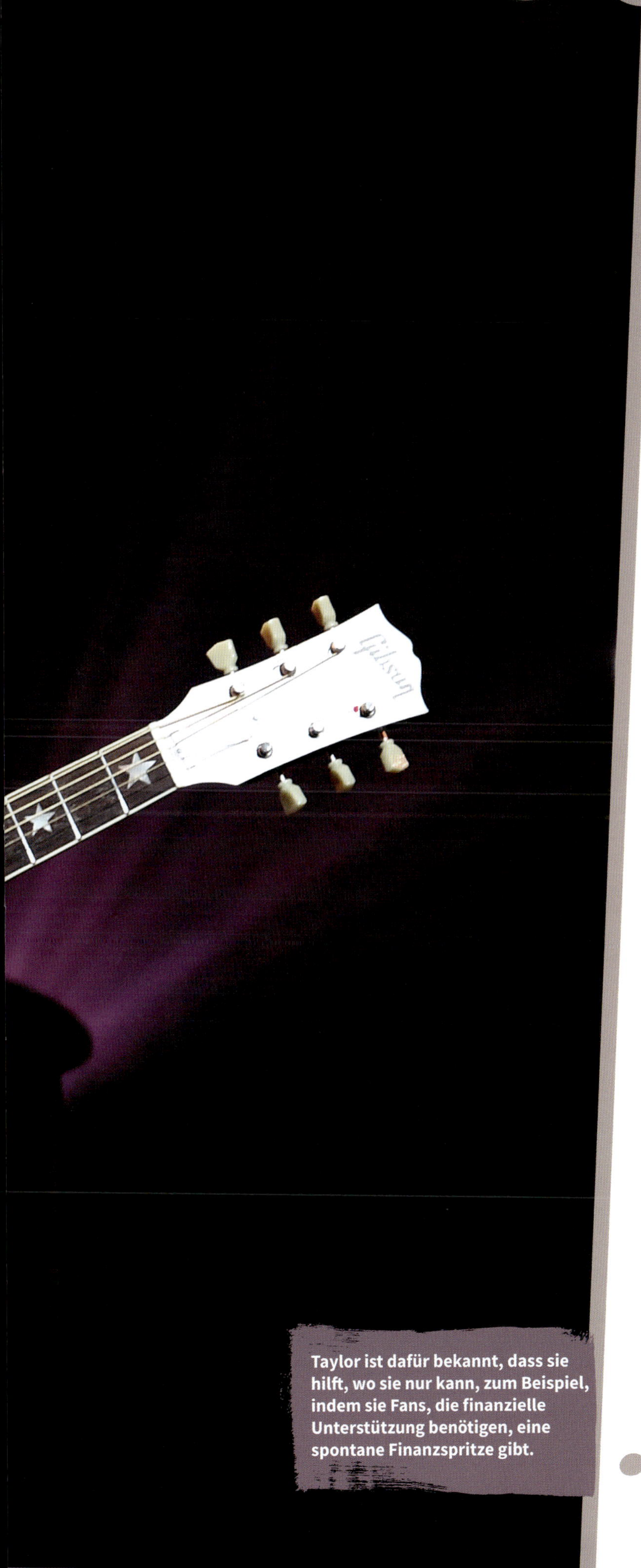

Taylor ist dafür bekannt, dass sie hilft, wo sie nur kann, zum Beispiel, indem sie Fans, die finanzielle Unterstützung benötigen, eine spontane Finanzspritze gibt.

Die Idealistin

Es ist kein Geheimnis, dass sich Taylor bei politischen Themen eher bedeckt hält, im Stillen aber eine Reihe wohltätiger Projekte unterstützt.

Die meiste Zeit ihrer Karriere hat es Taylor vermieden, zu politischen Inhalten Stellung zu beziehen, und unterstützte bis vor kurzem eher im Hintergrund Dinge, die ihr wichtig waren. Dennoch ist sie für ihre Wohltätigkeitsarbeit bekannt und landete sogar auf Platz eins der „Gone Good"-Liste von DoSomething, einer weltweit tätigen gemeinnützigen Organisation, die junge Menschen dazu motiviert, etwas zum Positiven zu verändern. Wie genau sieht Taylors Engagement aus?

Taylors Großzügigkeit

Seit dem Beginn ihrer Karriere hat Taylor immer zahlreiche Wohltätigkeits- und gemeinnützige Organisationen unterstützt. Sie gilt als eine der Prominenten, die sich am meisten engagieren, und obwohl sie nicht viel über ihre wohltätigen Aktionen spricht, berichtete die Presse oft über ihre Unterstützung und ihre Spenden.

Taylor hat viele Objekte wie zum Beispiel Gitarren für Wohltätigkeitsauktionen zugunsten des UNICEF Tap Project, der Elton John AIDS Foundation und MusiCares gespendet. Sie arbeitete mit verschiedenen Organisationen zusammen, darunter die Make-A-Wish Foundation oder Habitat for Humanity, und ermutigte junge Menschen dazu, sich im Rahmen des Global Youth Service Day ehrenamtlich vor Ort in ihren Gemeinden zu engagieren.

Im Jahr 2008, dem Jahr, in dem sie *Fearless* veröffentlichte, spendete Taylor 100.000 Dollar an das Rote Kreuz, um die Betroffenen der Flutkatastrophe

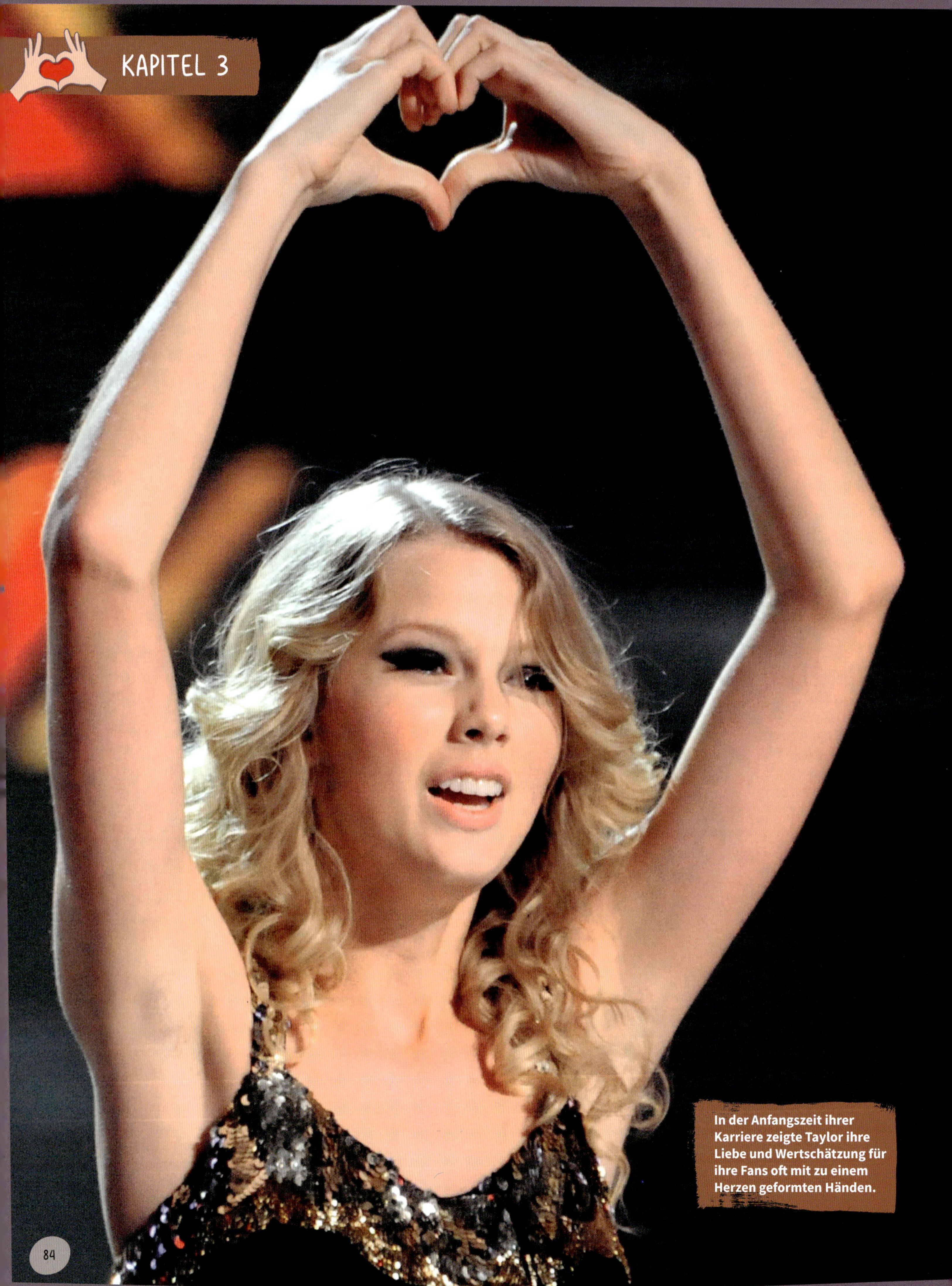

In der Anfangszeit ihrer Karriere zeigte Taylor ihre Liebe und Wertschätzung für ihre Fans oft mit zu einem Herzen geformten Händen.

> „Mit dem wachsenden Erfolg der Sängerin stiegen auch die Beträge, die sie spendete."

in Iowa zu unterstützen, die zwischen Juni und Juli 2008 mehrere Wochen andauerte und Sachschäden in Höhe von fast 6 Milliarden Euro verursachte.

Mit dem wachsenden Erfolg der Sängerin stiegen auch die Beträge, die sie spendete. Im Jahr 2010 waren es 485.000 Euro für die Hilfsmaßnahmen nach den Überschwemmungen in Tennessee im Mai, und im darauffolgenden Jahr, nachdem sie von der Academy of Country Music als Entertainerin des Jahres ausgezeichnet worden war, spendete sie fast 25.000 Euro an das St. Jude Children's Research Hospital in Tennessee.

Im Jahr 2014 gingen 97.000 Euro an die V Foundation for Cancer Research und 48.000 Euro an das Children's Hospital of Philadelphia. Im Jahr 2016 ließ sie der Fluthilfe in Louisiana satte 970.000 Euro und dem Dolly Parton Fire Fund 97.000 Euro zukommen. Sie spendete außerdem 970.000 Euro für die Hilfsmaßnahmen nach dem Tornado in Tennessee im Jahr 2020.

Taylor trat bei mehreren Wohltätigkeitsveranstaltungen auf, darunter das Sound Relief-Konzert in Sydney für die Betroffenen der Buschbrände in Australien im Februar 2009. Außerdem trug sie 2010 mit ihrem Song „Breathless" zum Live-Album Hope for Haiti Now zugunsten der Opfer des Erdbebens in Haiti bei.

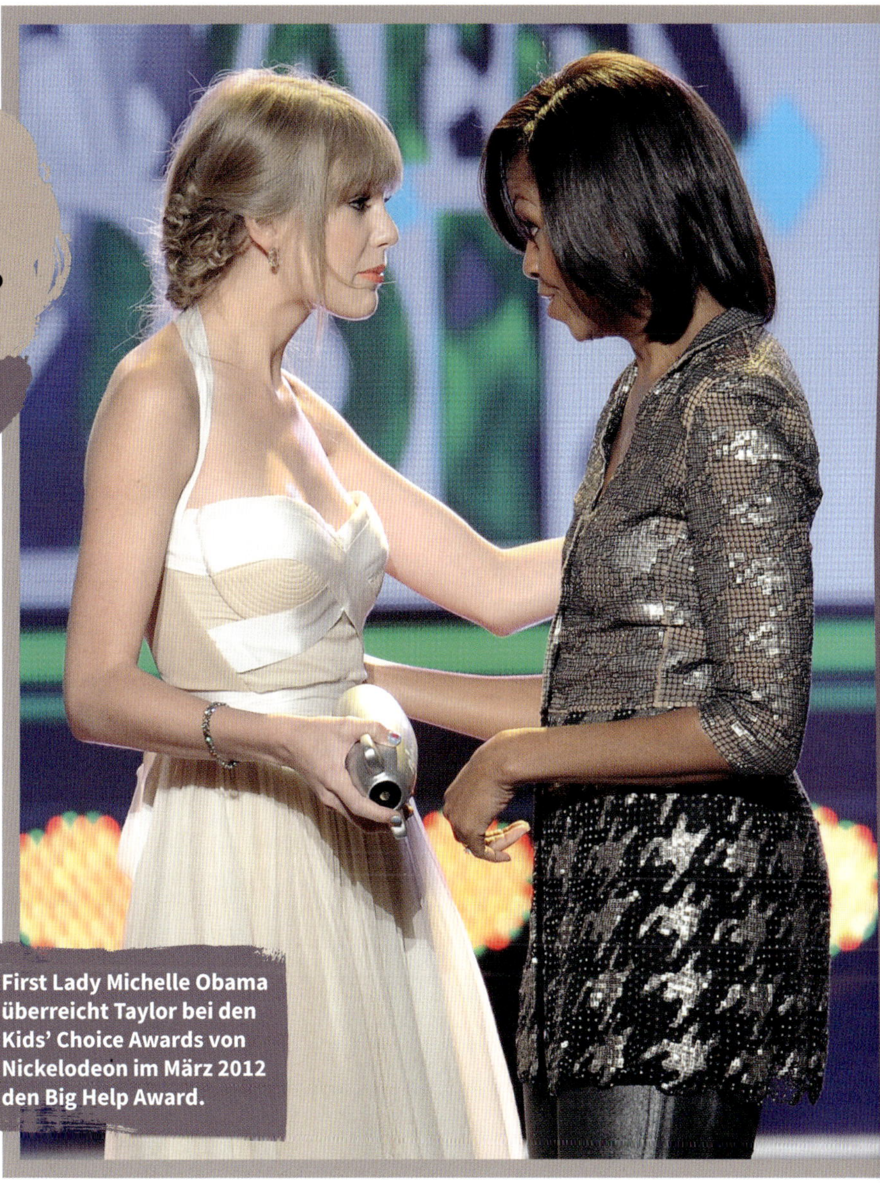

First Lady Michelle Obama überreicht Taylor bei den Kids' Choice Awards von Nickelodeon im März 2012 den Big Help Award.

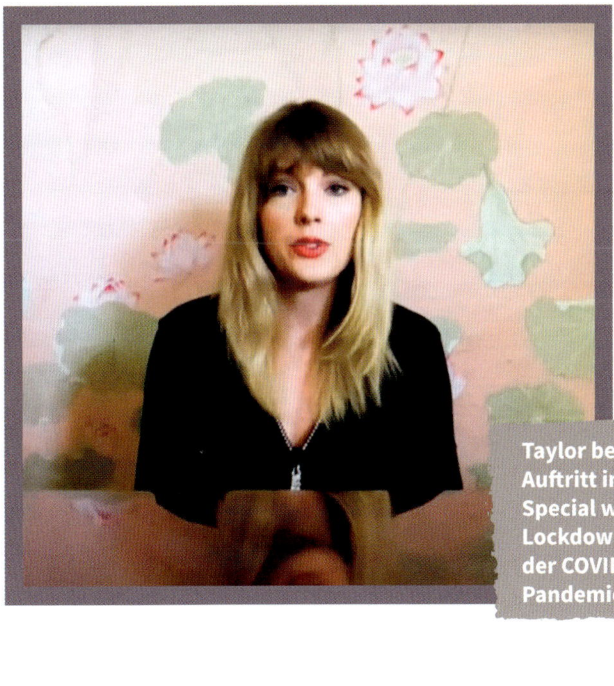

Taylor bei einem Auftritt im One World Special während des Lockdowns aufgrund der COVID-19-Pandemie.

Im Jahr 2012 nahm sie an der Spendenaktion Stand Up to Cancer teil und sang den Song „Ronan", den sie im Gedenken an einen vierjährigen Jungen geschrieben hatte, der an einem Neuroblastom starb, einer Krebsart, die bestimmte Arten von Nervengewebe befällt. Der gesamte Erlös aus dem Verkauf des Liedes kam Wohltätigkeitsorganisationen zugute.

Während der Covid-19-Pandemie unterstützte Taylor mehrere Organisationen weltweit. So spendete sie beispielsweise an die Weltgesundheitsorganisation (WHO) und Feeding America und unterstützte den britischen Gesundheitsdienst NHS, indem sie anbot, eine ihrer signierten Gitarren im Rahmen einer ihrer Auktionen zu spenden.

Ihr wohltätiges Engagement brachte ihr eine Reihe von Auszeichnungen ein, darunter den „Star of Compassion",

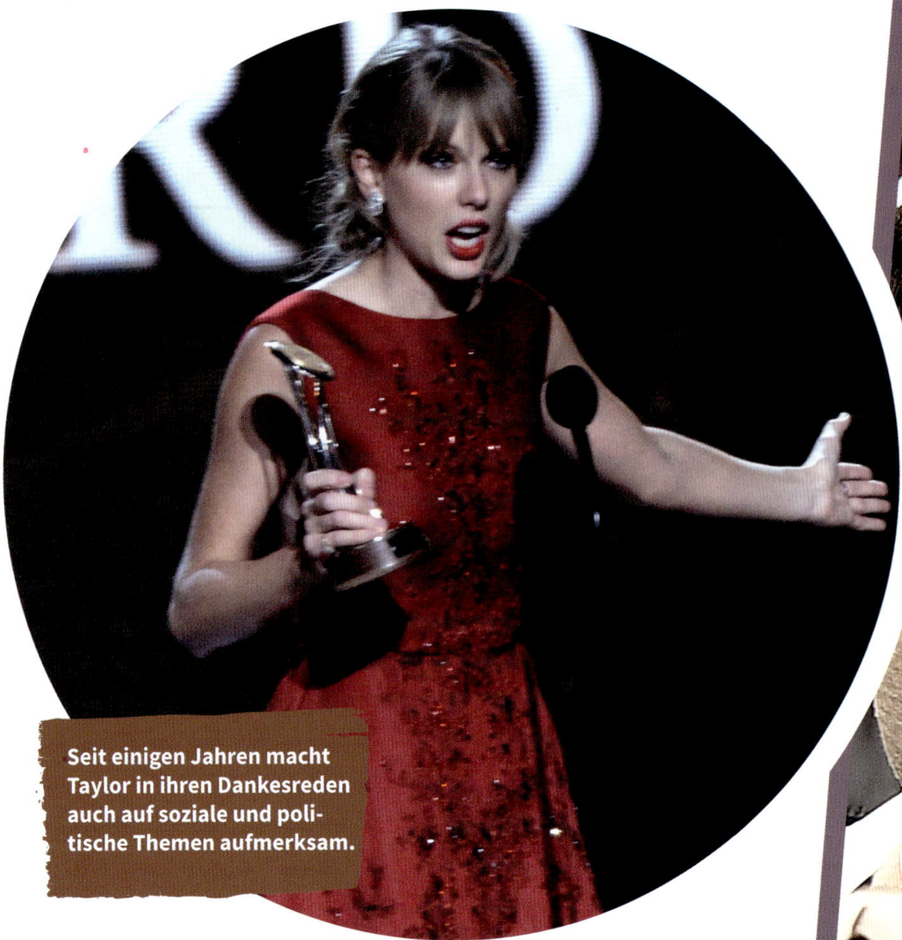

Seit einigen Jahren macht Taylor in ihren Dankesreden auch auf soziale und politische Themen aufmerksam.

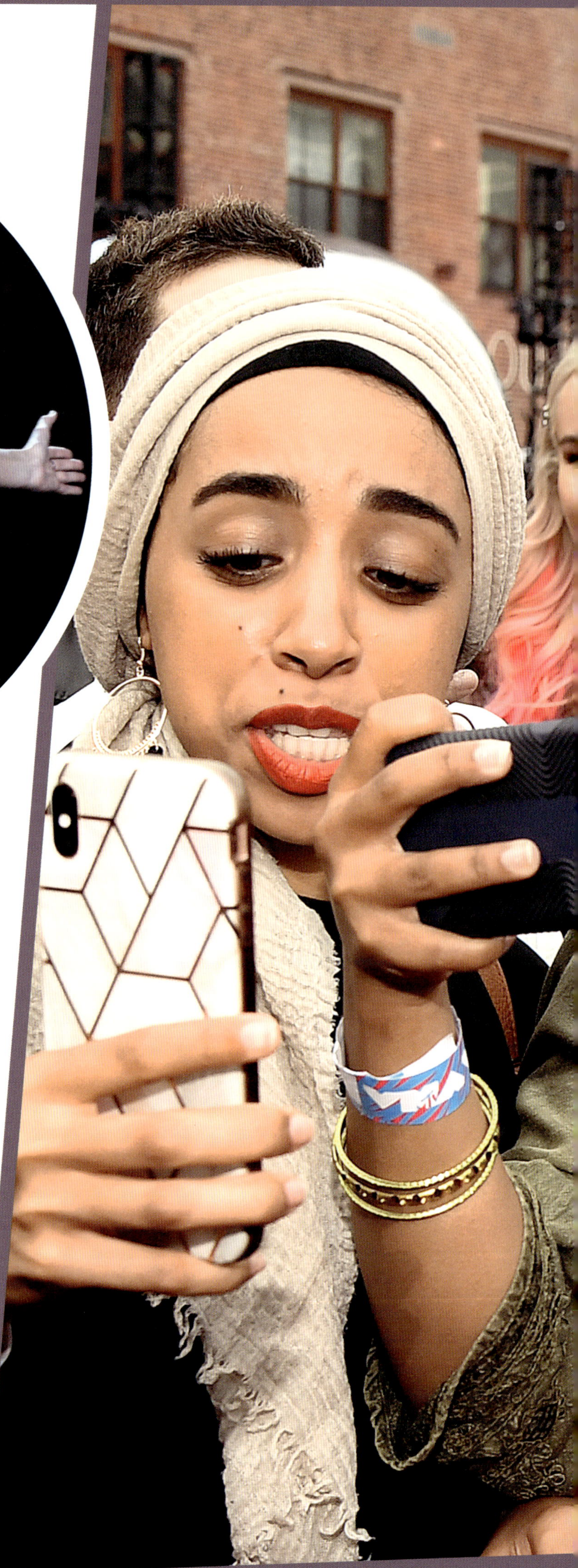

verliehen durch die Tennessee Disaster Services, den Big Help Award der Nickelodeon Kids' Choice Awards für ihr „Engagement, anderen zu helfen" und „andere durch Taten zu inspirieren" sowie den Ripple of Hope Award für ihr „Engagement als Fürsprecherin in einem so jungen Alter".

Etwas an die Fans zurückgeben

Taylor unterstützt öffentlich sowohl große als auch kleine Anliegen, denkt dabei aber auch an ihre treue Fangemeinde. Sie ist bekannt dafür, häufig an GoFundMe-Seiten ihrer Fans zu spenden und auf jede erdenkliche Art und Weise zu helfen, sei es bei der Begleichung von Arztrechnungen oder bei der Finanzierung des Studiums.

Taylor spendet in der Regel auf subtile Art und Weise. Viele ihrer Spenden werden nur dann öffentlich, wenn der Empfänger sich entscheidet, darüber zu sprechen. Zu den früheren Beispielen für Taylors Großzügigkeit gehört, dass sie einem Fan im Januar 2015 1.933 Euro schickte, um ihr bei der Rückzahlung ihres Studienkredits zu helfen. Drei Jahre später überwies sie 9.700 Euro an einen Jungen mit Autismus, damit seine Familie einen Diensthund für ihn bezahlen konnte. Im Jahr 2019 zahlte sie einem Fan, der gegen Krebs kämpfte, die Kosten für die medizinische Versorgung. Bei der 16-jährigen Trinity Foster wurde ein Osteosarkom im vierten Stadium diagnostiziert, das sich auf ihre Lunge ausgebreitet hatte. Taylor spendete 9.700 Euro auf ihrer GoFundMe-Seite zur Begleichung der Arztrechnungen. Sie hinterließ folgende Nachricht: „Ich habe Fotos von der Album-Release-Party in deinem Krankenzimmer gesehen und wollte dir dafür danken, dass du mich so nett unterstützt!"

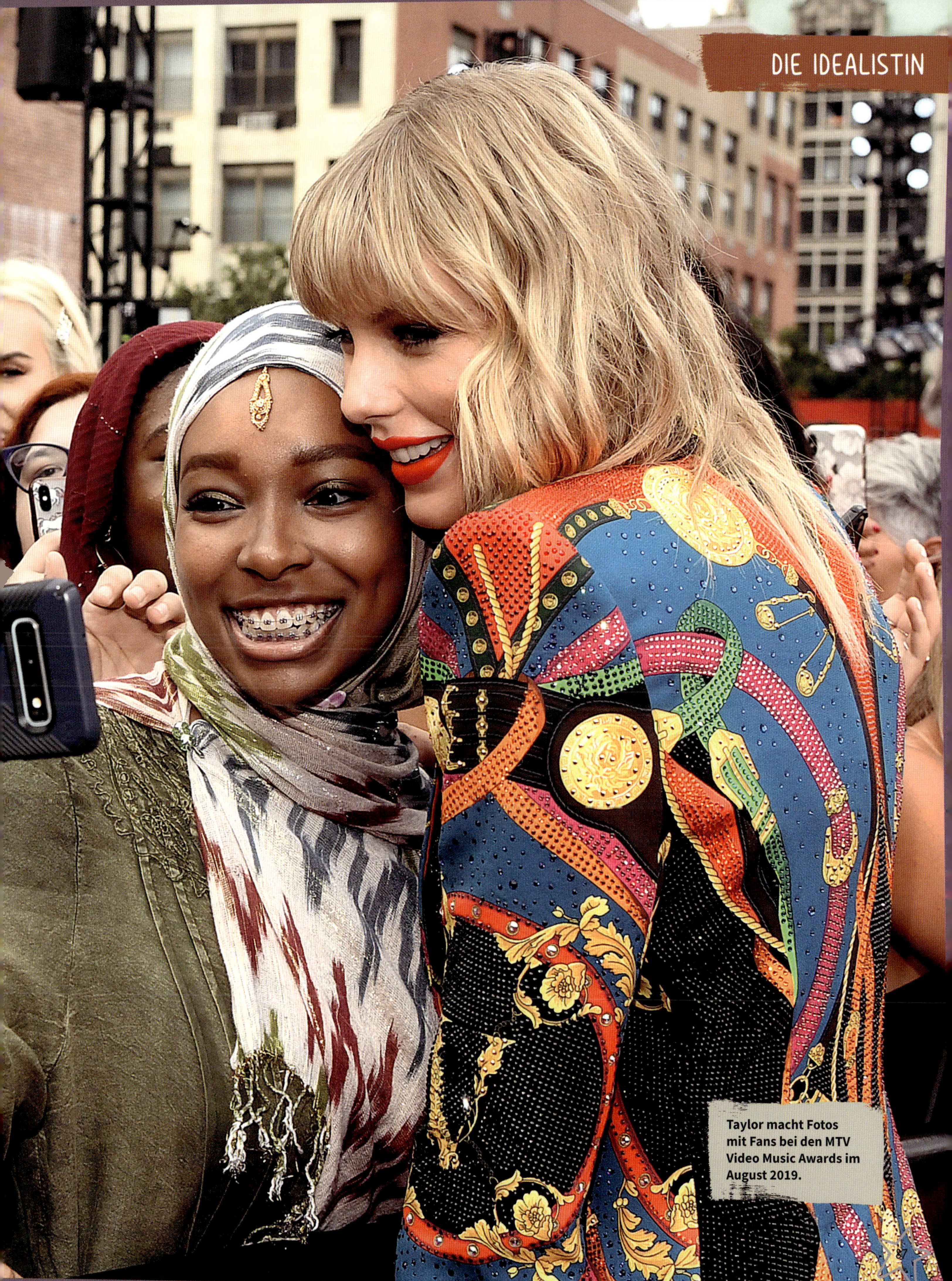

Taylor macht Fotos mit Fans bei den MTV Video Music Awards im August 2019.

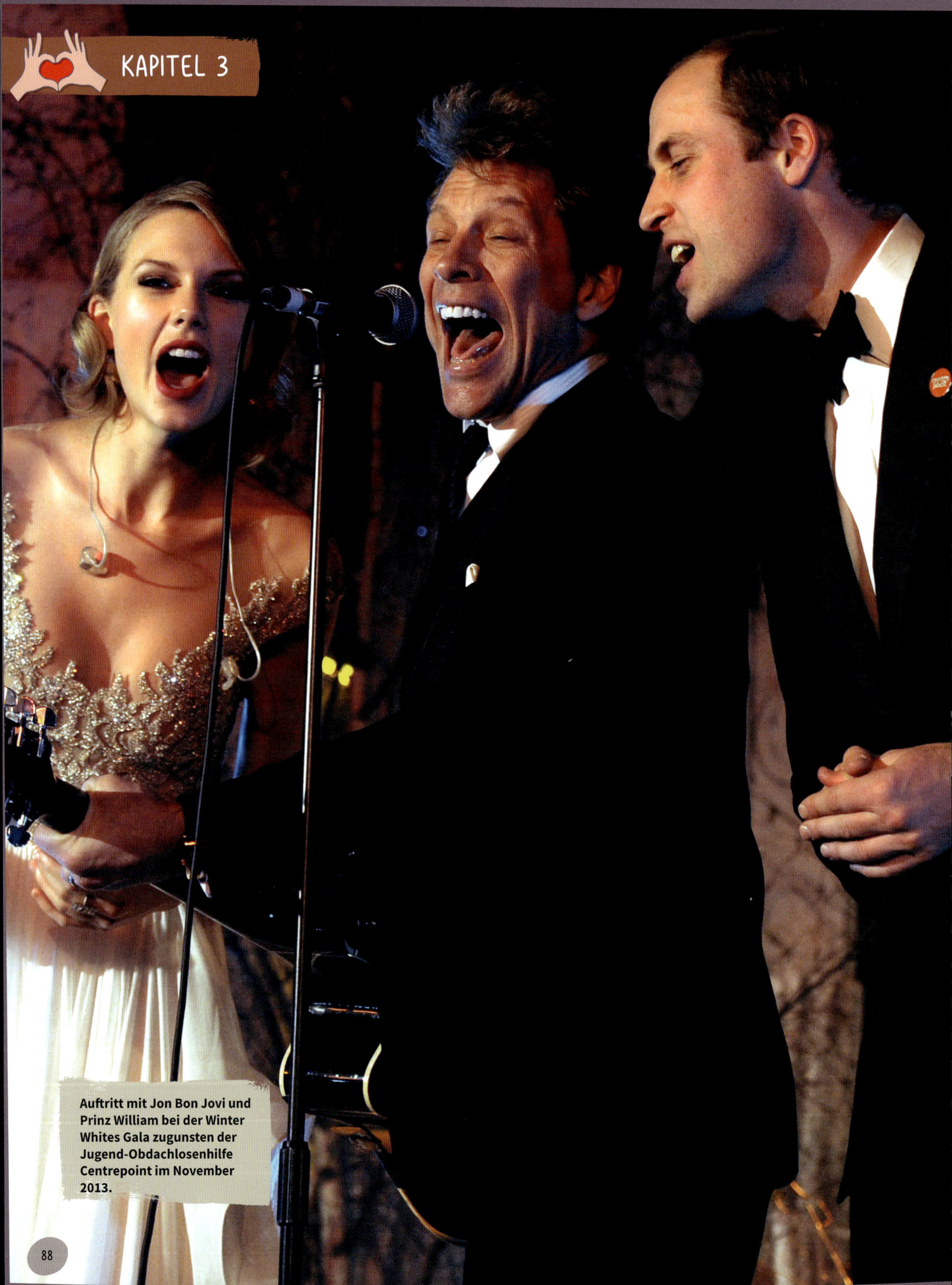

Auftritt mit Jon Bon Jovi und Prinz William bei der Winter Whites Gala zugunsten der Jugend-Obdachlosenhilfe Centrepoint im November 2013.

Die COVID-19-Pandemie hat die Menschen auf der ganzen Welt finanziell stark belastet. Taylor hat sich in den letzten zwei Jahren sehr engagiert, indem sie Geld an eine Reihe von Stiftungen gespendet und Geschenke an Fans geschickt hat. Im April 2021 verriet die Gesundheitshelferin Britta Thomason, dass Taylor ihr ein Care-Paket mit Merchandise-Artikeln, „kuscheliger Kleidung“ und Pflegeprodukten geschickt hatte, sowie ein Dankesschreiben für ihre Arbeit an vorderster Front während der Pandemie.

Zu Taylors Unterstützungsbeiträgen an ihre Fans gehört auch eine Spende von über 11.000 Euro für zwei Mütter, die während der COVID-19-Pandemie schwer zu kämpfen hatten. Ebenso schickte sie Geld an Nikki Cornwell aus Nashville, die Mietrückstände hatte, nachdem sie durch ihrer Corona-Erkrankung arbeitsunfähig geworden war, und an Shelbie Selewski aus Michigan, die zu Beginn der Pandemie ihren Job verloren hatte und vor der Zwangsräumung stand.

Taylor unterstützte auch Grimey's New & Preloved Music – einen Plattenladen in Nashville, der wegen der Pandemie schließen musste – finanziell. Gegenüber *Rolling Stone* erzählten die Inhaber, Taylor habe drei Monate lang die Gehälter und die medizinische Versorgung der Mitarbeiter bezahlt.

Politik & Aktivismus

Taylor hielt sich in Bezug auf ihre politischen Ansichten lange Zeit relativ bedeckt. Tatsächlich begann sie erst 2018 damit, sich zu politischen Themen zu äußern. In diesem Jahr unterstützte sie den demokratischen Senatskandidaten für Tennessee, Phil Bredesen. Seitdem hat sie sich für eine Reihe politischer Standpunkte öffentlich stark gemacht.Im Jahr 2008 nahm sie gemeinsam mit anderen Prominenten an einer Veranstaltung teil, die auf den Mord an dem schwulen Teenager Lawrence King aufmerksam machen sollte, der im Februar desselben Jahres erschossen worden war. Taylor trat in einem Video mit den Worten auf: „Verschließen Sie nicht die Augen vor Diskriminierung.“ Im Jahr 2009 gab sie zu, dass sie Barack Obamas erfolgreiche Kandidatur zum ersten schwarzen Präsidenten der USA unterstützt hatte. Nach einer öffentlichen Auseinandersetzung mit Kanye West und seiner Ex-Frau Kim Kardashian, die im Juli 2016 eskalierte, blieb sie jedoch einige Jahre auffällig still. Erst im Jahr 2018 erhob sie ihre Stimme wieder und unterstützte politische Themen und Anliegen öffentlich.

Unter anderem engagierte sie sich für March For Our Lives und bestätigte, dass sie an die Kampagne gespendet hatte. Sie unterstützte außerdem zum ersten Mal politische Persönlichkeiten und sprach sich für Phil Bredesen als Senator und Jim Cooper als Kandidaten für das

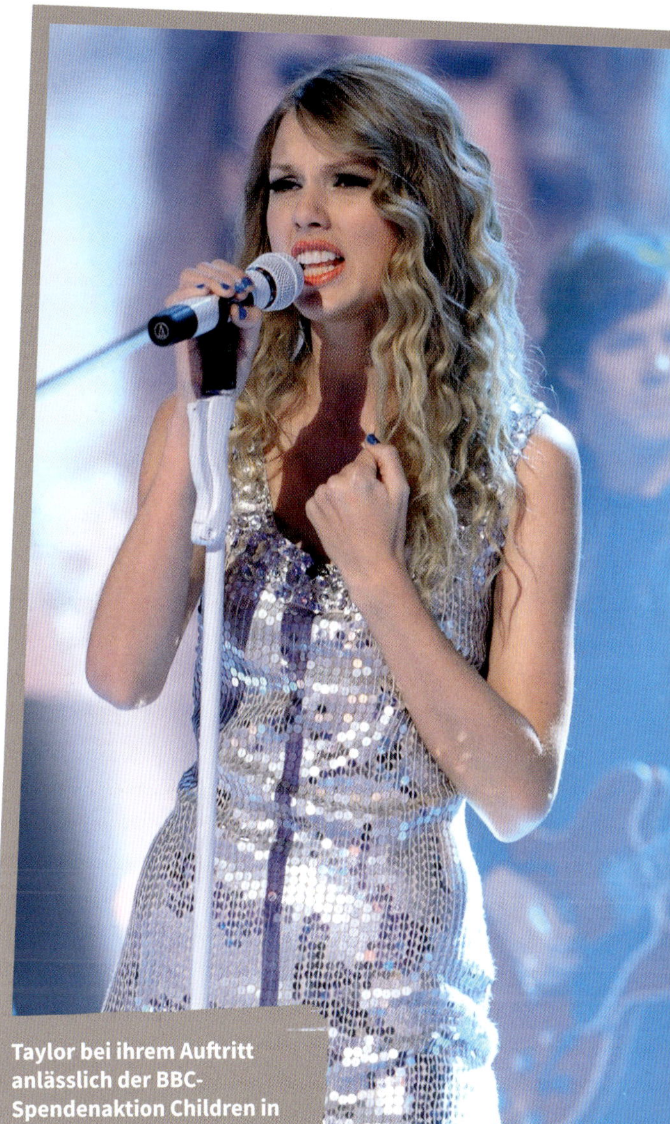

Taylor bei ihrem Auftritt anlässlich der BBC-Spendenaktion Children in Need im November 2009.

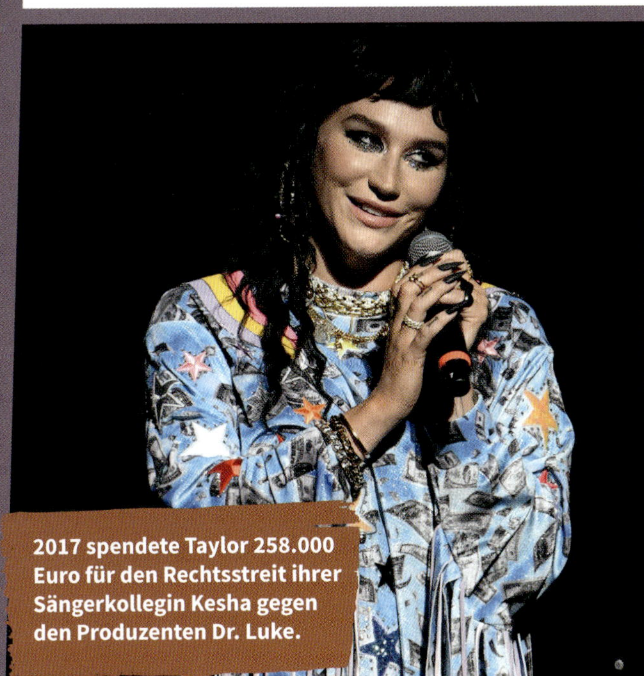

2017 spendete Taylor 258.000 Euro für den Rechtsstreit ihrer Sängerkollegin Kesha gegen den Produzenten Dr. Luke.

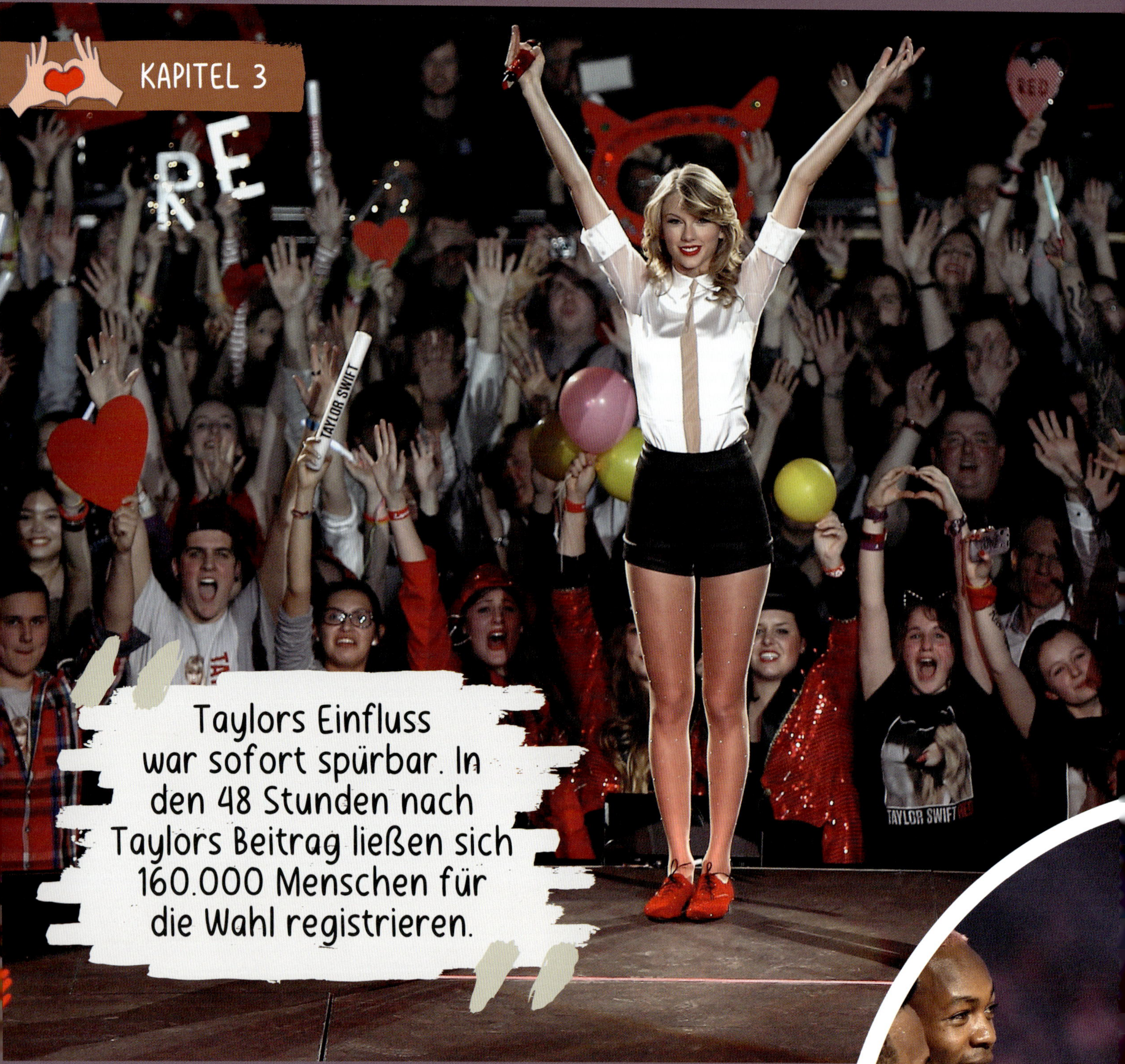

> Taylors Einfluss war sofort spürbar. In den 48 Stunden nach Taylors Beitrag ließen sich 160.000 Menschen für die Wahl registrieren.

Repräsentantenhaus aus. Auf Instagram schrieb sie dazu: „In der Vergangenheit habe ich meine politische Meinung nicht öffentlich geäußert, aber aufgrund verschiedener Ereignisse in meinem Leben und in der Welt in den letzten zwei Jahren denke ich jetzt anders darüber [...]. Ich glaube an den Kampf für LGBTQ-Rechte und daran, dass jede Form von Diskriminierung aufgrund der sexuellen Orientierung oder des Geschlechts FALSCH ist. Ich glaube, dass der systemische Rassismus, den wir in diesem Land gegenüber farbigen Menschen immer noch erleben, erschreckend, krankmachend und weit verbreitet ist."

Es war das erste Mal, dass Taylor offiziell bestätigte, Demokratin zu sein, und ihr Einfluss war sofort spürbar. Innerhalb von 48 Stunden nach Taylors Beitrag im Oktober ließen sich 160.000 Menschen für die Wahl registrieren (im Vergleich zu weniger als 57.000 Registrierungen im gesamten August).

Im Juni 2019 gab Taylor auch bekannt, dass sie ihrem Senator geschrieben und ihn gebeten hatte, das Gleichstellungsgesetz zu unterstützen. Für dieses Ziel veröffentlichte sie auch eine Petition auf Change.org. Sie rief ihre Anhänger dazu auf, dasselbe zu tun, und kündigte an, ihrem Brief mit dem Hashtag #lettertomysenator zu folgen. Später im selben Monat veröffentlichte sie ihr Musikvideo zu „You Need to Calm Down", ein deutliches Statement für die LGBTQ+-Befreiung. In dem Musikvideo treten mehrere berühmte Mitglieder der LGBTQ+-Community auf, darunter Hayley Kiyoko

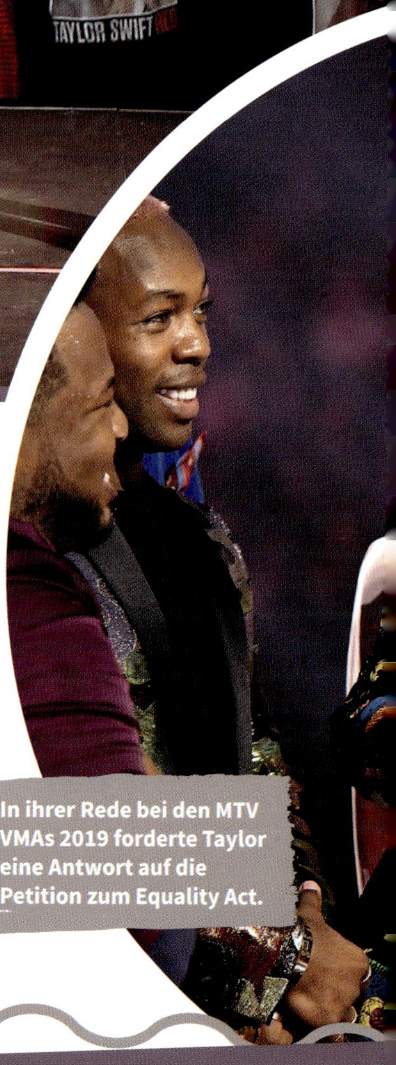

In ihrer Rede bei den MTV VMAs 2019 forderte Taylor eine Antwort auf die Petition zum Equality Act.

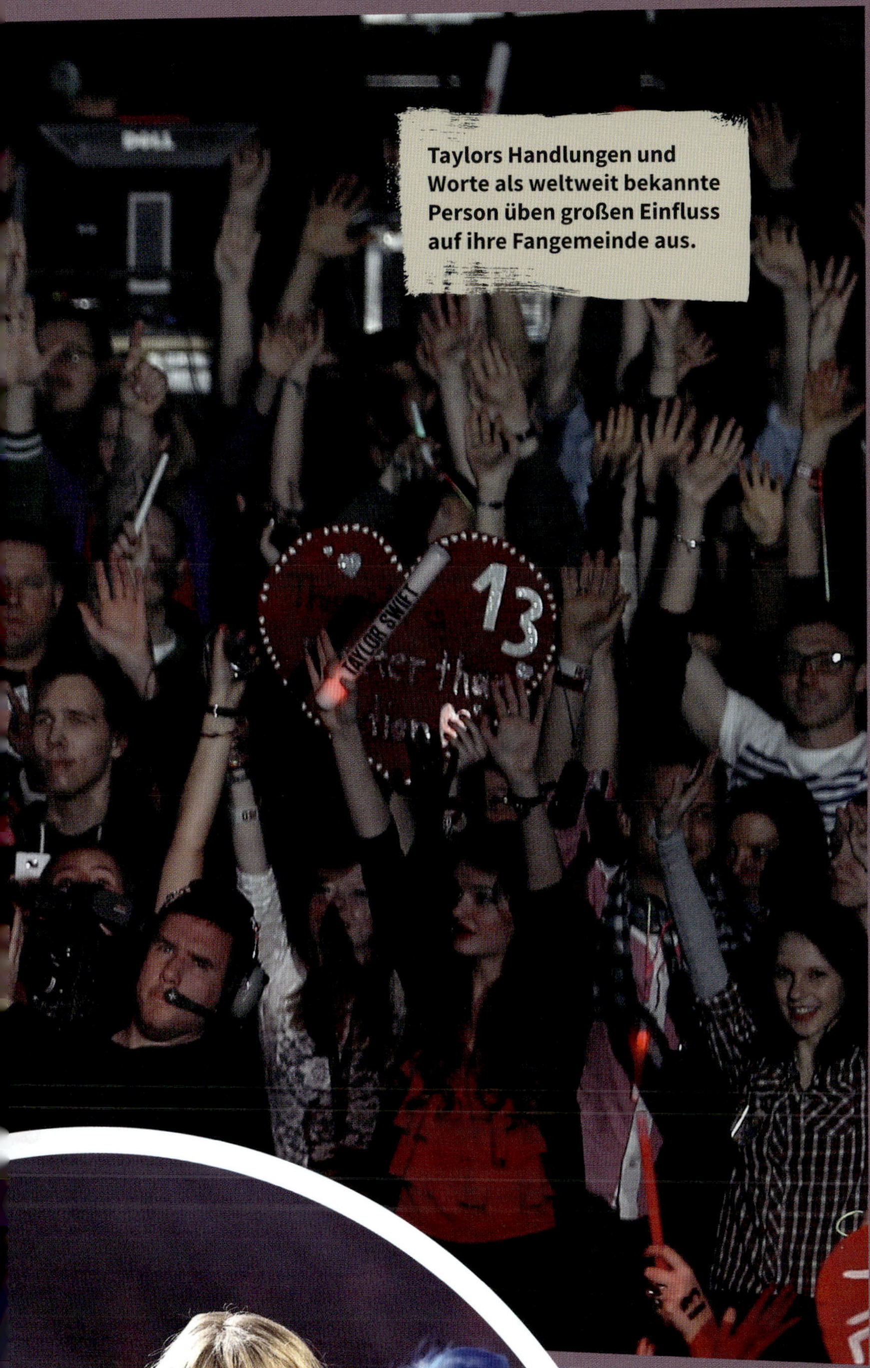

Taylors Handlungen und Worte als weltweit bekannte Person üben großen Einfluss auf ihre Fangemeinde aus.

und Ellen DeGeneres, während Taylor singt: „You are somebody that we don't know / But you're comin' at my friends like a missile / Why are you mad? / When you could be GLAAD?"

Im August 2019 bezeichnete sie Trumps Präsidentschaft als „Autokratie" und fügte hinzu: „Wir sind eine Demokratie, zumindest sollten wir das sein, in der es erlaubt ist, eine andere Meinung zu haben, zu widersprechen und zu diskutieren." In ihrer Rede, nachdem „You Need to Calm Down" bei den VMA zum Video des Jahres gekürt worden war, kritisierte sie auch das Weiße Haus mit den Worten:

„Am Ende des Videos gab es eine Petition, und es gibt immer noch eine Petition für das Gleichstellungsgesetz, das im Grunde nur besagt, dass wir alle gleiche Rechte vor dem Gesetz verdienen. Ich möchte mich bei allen bedanken, die diese Petition unterschrieben haben, denn sie hat jetzt eine halbe Million Unterschriften, das ist fünf Mal so viel wie nötig, um aus dem Weißen Haus eine Antwort zu erhalten." Dann schaute sie auf ihr Handgelenk und deutete auf eine imaginäre Uhr, um zu verdeutlichen, dass die Antwort der Regierung in dieser Angelegenheit längst überfällig war.

Taylor ist seit jeher eine der großzügigsten Prominenten in der Branche. Sie hat Jahre gebraucht, um das Selbstvertrauen zu gewinnen, öffentlich über die Themen zu sprechen, die ihr wichtig sind, aber sie hat gelernt, wie mächtig ihre Stimme als Kraft für positive Veränderungen sein kann.

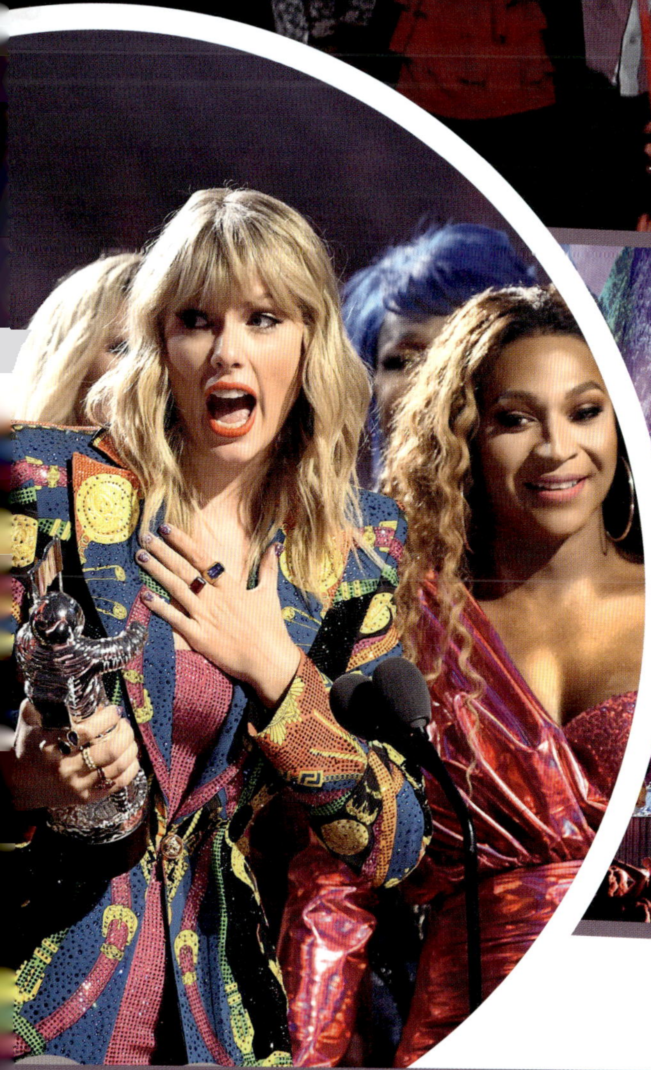

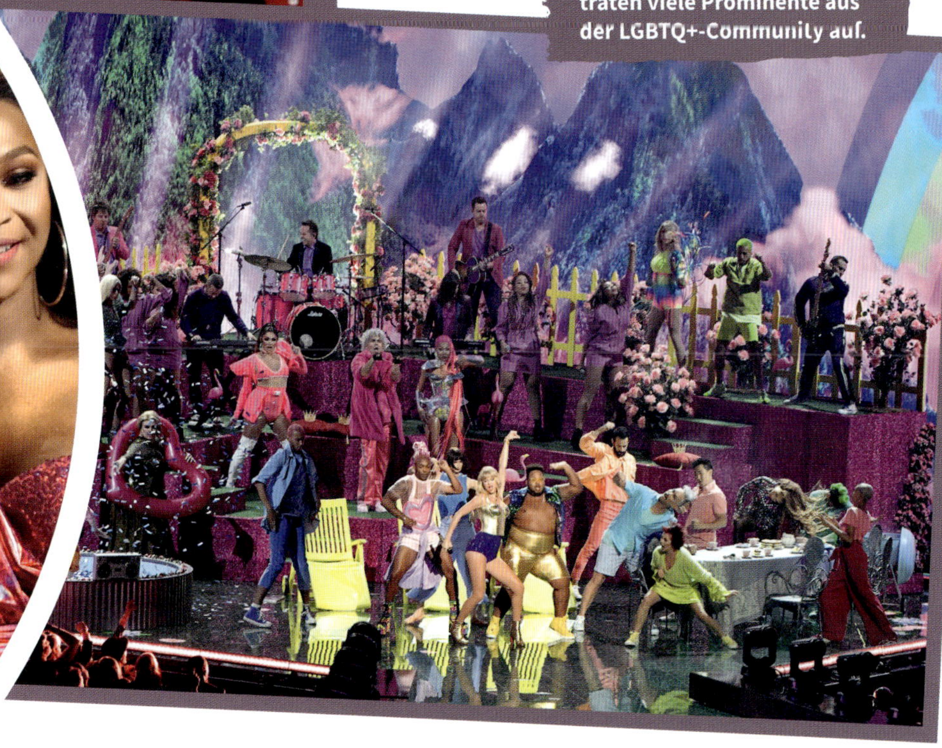

Im Musikvideo und bei der VMA-Performance 2019 (Bild) von „You Need to Calm Down" traten viele Prominente aus der LGBTQ+-Community auf.

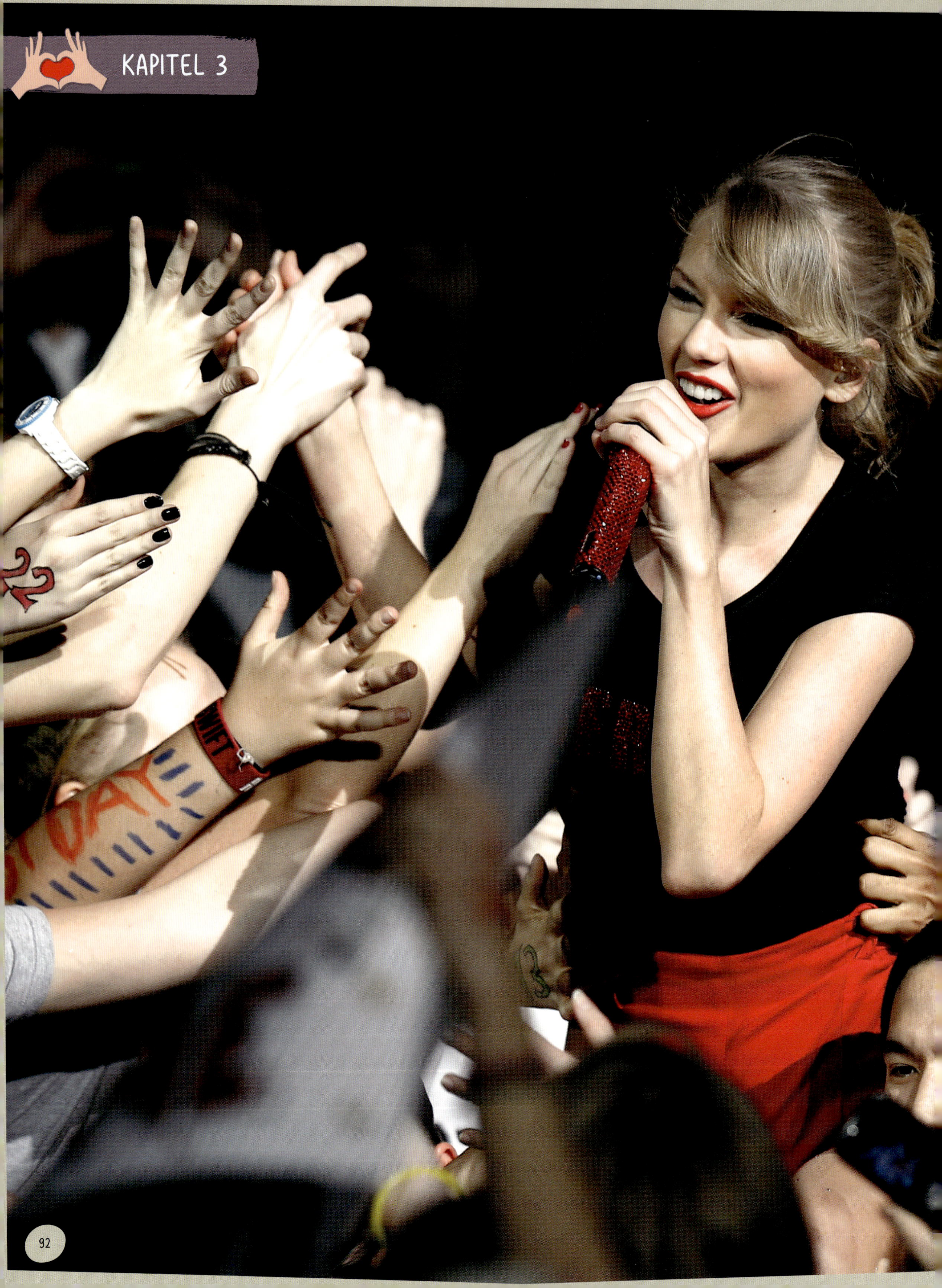

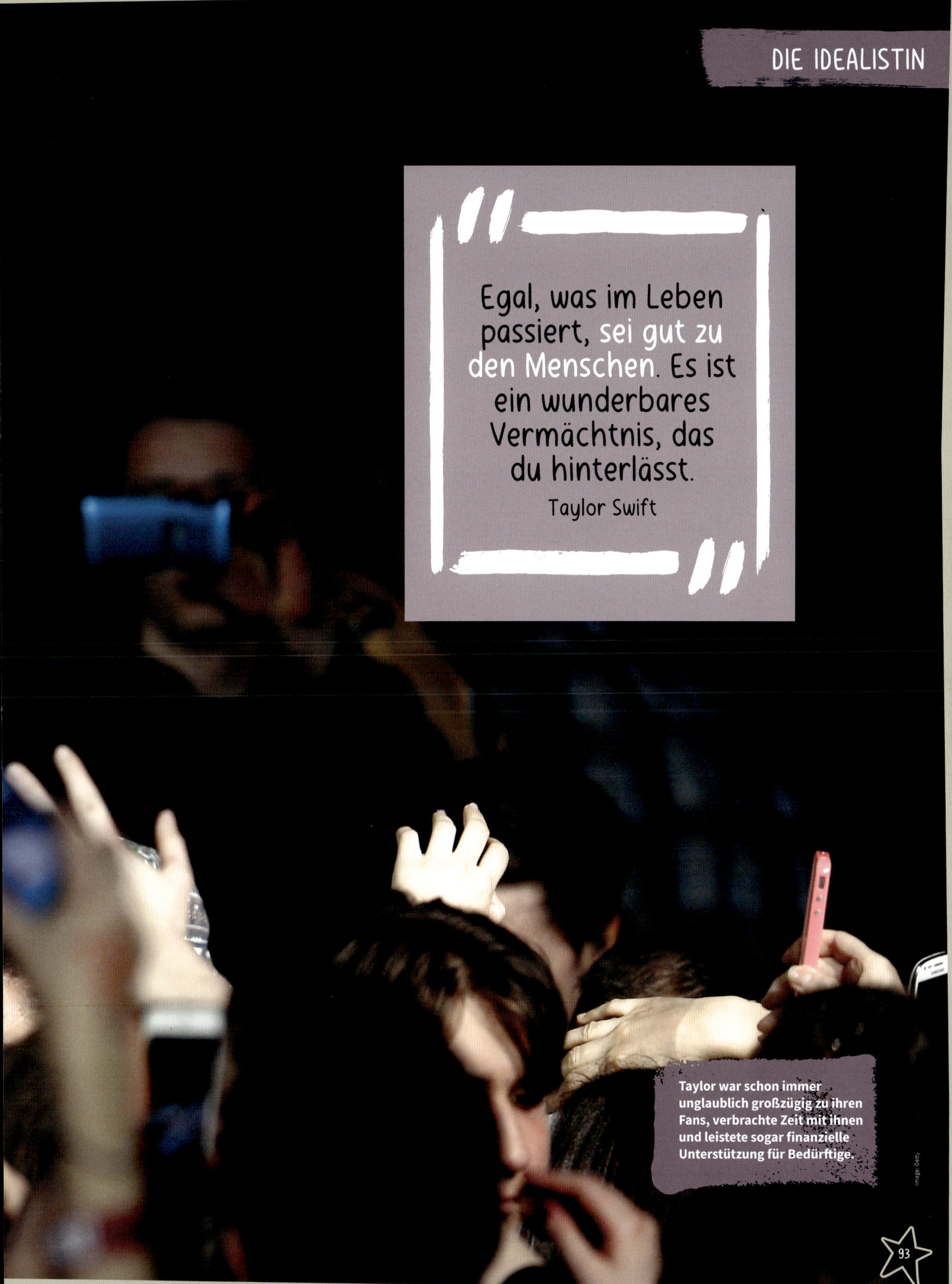

> Egal, was im Leben passiert, sei gut zu den Menschen. Es ist ein wunderbares Vermächtnis, das du hinterlässt.
>
> Taylor Swift

Taylor war schon immer unglaublich großzügig zu ihren Fans, verbrachte Zeit mit ihnen und leistete sogar finanzielle Unterstützung für Bedürftige.

Image: Getty

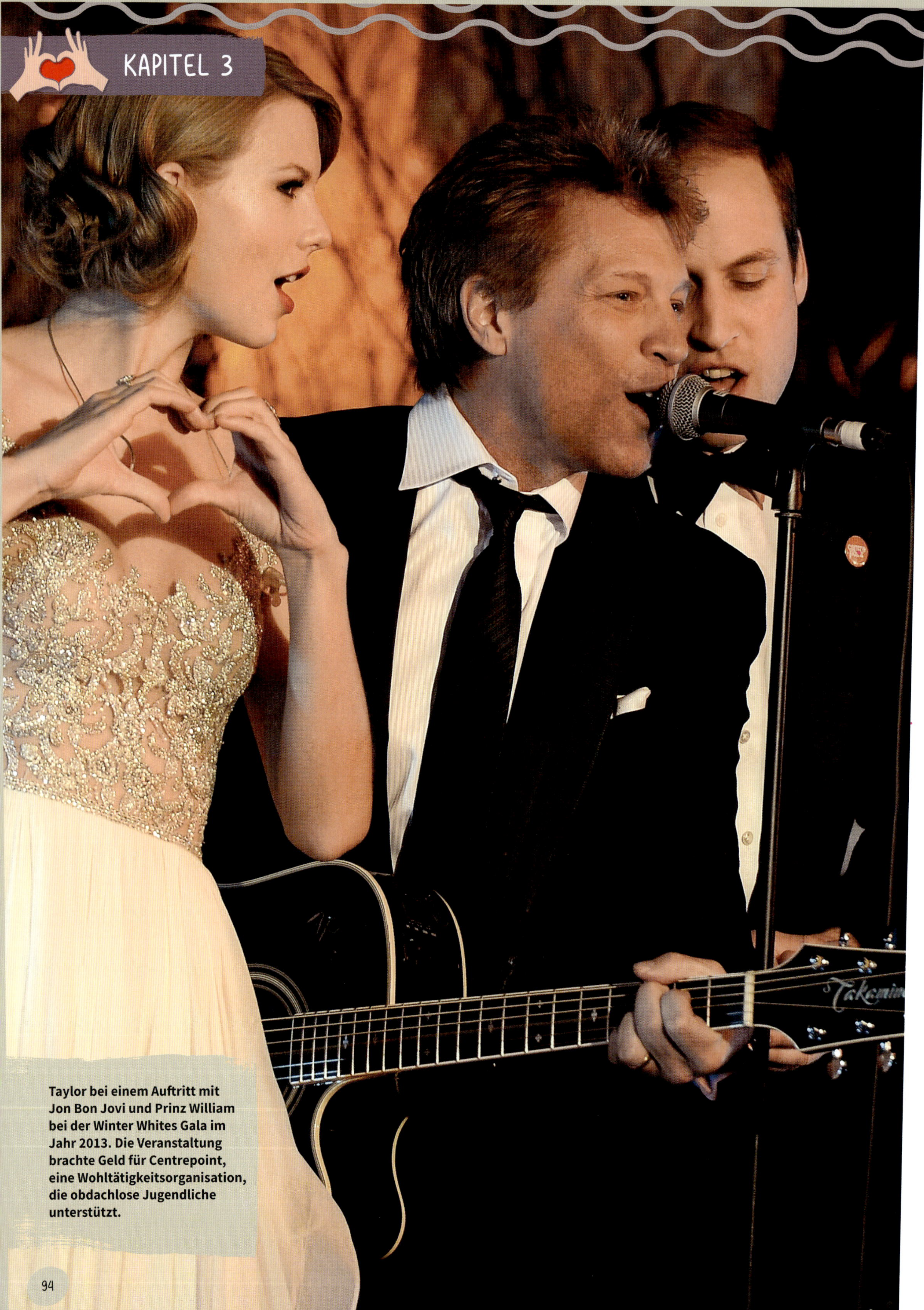

Taylor bei einem Auftritt mit Jon Bon Jovi und Prinz William bei der Winter Whites Gala im Jahr 2013. Die Veranstaltung brachte Geld für Centrepoint, eine Wohltätigkeitsorganisation, die obdachlose Jugendliche unterstützt.

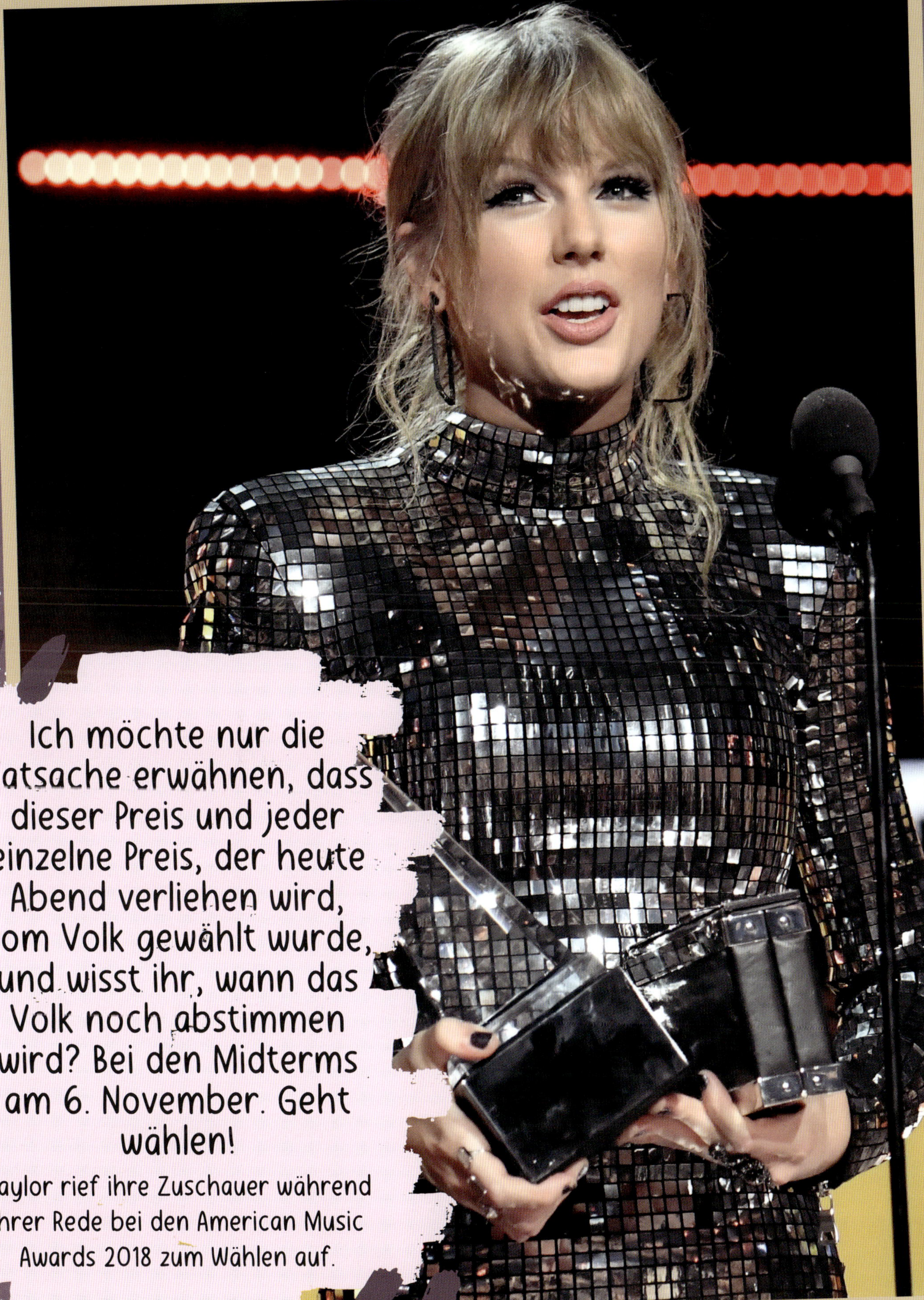

Ich möchte nur die Tatsache erwähnen, dass dieser Preis und jeder einzelne Preis, der heute Abend verliehen wird, vom Volk gewählt wurde, und wisst ihr, wann das Volk noch abstimmen wird? Bei den Midterms am 6. November. Geht wählen!

Taylor rief ihre Zuschauer während ihrer Rede bei den American Music Awards 2018 zum Wählen auf.

Images: Getty

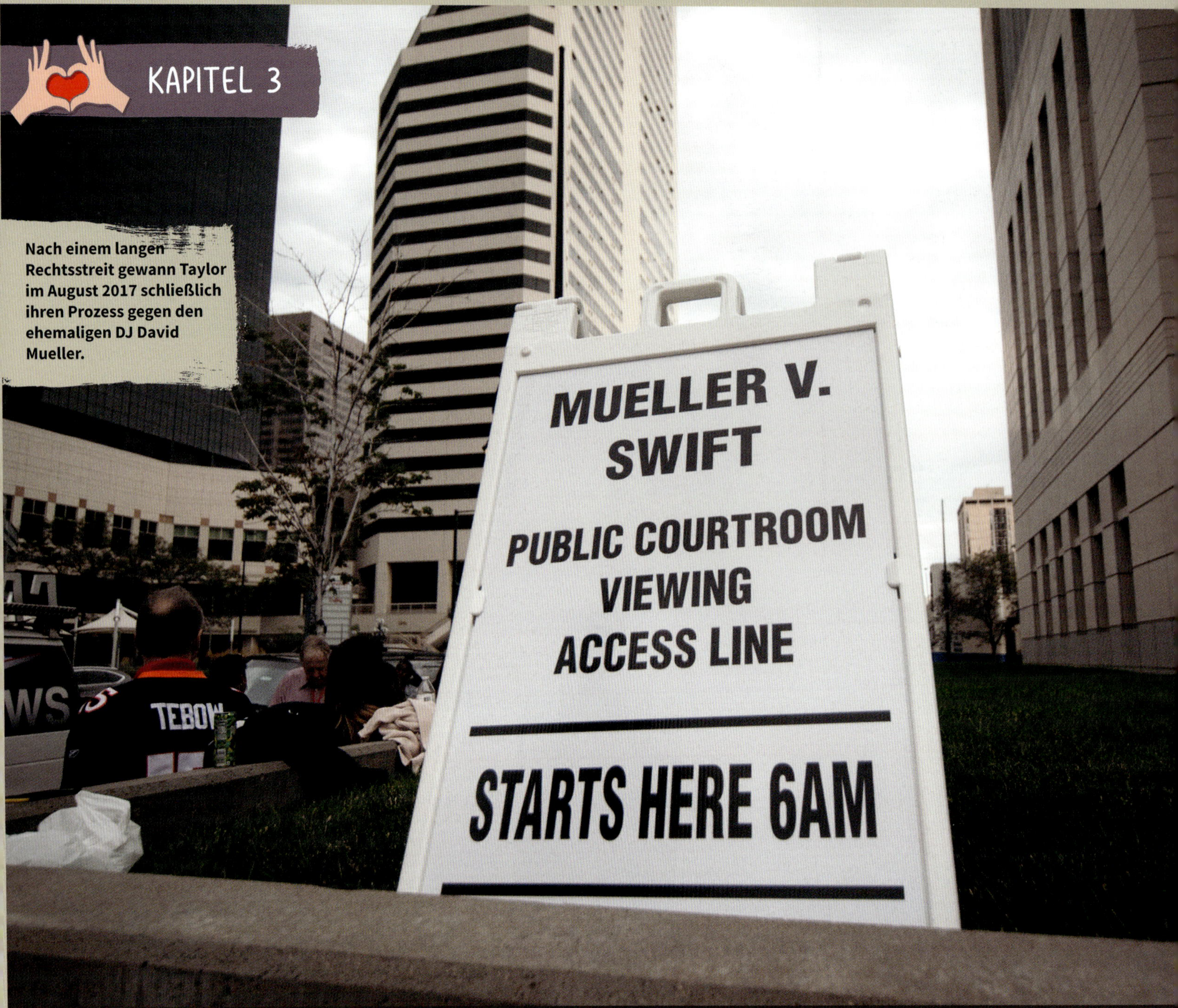

Nach einem langen Rechtsstreit gewann Taylor im August 2017 schließlich ihren Prozess gegen den ehemaligen DJ David Mueller.

„MEINE HOFFNUNG IST ES, DENEN ZU HELFEN, DEREN STIMMEN EBENFALLS GEHÖRT WERDEN SOLLTEN."

Taylor gab nach ihrem Sieg im Prozess gegen David Mueller eine Erklärung ab. Sie versprach unter anderem, an Wohltätigkeitsorganisationen zu spenden, die andere Opfer sexueller Übergriffe unterstützen.

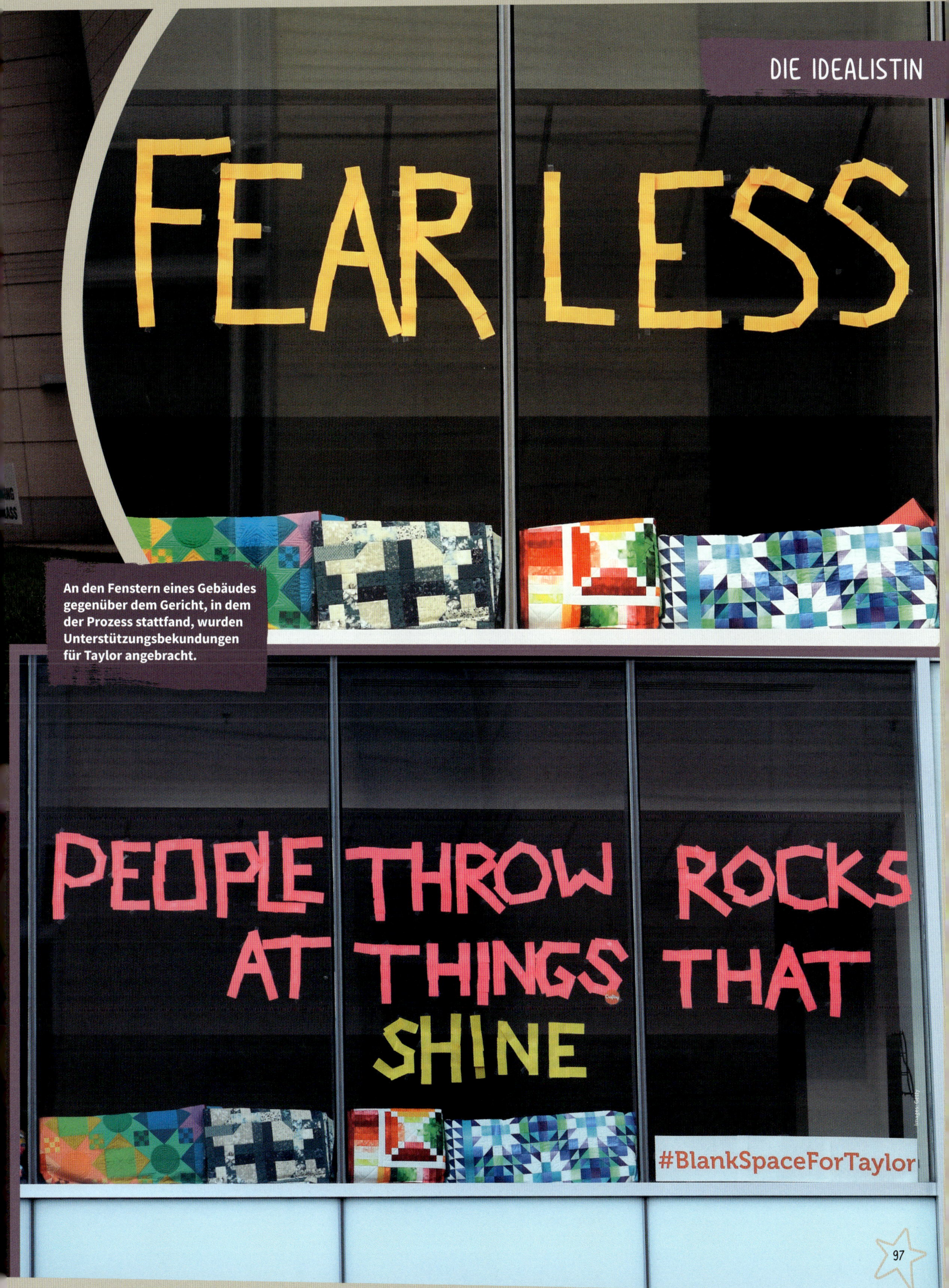

An den Fenstern eines Gebäudes gegenüber dem Gericht, in dem der Prozess stattfand, wurden Unterstützungsbekundungen für Taylor angebracht.

„ICH HABE MITERLEBT, WIE FRAUEN IN DIESER BRANCHE KRITISIERT UND MITEINANDER VERGLICHEN WURDEN, WIE AUF IHREN KÖRPERN, IHREM LIEBESLEBEN, IHRER MODE HERUMGEHACKT WURDE … ODER HABEN SIE JEMALS JEMANDEN ÜBER EINEN MÄNNLICHEN KÜNSTLER SAGEN HÖREN: ‚ICH MAG SEINE LIEDER WIRKLICH, ABER ICH WEISS NICHT, WAS ES IST, ER HAT EINFACH ETWAS AN SICH, DAS ICH NICHT MAG‘? NEIN! DIESE KRITIK IST FÜR UNS RESERVIERT!“

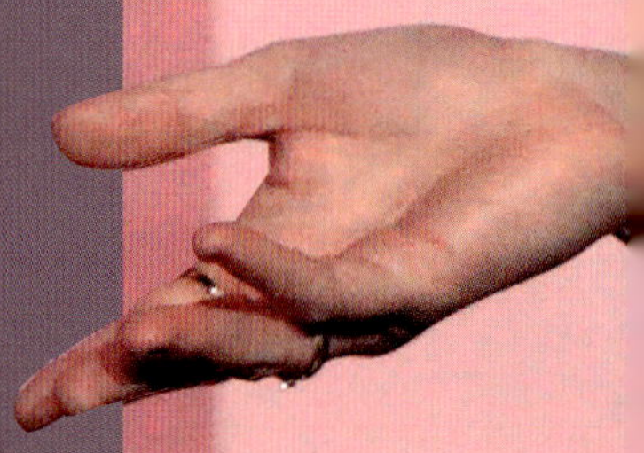

Mit diesen Worten prangerte Taylor während ihrer Dankesrede bei der Veranstaltung Billboard Women in Music 2019 die Doppelmoral in der Musikindustrie an.

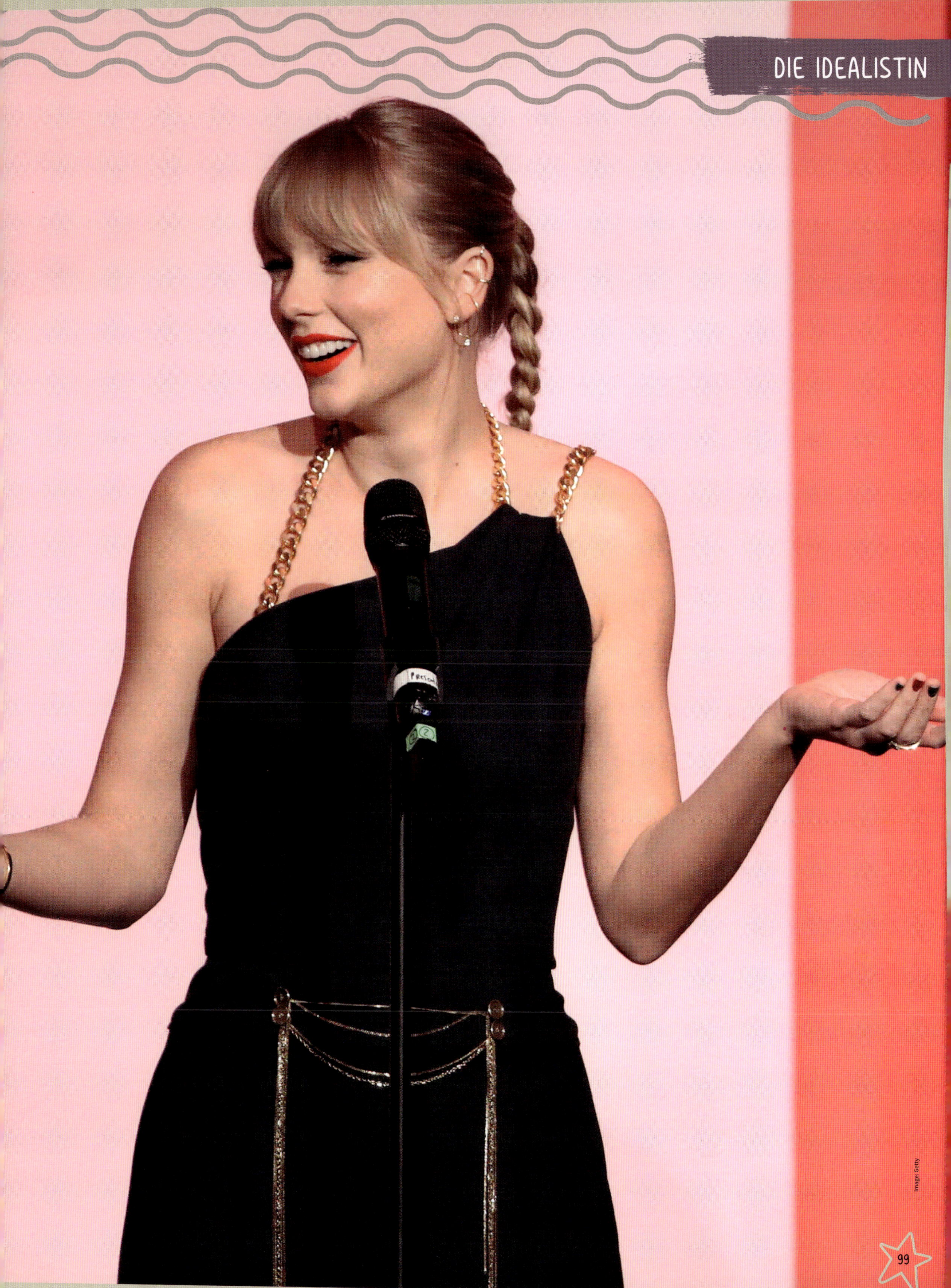

Image: Getty

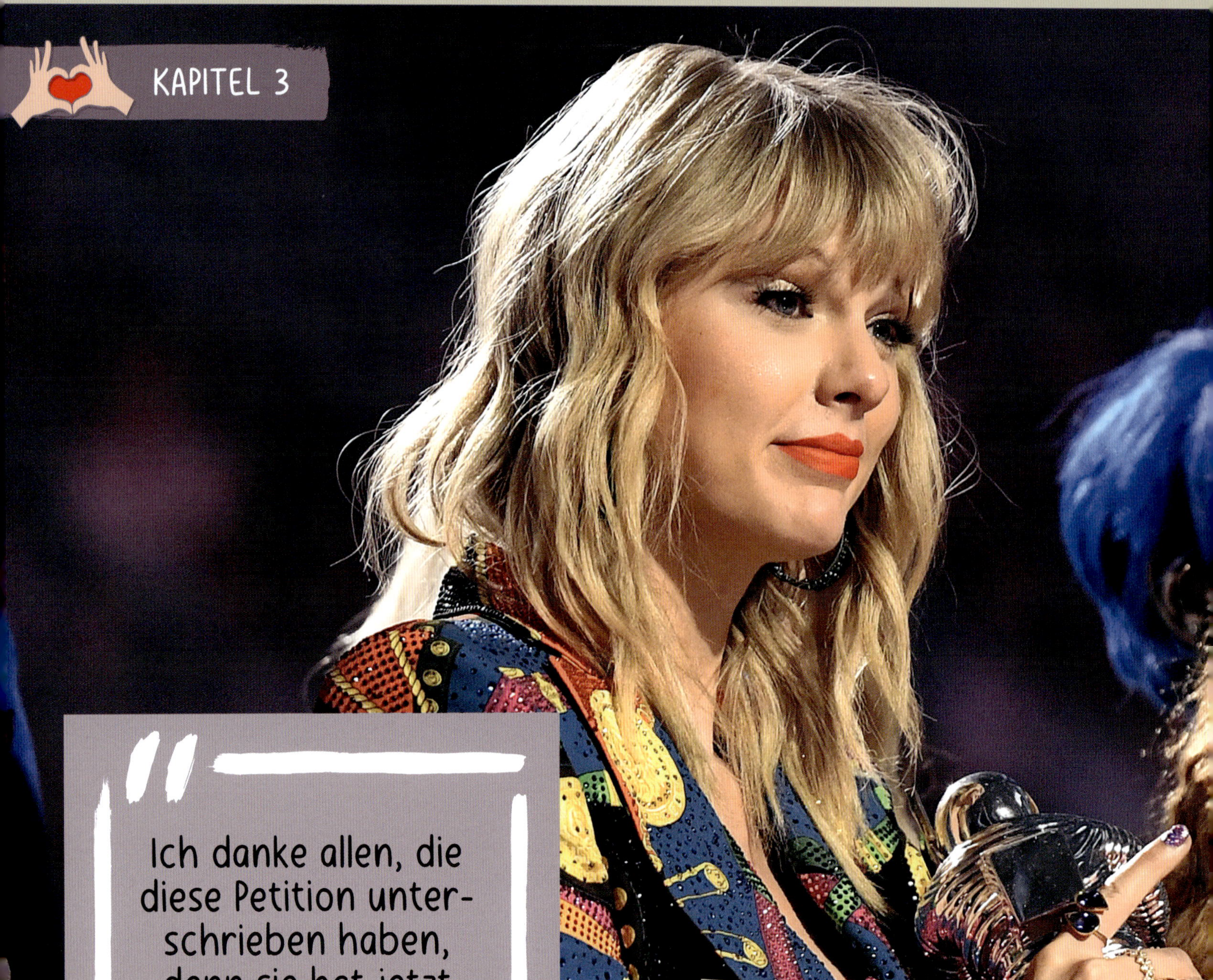

„Ich danke allen, die diese Petition unterschrieben haben, denn sie hat jetzt eine halbe Million Unterschriften, das ist fünf Mal so viel wie nötig, um eine Antwort aus dem Weißen Haus zu erhalten …"

Taylor rief die US-Regierung bei den MTV VMAs 2019 dazu auf, auf die Petition zum Gleichstellungsgesetz zu reagieren.

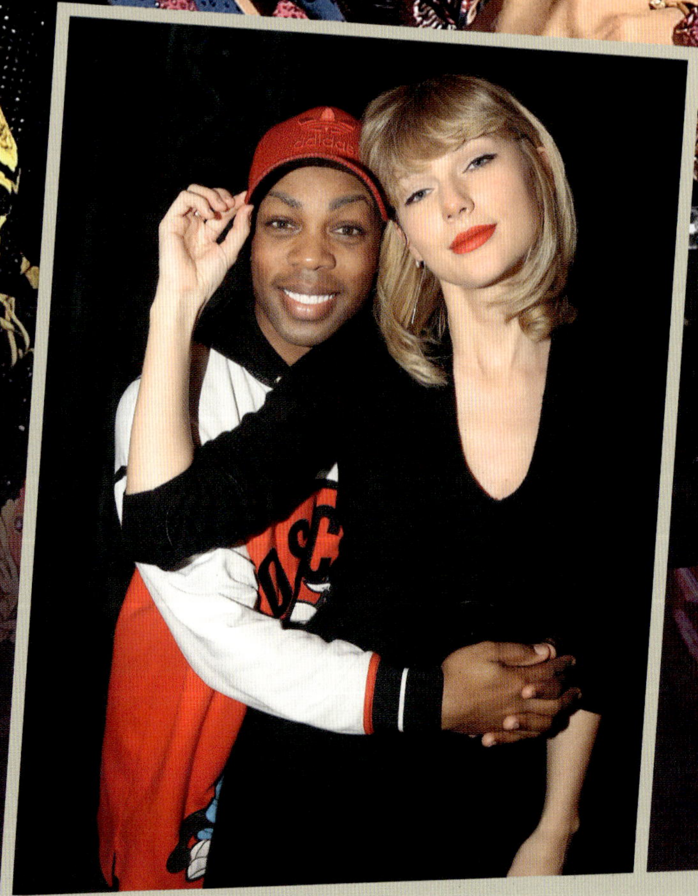

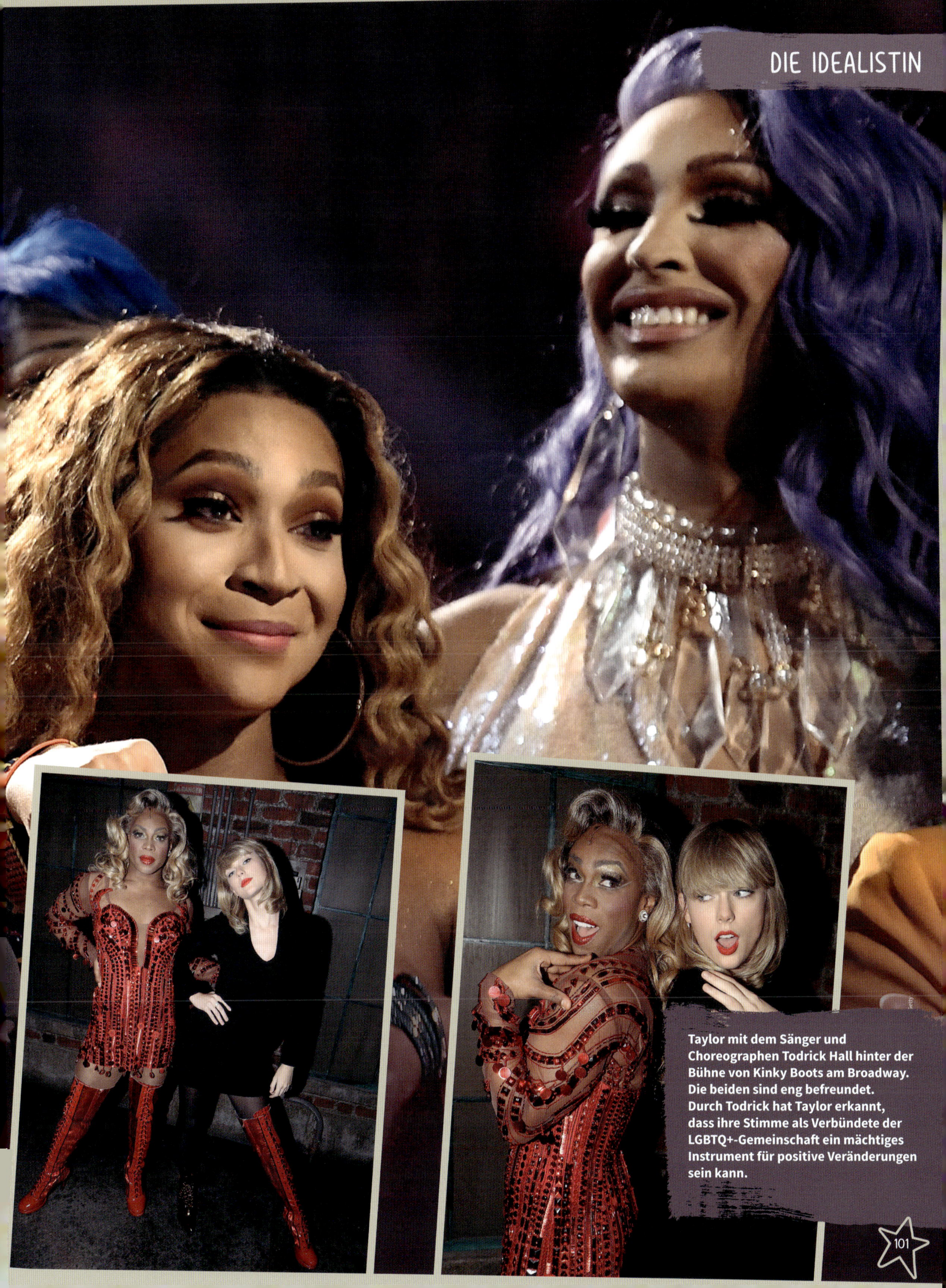

Taylor mit dem Sänger und Choreographen Todrick Hall hinter der Bühne von Kinky Boots am Broadway. Die beiden sind eng befreundet. Durch Todrick hat Taylor erkannt, dass ihre Stimme als Verbündete der LGBTQ+-Gemeinschaft ein mächtiges Instrument für positive Veränderungen sein kann.

„ICH BIN SEHR, SEHR STOLZ DARAUF, TEIL DIESER MUSIKALISCHEN GEMEINSCHAFT ZU SEIN, VOR ALLEM IN EINEM JAHR, IN DEM WIR ALLE DIE MUSIK SO SEHR BRAUCHTEN. ABER WAS WIR NOCH MEHR BRAUCHTEN, WAR DIE HILFE UND UNTERSTÜTZUNG, DIE WIR VOM NATIONALEN GESUNDHEITSDIENST UND DEN HEUTE ABEND HIER ANWESENDEN WICHTIGEN MITARBEITERN ERHIELTEN. VIELEN DANK FÜR ALLES, WAS SIE FÜR UNS GETAN HABEN."

Taylor lobte den Einsatz des Gesundheitspersonals während der COVID-Pandemie in ihrer Dankesrede bei den Brit Awards 2021

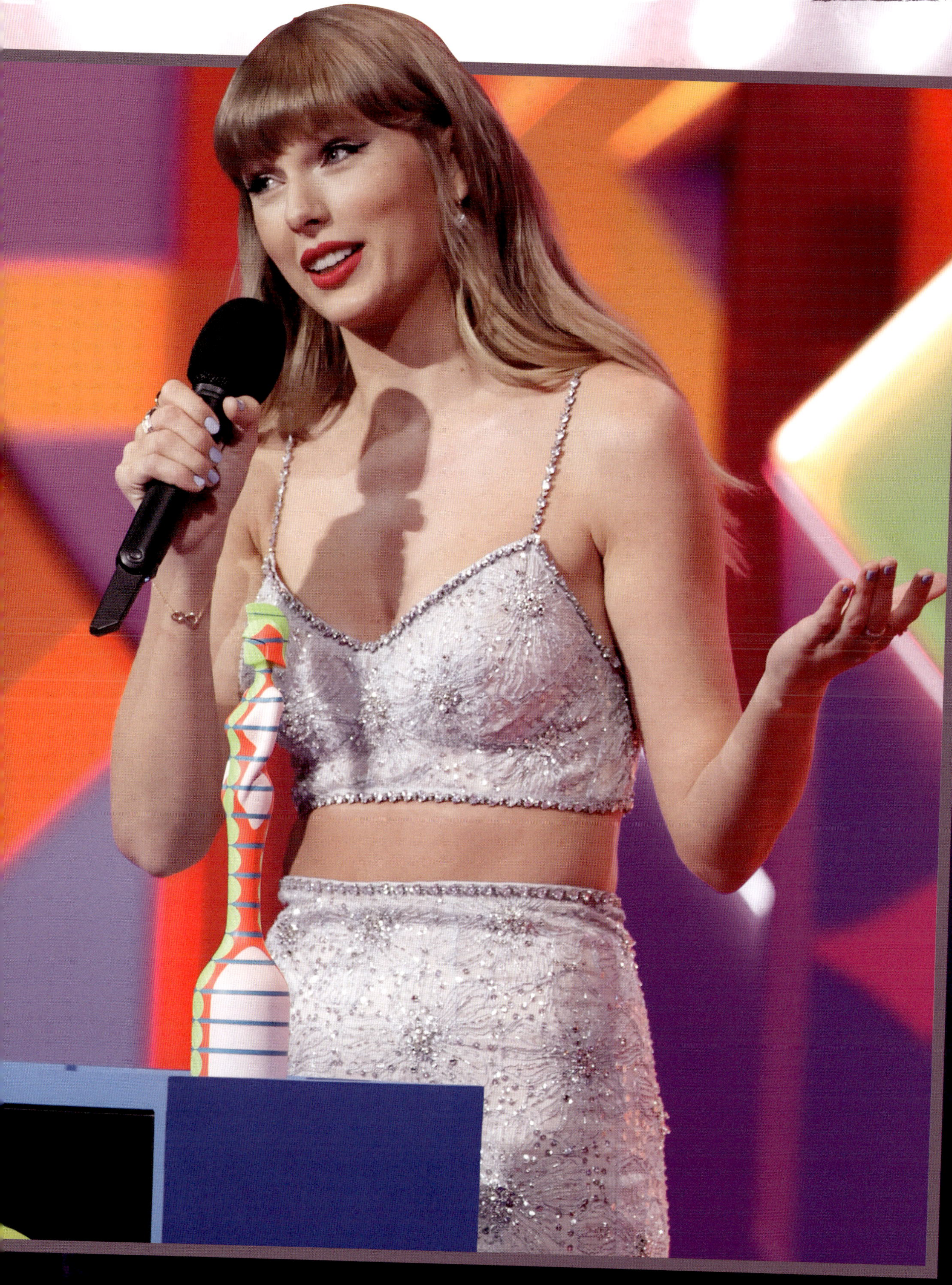

Image: Getty

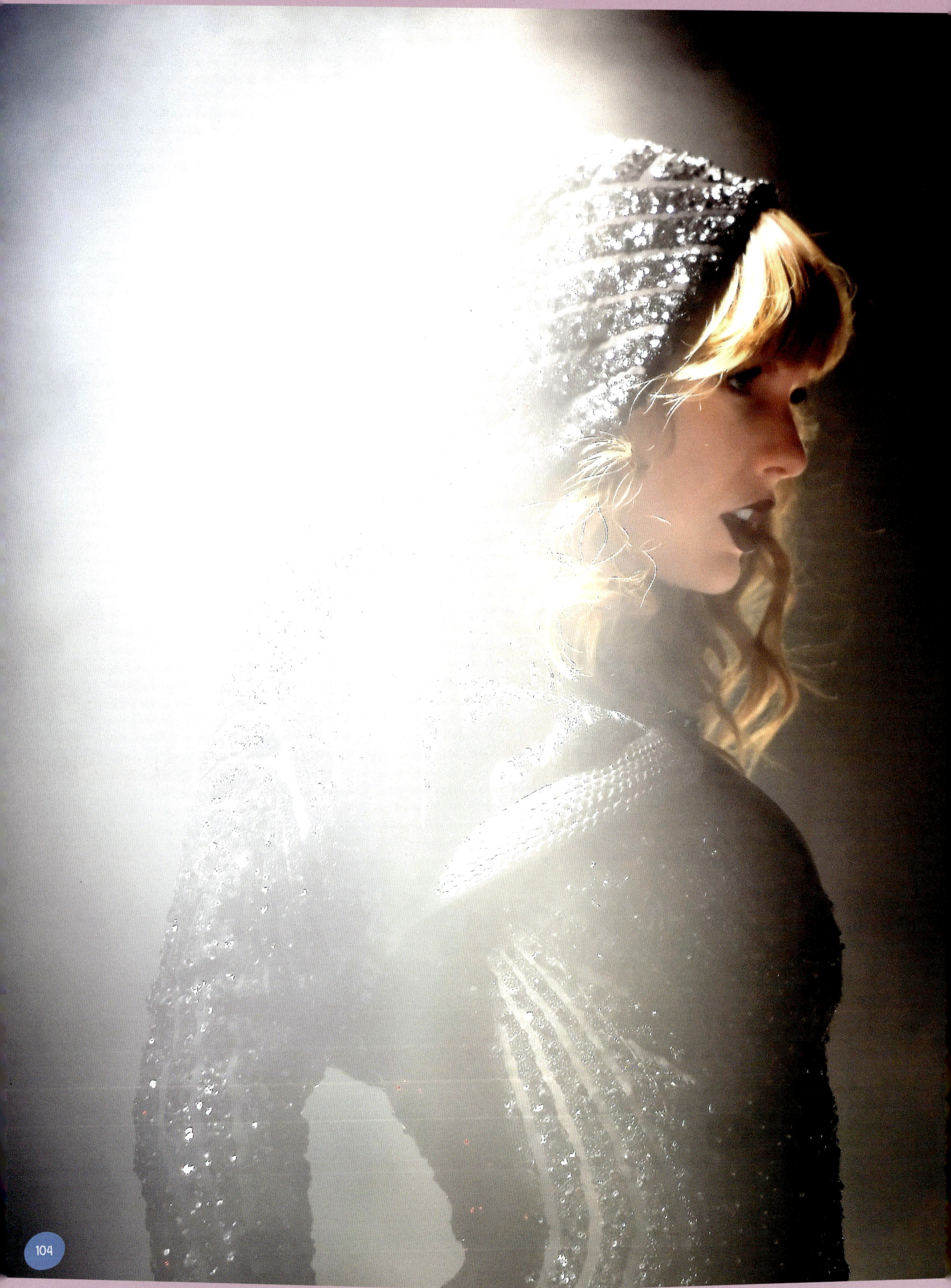

KAPITEL 4

Persönliches

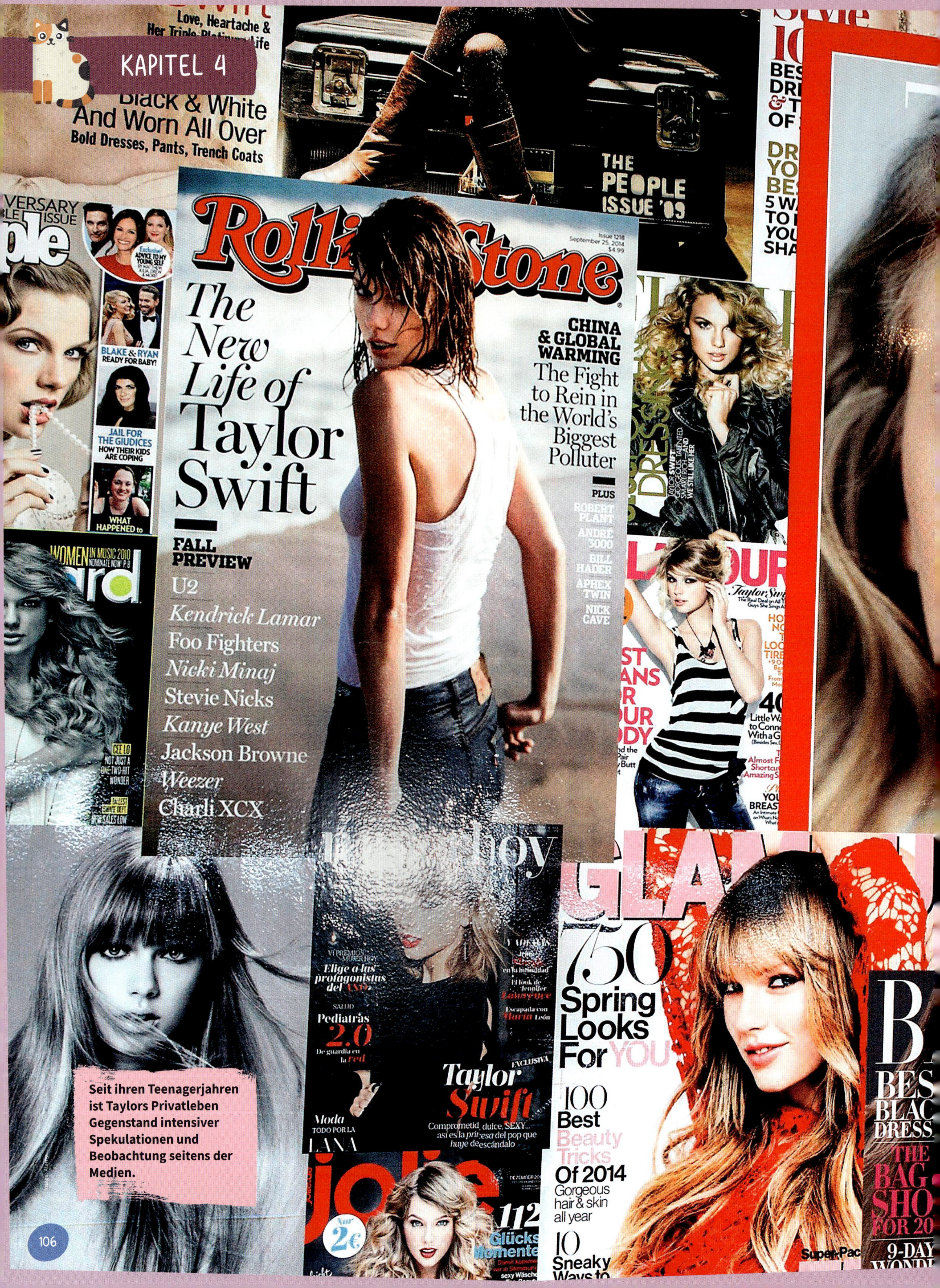

Seit ihren Teenagerjahren ist Taylors Privatleben Gegenstand intensiver Spekulationen und Beobachtung seitens der Medien.

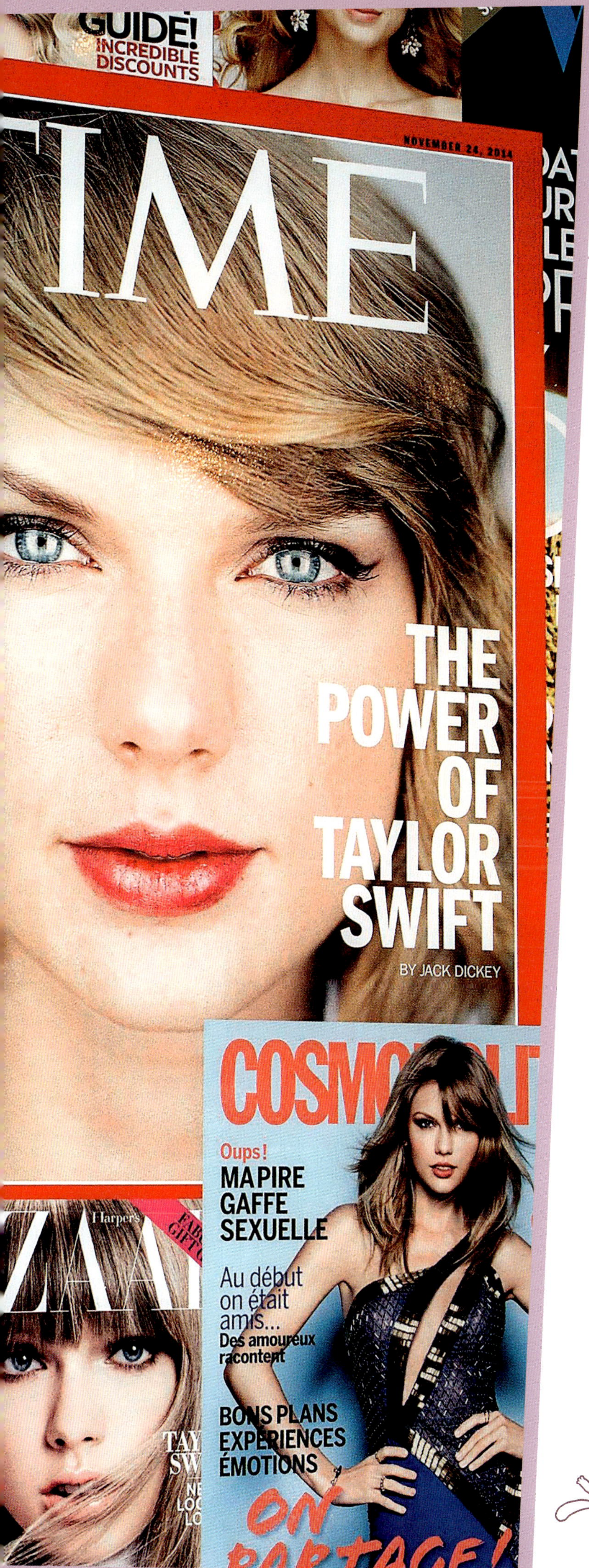

Persön-liches

Weltweite Berühmtheit bringt Medieninteresse für jeden Aspekt des Lebens mit sich, aber Taylor musste viel mehr davon ertragen als die meisten anderen …

Wie bei allen Prominenten wird auch Taylors Privatleben von den Medien unter die Lupe genommen. In ihrem Fall ist das allerdings etwas untertrieben: Der Medienrummel um eine Reihe öffentlicher Fehden mit anderen Künstlern sowie die sexistische Berichterstattung über ihre Beziehungen veranlassten die Sängerin, eine dringend benötigte Pause vom öffentlichen Leben einzulegen.

Taylors Beziehungen

Taylor wusste das Interesse der Öffentlichkeit an ihrem Dating-Leben als Inspiration für ihr Songwriting zu nutzen. Eine ihrer bekanntesten Beziehungen war die zu ihrem Sängerkollegen Harry Styles, mit dem sie von November 2012 bis Januar 2013 zusammen war. Obwohl ihre Beziehung nur von kurzer Dauer war, wird vermutet, dass ihr Song „Out of the Woods“ von Styles handelt. Es wird gemunkelt, dass ihre Beziehung kein schönes Ende nahm.

Bei ihrem Auftritt im Grammy Museum erzählte sie dem Publikum von der Inspiration für den Song: „Das Hauptgefühl, das ich in der ganzen Beziehung empfand, war Angst, denn alles fühlte sich sehr zerbrechlich an … Ständig fragte ich mich:‚OK, was ist die nächste Hürde?‘“ Im Gegenzug glauben einige von Styles' Fans, dass sein Song „Two Ghosts“ von Taylor handelt. In einem Interview auf BBC Radio 1 im Jahr 2017 darauf angesprochen, antwortete er: „Ich denke, es ist ziemlich selbsterklärend.“

Ein paar Jahre vor ihrer Beziehung mit Styles war Taylor mit ihrem Musikerkollegen Joe Jonas von den Jonas Brothers

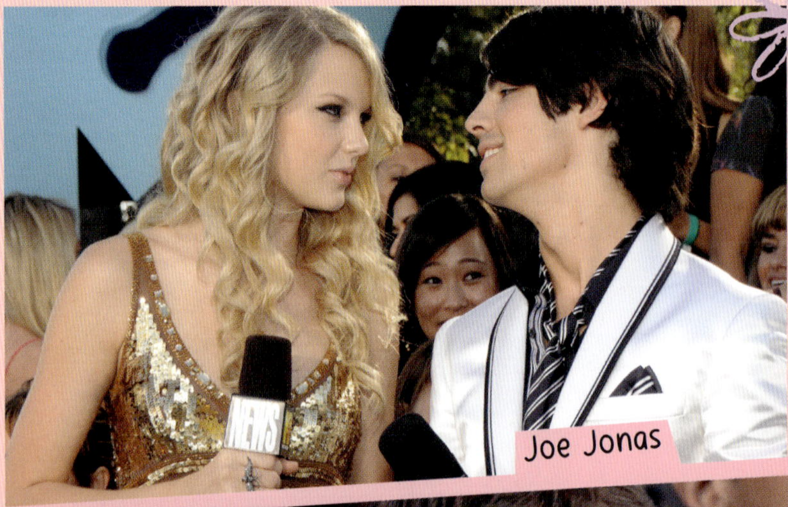

Joe Jonas

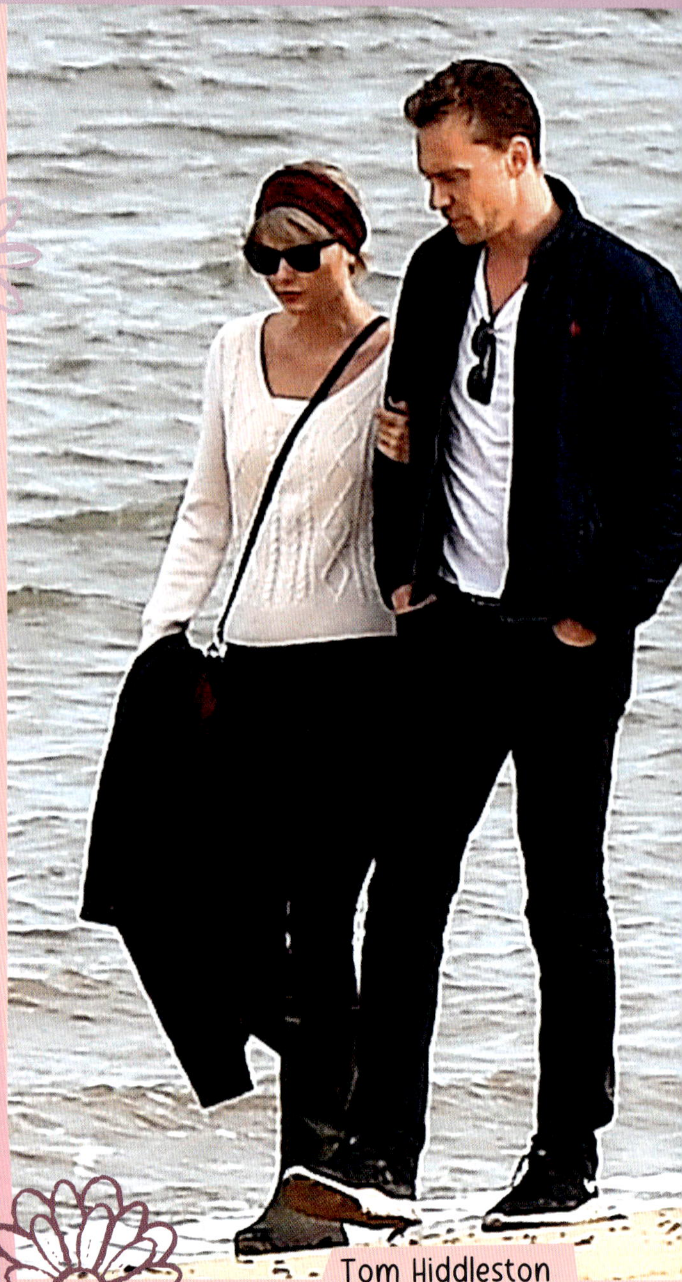

Tom Hiddleston

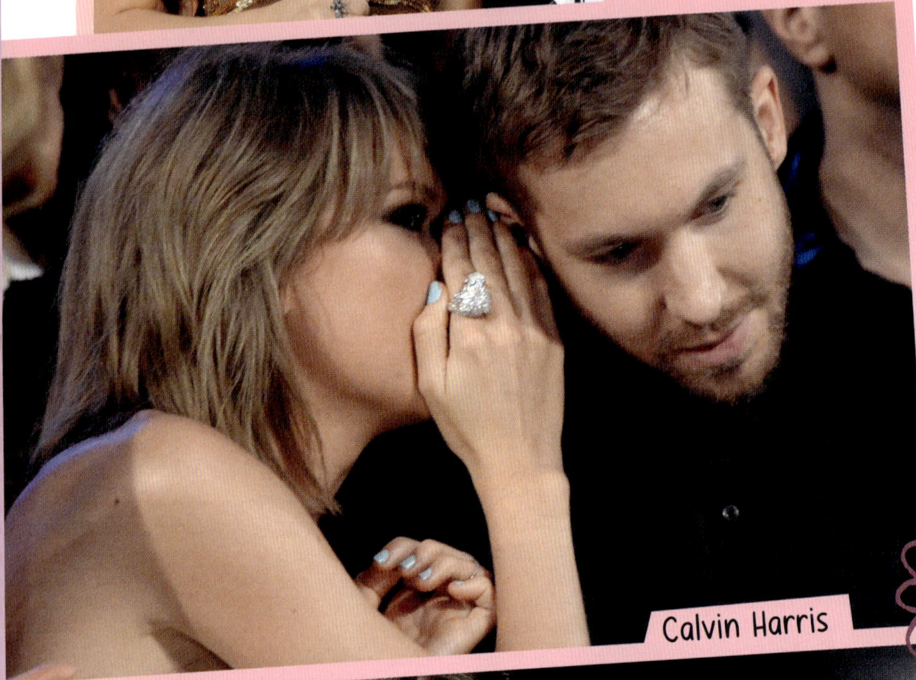

Calvin Harris

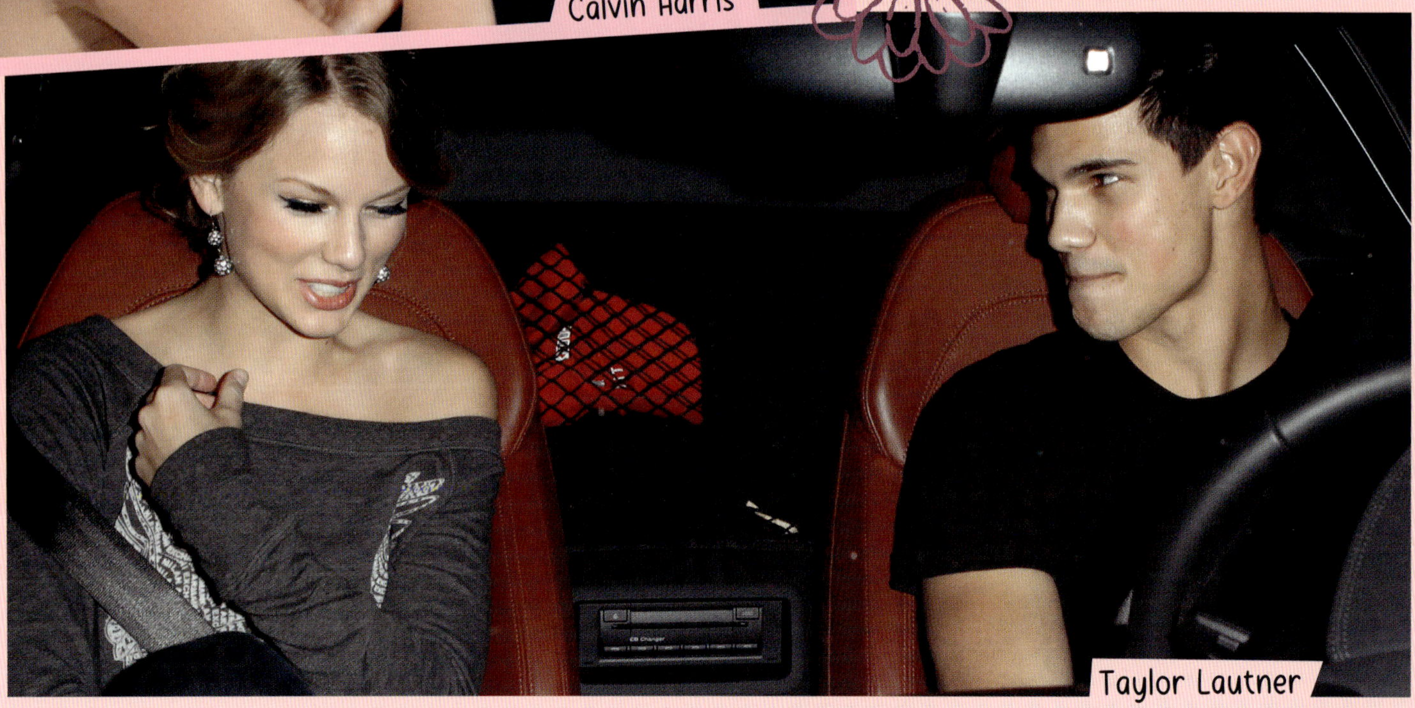

Taylor Lautner

Taylor hatte bereits früher prominente Partner, scheint aber inzwischen mit dem britischen Schauspieler Joe Alwyn (rechts) ein Gleichgewicht gefunden zu haben, da es den beiden gelungen ist, ihre Beziehung privat zu halten.

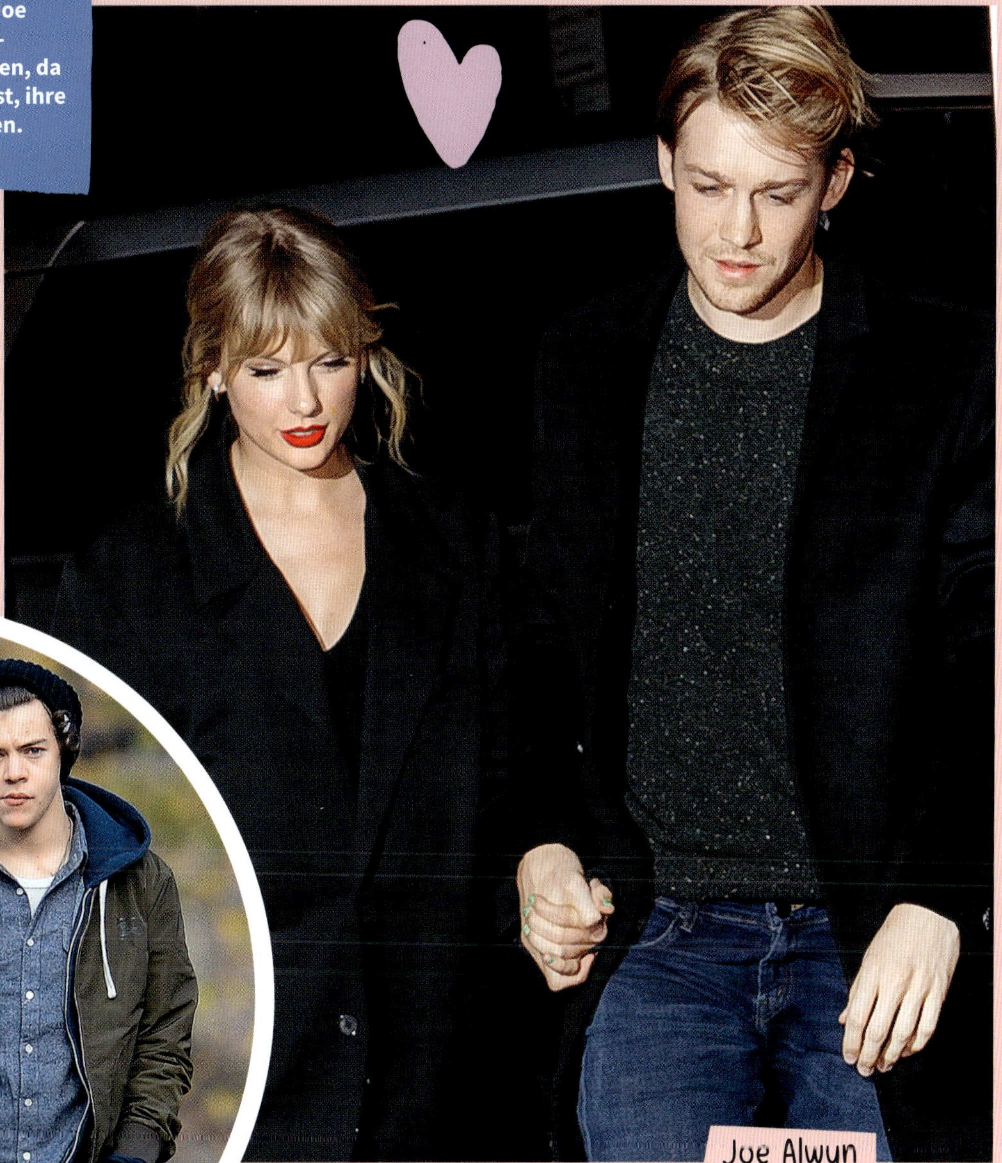

Joe Alwyn

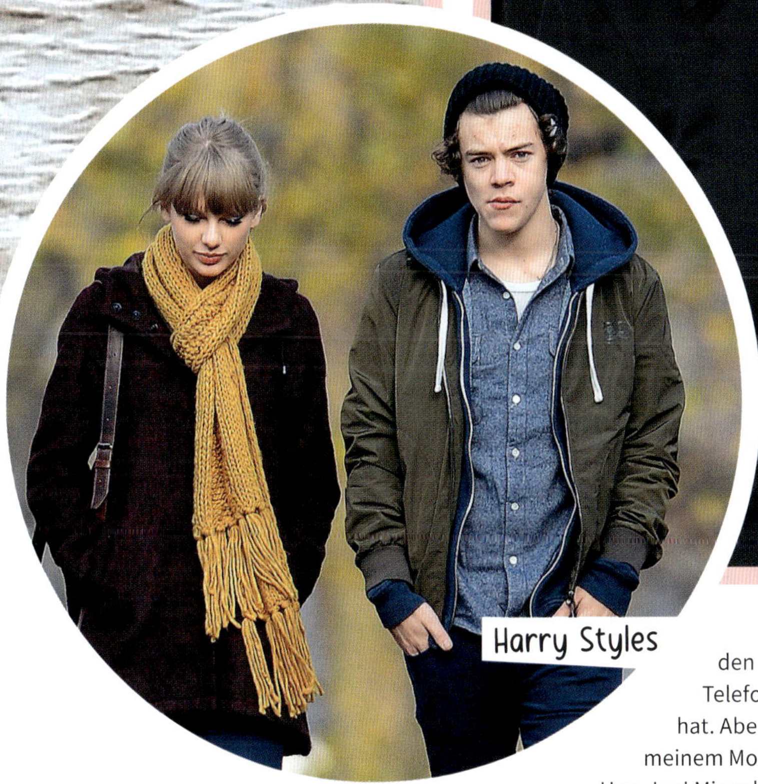

Harry Styles

zusammen, von Juli bis Oktober 2008. Wie es sich für die Nullerjahre gehört, sorgte ihre Trennung für eine Menge Drama. Bei einem Interview in der Sendung Ellen bestätigte sie, dass er „am Telefon" mit ihr Schluss gemacht hatte.

Ihre Trennung von Jonas inspirierte sie zu ihrem Song „Forever and Always", der auf ihrem zweiten Studioalbum *Fearless* erschien.

Ein Jahr später machte sie sich bei einem Auftritt bei Saturday Night Live in ihrem Monolog-Song über die Trennung lustig: „Man könnte meinen, ich würde Joe erwähnen, den Typen, der mit mir am Telefon Schluss gemacht hat. Aber ich werde ihn hier in meinem Monolog nicht erwähnen.

Hey, Joe! Mir geht es wirklich gut und ich moderiere SNL; aber ich werde in meinem Monolog nicht darüber schreiben."

Während der Dreharbeiten zu der romantischen Komödie „Valentinstag" begann Taylor im Herbst 2009 eine Beziehung mit dem Twilight-Schauspieler und Kollegen Taylor Lautner. Die beiden spielten mehrere Szenen zusammen, und angeblich schrieb sie den Song „Back to December" auf ihrem dritten Studioalbum *Speak Now* über Lautner.

Ende desselben Jahres begann sie eine weitere öffentlichkeitswirksame Beziehung und war zwischen Dezember 2009 und Februar 2010 mit dem Sänger John Mayer zusammen. Ihr Song „Dear John" auf dem Album *Speak Now* thematisiert die Beziehung der beiden. Mayer beschwerte sich in einem Interview mit Rolling Stone über den Song und sagte, er fühle sich „wirklich gedemütigt". Er fügte hinzu: „Ich als Songwriter würde sagen, dass das billiges Songwriting ist. Ich weiß, dass sie die größte Berühmtheit der Welt ist, und ich versuche nicht, sie in Verlegenheit zu bringen, aber ich denke, es ist ein Missbrauch deines Talents, wenn du dir die Hände reibst und sagst, ‚Warte, bis er das hört!' Das ist Bullshit." Danach datete Taylor zwischen Oktober 2010 und Januar 2011 den Schauspieler Jake Gyllenhaal (Donnie Darko, The Day After Tomorrow, Nightcrawler – Jede Nacht hat ihren Preis). Berichten zufolge fand die ▶▶

Images: Getty, Alamy

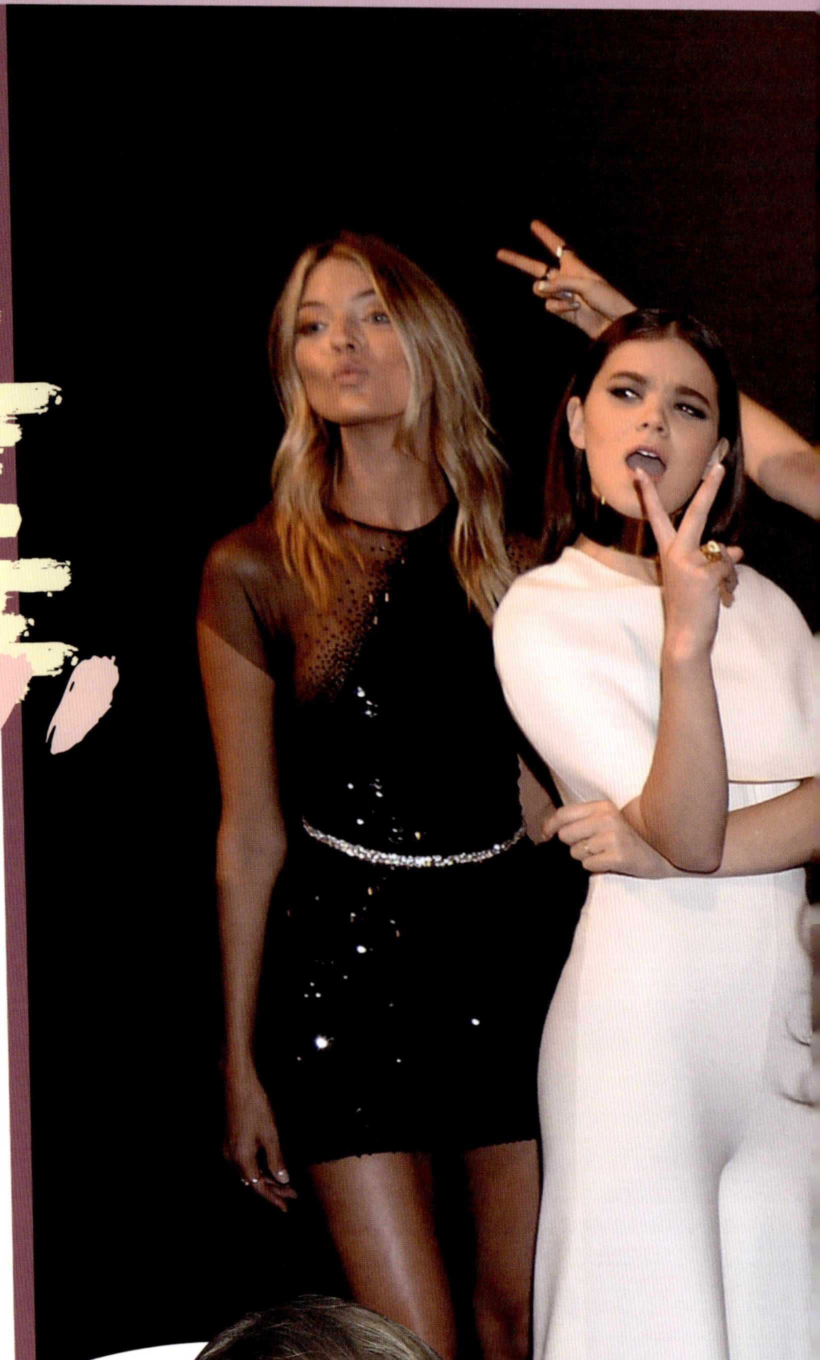

> Angeblich wurden viele Songs auf ihrem vierten Studioalbum Red von Gyllenhaal inspiriert.

Beziehung ein abruptes Ende; eine Quelle sagte gegenüber *Us Weekly*, dass Taylor sich „wirklich verletzt von ihm" fühlte. Angeblich wurden viele Songs auf ihrem vierten Studioalbum *Red* von Gyllenhaal inspiriert. Taylor bestätigte dies zwar nicht, sagte aber dem *New York Magazine*, dass der betreffende Mann gesagt habe, wenn er *Red* höre, komme er sich vor, „als würde [er] ein Fotoalbum durchblättern".

Einige Jahre später veröffentlichte Taylor eine neu aufgenommene Version von *Red* sowie einen Kurzfilm zu ihrer Single „All Too Well". Der Text „And I left my scarf there at your sister's house / And you've still got it in your drawer even now" versetzte die Fans erneut in helle Aufregung. Die legendäre Künstlerin Dionne Warwick, die für ihre witzigen, augenzwinkernden Online-Momente bekannt ist, twitterte: „Wenn dieser junge Mann Taylors Schal hat, sollte er ihn zurückgeben" und fügte hinzu: „Er gehört dir nicht. Pack ihn ein. Ich übernehme die Portokosten, Jake."

Von Februar 2015 bis Mai 2016 war Taylor mit dem schottischen DJ und Produzenten Calvin Harris liiert. Zwei Monate nachdem sie ihr einjähriges Jubiläum gefeiert hatten, berichtete People, dass Harris die Beziehung beendet hatte. Inmitten vieler Medienspekulationen über den Grund der Trennung twitterte Harris: „Die einzige Wahrheit hier ist, dass eine Beziehung zu Ende gegangen ist & was bleibt, ist eine große Menge an Liebe und Respekt".

Taylor war zwischen Mai und September 2016 mehrere Monate mit dem Schauspieler Tom Hiddleston (Thor, Gefährten, High-Rise) zusammen. Die beiden wurden erstmals bei der Met Gala beim Tanzen gesichtet. *The Sun* veröffentlichte Bilder, auf denen sie sich in Rhode Island küssten, wobei viele glaubten, dass die Bilder inszeniert waren. Die Dinge kamen erst richtig in Schwung, als sie bei einem Selena Gomez-Konzert zusammen tanzten und Hiddleston in einem Oberteil mit der Aufschrift „I HEART TS" fotografiert wurde. Die beiden trennten sich jedoch im September 2016, nachdem eine Quelle der Daily Mail verriet, dass

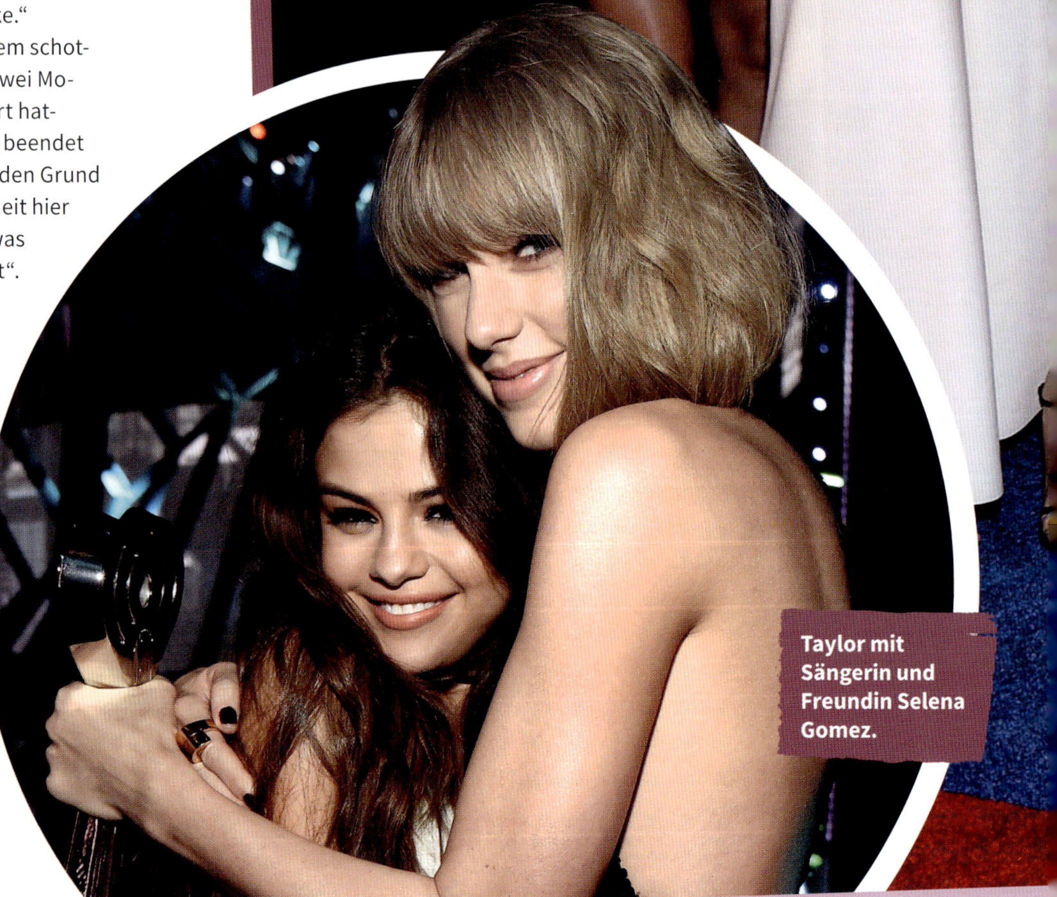

Taylor mit Sängerin und Freundin Selena Gomez.

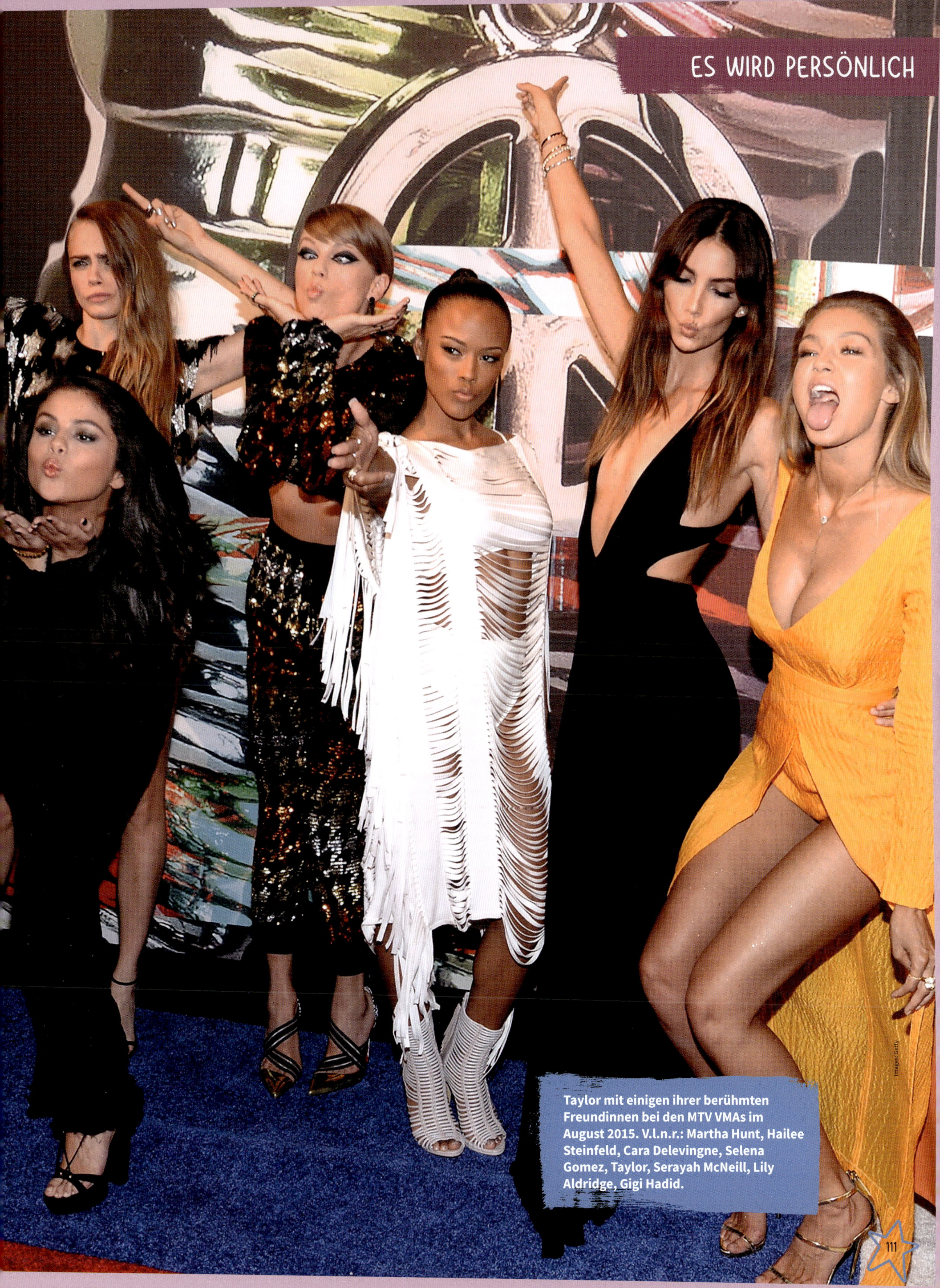

Taylor mit einigen ihrer berühmten Freundinnen bei den MTV VMAs im August 2015. V.l.n.r.: Martha Hunt, Hailee Steinfeld, Cara Delevingne, Selena Gomez, Taylor, Serayah McNeill, Lily Aldridge, Gigi Hadid.

Images: Getty

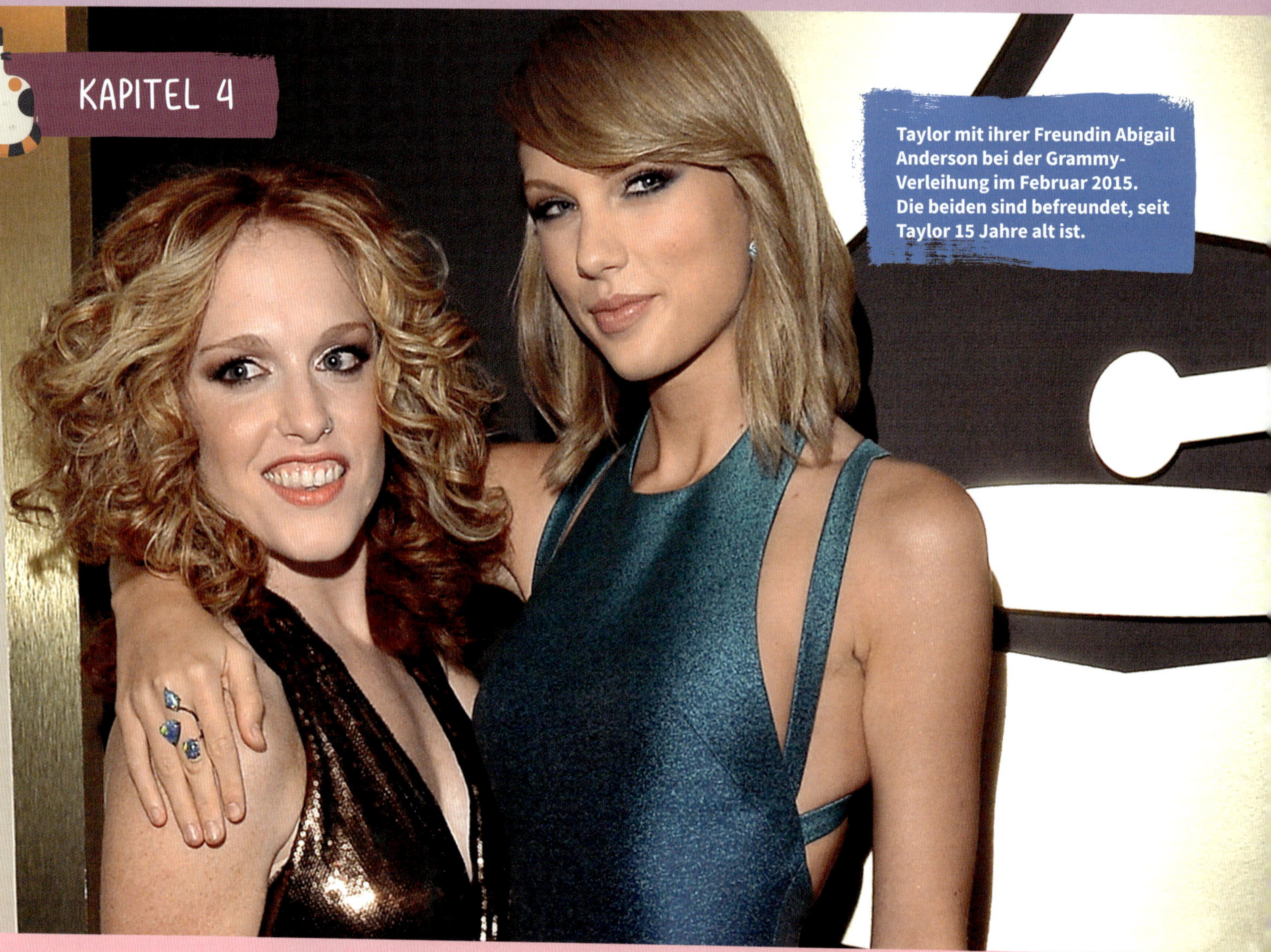

Taylor mit ihrer Freundin Abigail Anderson bei der Grammy-Verleihung im Februar 2015. Die beiden sind befreundet, seit Taylor 15 Jahre alt ist.

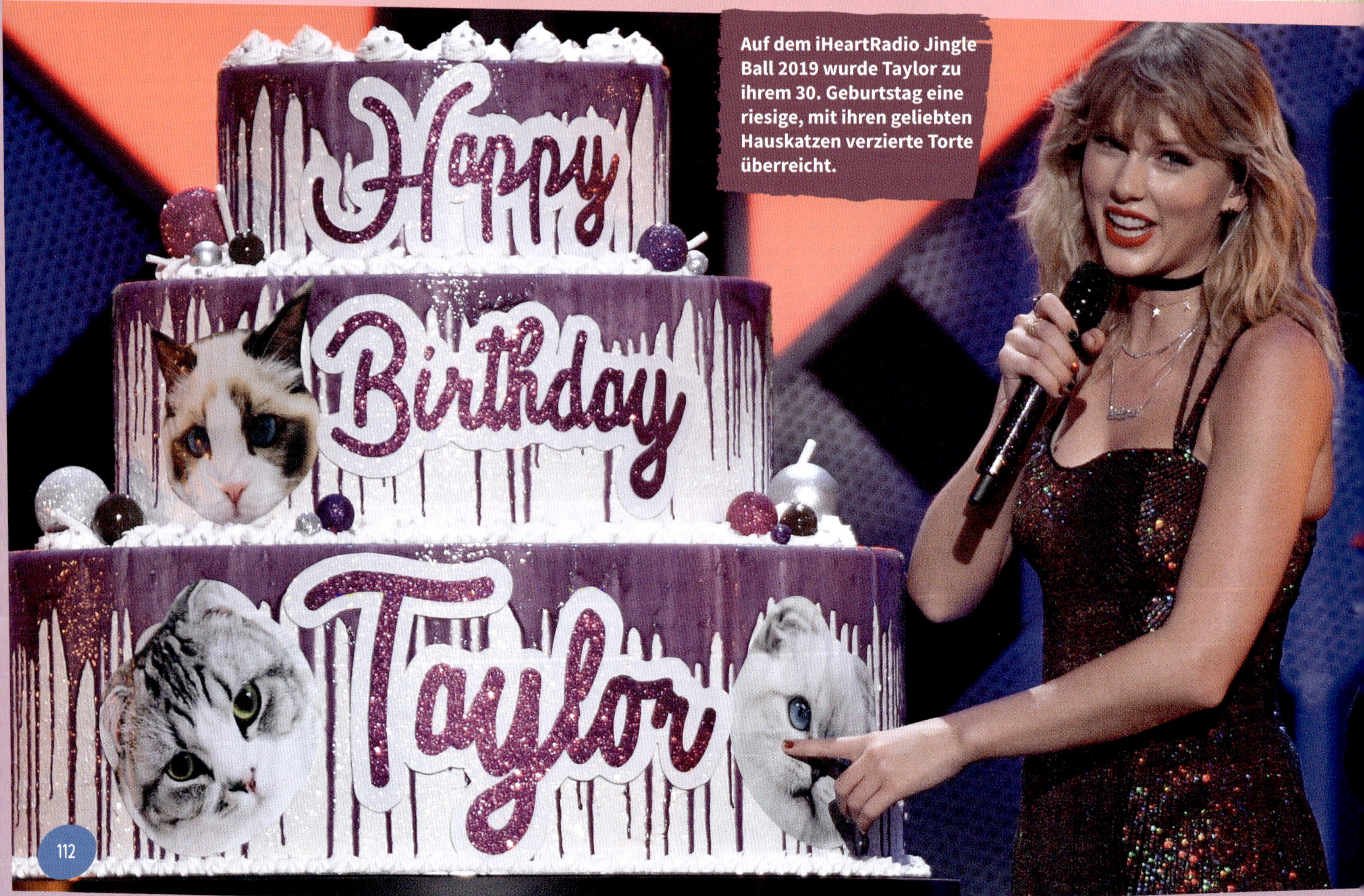

Auf dem iHeartRadio Jingle Ball 2019 wurde Taylor zu ihrem 30. Geburtstag eine riesige, mit ihren geliebten Hauskatzen verzierte Torte überreicht.

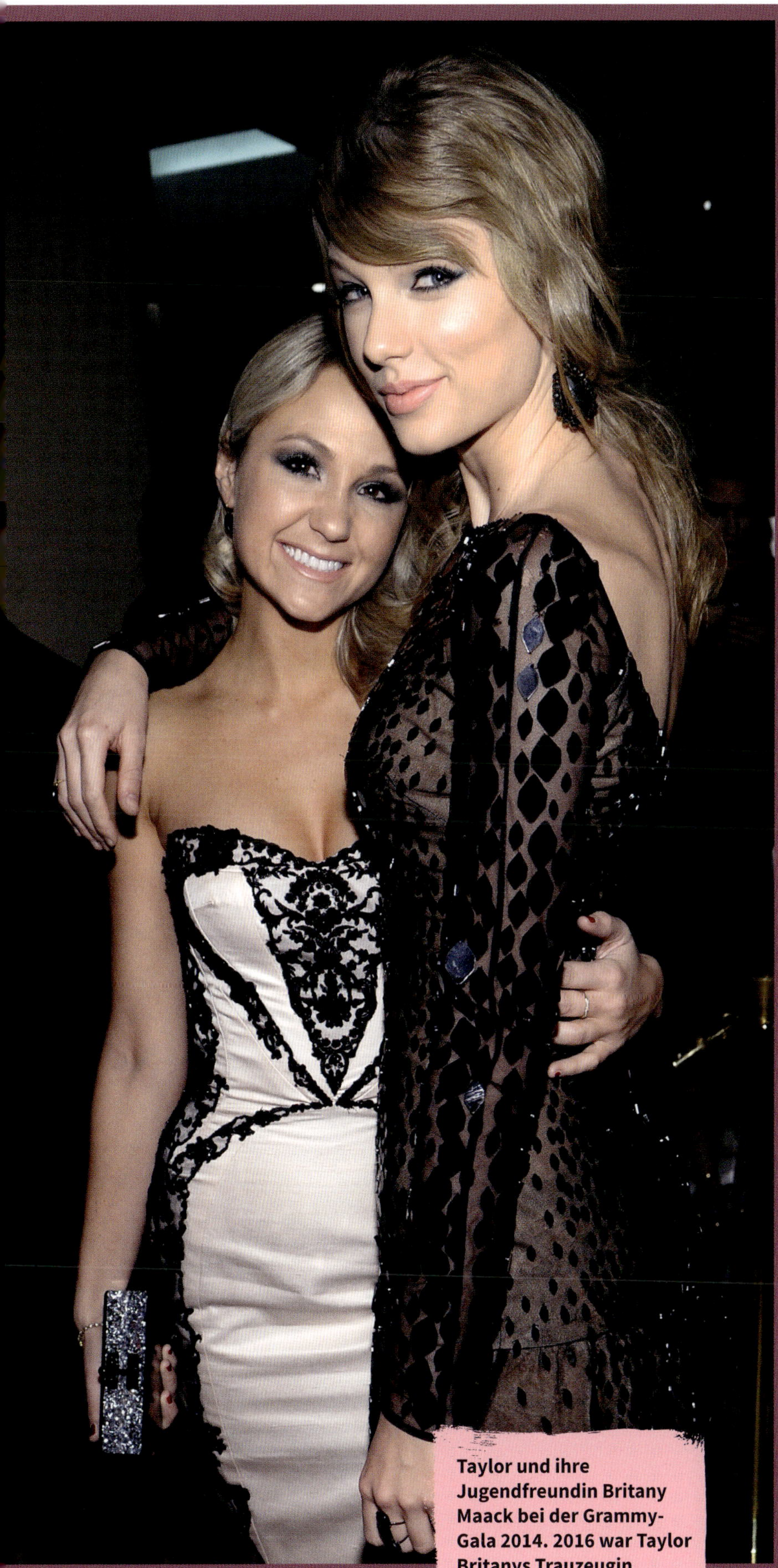

Taylor und ihre Jugendfreundin Britany Maack bei der Grammy-Gala 2014. 2016 war Taylor Britanys Trauzeugin.

Taylor sich „unwohl“ fühlte, weil „Tom es nötig hatte, ihre Beziehung so schnell öffentlich zu machen.“

Ein langjähriges Glück fand Taylor in der Beziehung mit dem Schauspieler Joe Alwyn („Operation Finale“, „The Favourite – Intrigen und Irrsinn“, „Harriet – Der Weg in die Freiheit“). Die beiden sollen sich 2016 kennengelernt haben, und *The Sun* machte die Nachricht von ihrer Beziehung publik. Paparazzi konnten damals einen Blick auf ihre aufblühende Romanze erhaschen, unter anderem bei der Premiere von Alwyns Film „The Favourite – Intrigen und Irrsinn“ und bei den BAFTAs 2019. Alwyn arbeitete auch mit Taylor an ihren 2020 erschienenen Alben *Folklore* und *Evermore* zusammen und fungierte unter dem Namen William Bowery als Co-Autor.

Mittlerweile kursieren Gerüchte um Taylor und den NFL-Star Travis Kelce, den sie bei Spielen seiner Mannschaft, den Kansas City Chiefs, begeistert anfeuerte.

Taylor & die Medien

Während ihrer gesamten Karriere bezeichneten Journalisten Taylor als höflich und offen und lobten ihre Bereitschaft, bei Interviews „mitzuspielen“. J. Freedom du Lac von der Washington Post nannte sie einmal einen „Medienliebling“ und „den Traum eines jeden Reporters“. In der Welt des Modejournalismus wurde sie 2011 von der Vogue zur „Ikone des amerikanischen Stils“ ernannt und stand 2014 an der Spitze der Liste der bestgekleideten Models von People.

In einem 73-Fragen-Video für die Vogue sagte sie dem Interviewer jedoch treffend, was sie ihrem 19-jährigen Ich sagen würde: „Hey, du wirst dich verabreden, wie es einer normalen 20-Jährigen erlaubt sein sollte, aber du wirst dafür auf nationaler Ebene als Schlampe beschimpft werden.“

Die sexistische Berichterstattung über Taylors Privatleben geht bis ins Jahr 2013 zurück, als Taylor Anfang 20 war und die *New York Times* die Frage stellte, ob sie eine „Quarter-Life-Crisis“ habe, und feststellte, dass ihre „Dating-Geschichte begonnen hat, in ihr etwas zu wecken, das sich wie der Beginn einer Gegenreaktion anfühlt.“

Taylor nutzte ihre Musik, um den Medienrummel rund um ihr Privatleben zu kritisieren. In ihrem 2014 erschienenen Song „Blank Space“ parodiert sie beispielsweise die Stereotypen, mit denen die Medien sie als „verrückt“, „manipulativ“ und „verführerisch“ einstuften. Auch in ihren Songs „Mad Woman“ und „The Man“ setzt sie sich mit Themen wie Gaslighting und Doppelmoral auseinander.

Als die CBS-Journalistin Tracy Smith sie fragte: „Warum singen Sie für die Hater?“, antwortete sie trotzig: „Nun, sobald sie nicht mehr hinter mir her sind, werde ich aufhören, für sie zu singen.“

Familie & Freunde

Obwohl Taylors Eltern selbst nicht besonders kreativ sind, haben sie sie in ihrem Streben nach einer Musikkarriere immer unterstützt. Beide waren im

Finanz- und Bankensektor tätig: Ihre Mutter, Andrea Gardner Swift, war Marketing-Managerin für Investmentfonds und später Hausfrau, ihr Vater, Scott Kingsley Swift, ist Börsenmakler. Taylors Urgroßvater väterlicherseits war italienischer Einwanderer und besaß in den 1800er Jahren mehrere Unternehmen in Philadelphia. Und natürlich war ihre Großmutter mütterlicherseits, Marjorie Finlay, Opernsängerin. Ihr jüngerer Bruder Austin ist Schauspieler, bekannt durch Rollen in „Live by Night", „Braking for Whales" und „We Summon the Darkness". Austin machte im Mai 2015 seinen Abschluss an der University of Notre Dame und arbeitete während seines Studiums als freiberuflicher Fotograf für Getty Images. Heute ist er öfter in Taylors Musikvideos an der Seite von Freunden der Geschwister zu sehen.

Taylor umgibt sich mit starken Freundinnen. Mitte der 2010er Jahre wurden einige ihrer Freundinnen als „Squad" bekannt: eine Gruppe berühmter Frauen, zu der unter anderem Cara Delevingne, Selena Gomez, Gigi Hadid und Hailee Steinfeld gehören, um nur einige zu nennen. Sie traten sogar in Taylors Video für die Neuauflage ihres Songs „Bad Blood" mit dem amerikanischen Rapper Kendrick Lamar auf. Das in London spielende Video zeigt ein Ensemble von Schauspielerinnen und Schauspielern in einer futuristischen Spionagegeschichte.

Taylor hat noch eine Reihe anderer berühmter Freundinnen und Freunde, darunter Ryan Reynolds und Blake Lively, deren Tochter auf Taylors Song „Gorgeous" zu hören ist. Außerdem ist sie eng befreundet mit Supermodel Martha Hunt (die beiden lernten sich angeblich bei einer Victoria's Secret Fashion Show kennen, bei der Taylor 2014 auftrat) und Selena Gomez, die dem Wall Street Journal erzählte: „Wir haben beide zur gleichen Zeit viel durchgemacht. Sie hat mir viel darüber beigebracht, wie man in jungen Jahren behandelt werden sollte."

Sie hält auch immer noch Kontakt zu ihren Freundinnen und Freunden in der Heimat. Im Jahr 2016 berichtete die Vogue, dass Taylor für die Hochzeit ihrer Jugendfreundin Britany Maack nach Reading, Pennsylvania, zurückkehrte. Taylor war Trauzeugin und hielt eine wunderschöne, sentimentale Rede mit viel Humor. Abigail Anderson, eine weitere Freundin aus ihrer Heimatstadt, lernte Taylor in derHigh School kennen. Sie spielte sogar in einigen von Taylors früheren Musikvideos mit.

Taylors Haustiere & Interessen

Taylors Liebe zu Tieren ist bekannt. In einem Interview mit der Vogue erinnerte sie sich 2016 daran, dass ihre Mutter sie zum Reiten ermutigte und sie den Sport bis zu ihrem zwölften Lebensjahr ausübte. Taylor spielt nicht nur in dem berühmten Film Cats (2019) mit, sie hat auch drei eigene Kätzchen: Olivia Benson, benannt nach einer Figur aus der Serie Law and Order: Special Victims Unit;

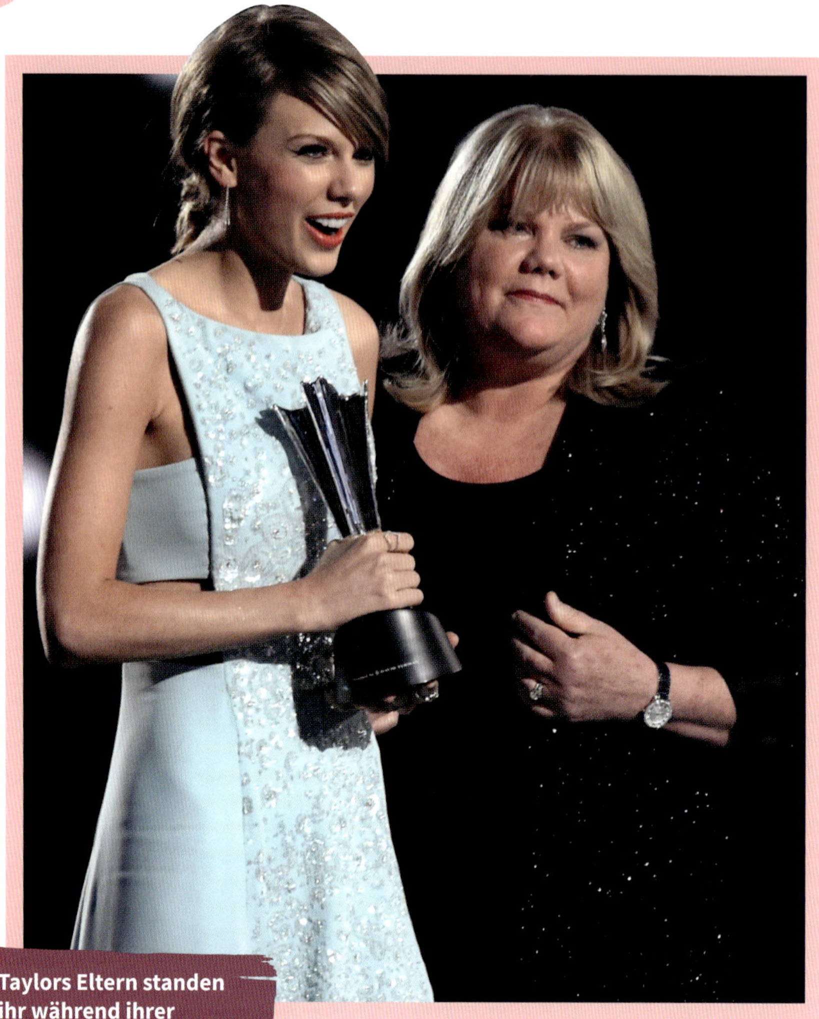

Taylors Eltern standen ihr während ihrer gesamten Karriere zur Seite.

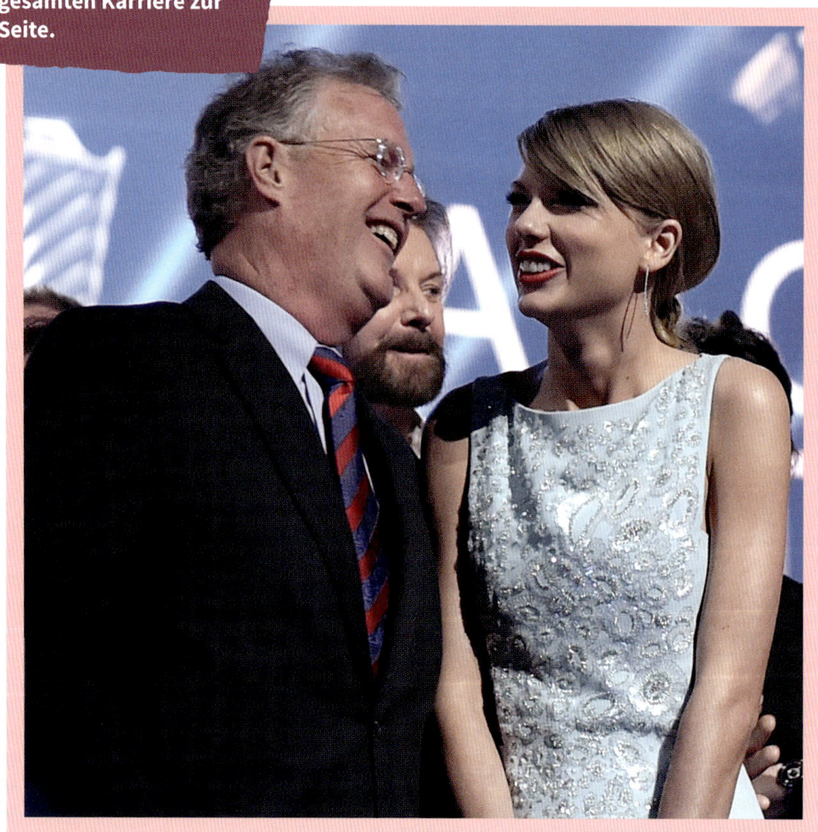

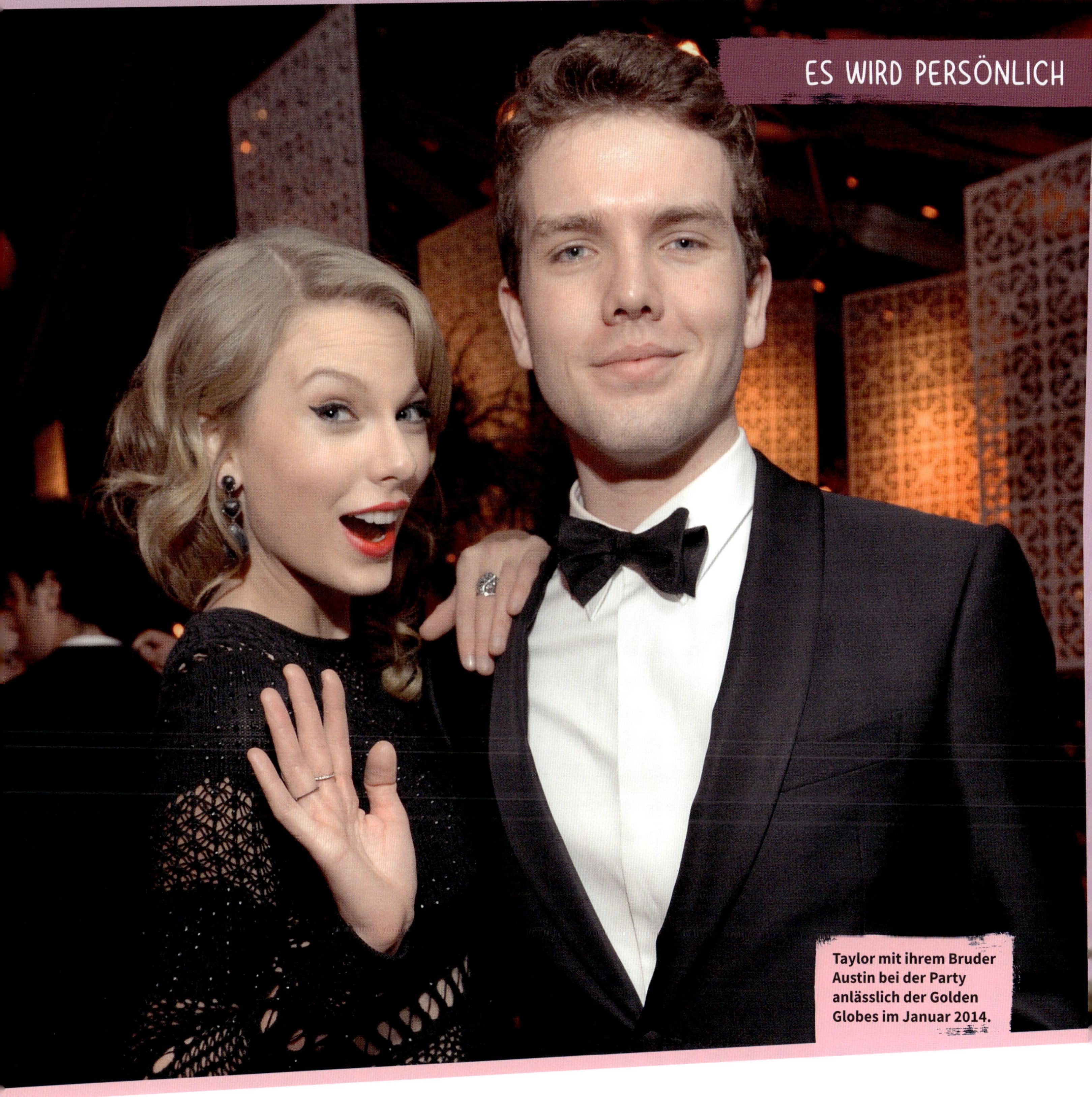

Taylor mit ihrem Bruder Austin bei der Party anlässlich der Golden Globes im Januar 2014.

Meredith Grey, nach der kultigen Protagonistin aus Grey's Anatomy; und Benjamin Button, der seit 2019 zur Familie gehört. Olivia Benson steht auf der Liste der reichsten Haustiere (ja, die gibt es wirklich!) von 2018 weiter oben als Grumpy Cat.

In ihrer Freizeit hängt Taylor gerne mit ihren Katzen ab und schaut ihre Lieblingsserie „Friends". Wie sie Magazin GQ erzählte, trifft sie Rachel, Monica, Chandler & Co. am liebsten, nachdem sie vor Zehntausenden von Zuschauern aufgetreten ist und ihre Fans getroffen hat. Außerdem machte sie 2018 in Kalifornien einen Falknerkurs und verriet, dass sie während des COVID-19-Lockdowns Filme schaute, las und kochte.

Taylor ist es besser als vielen anderen gelungen, den Wahnsinn der Medienaufmerksamkeit zu meistern. Sie ist mit beiden Beinen auf dem Boden geblieben, nicht zuletzt dank der Bedeutung, die sie ihren Beziehungen beimisst, und der dauerhaften Unterstützung durch ihre Lieben.

„Die Idee der Privatsphäre fühlt sich so seltsam an, wenn man versucht, sie zu erklären, aber es ist wirklich nur der Versuch, ein Stück Normalität zu finden."

Taylor über den Druck des Ruhms auf ihr Privatleben in einem Interview mit Paul McCartney für Rolling Stone, 2020

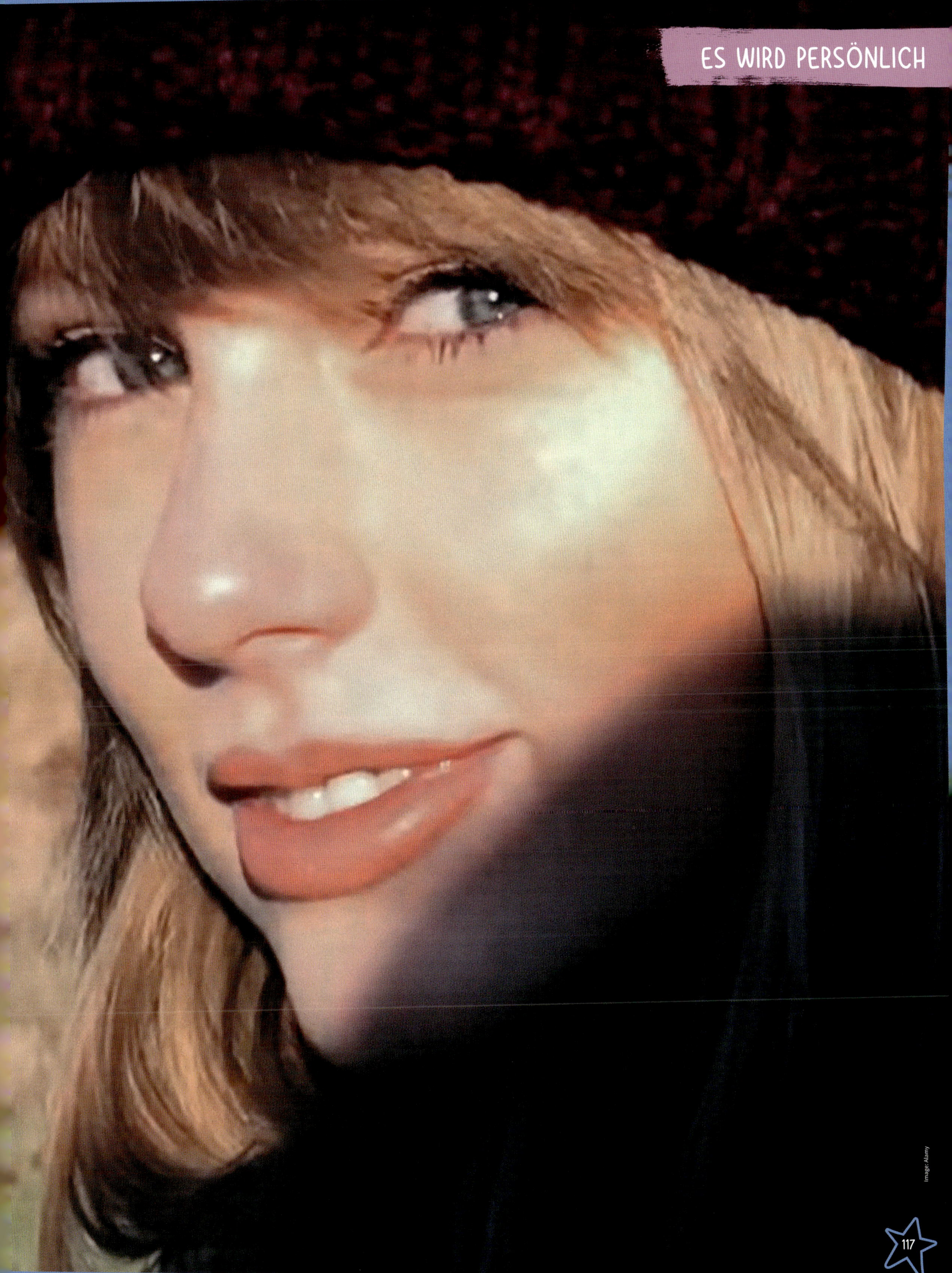

Image: Alamy

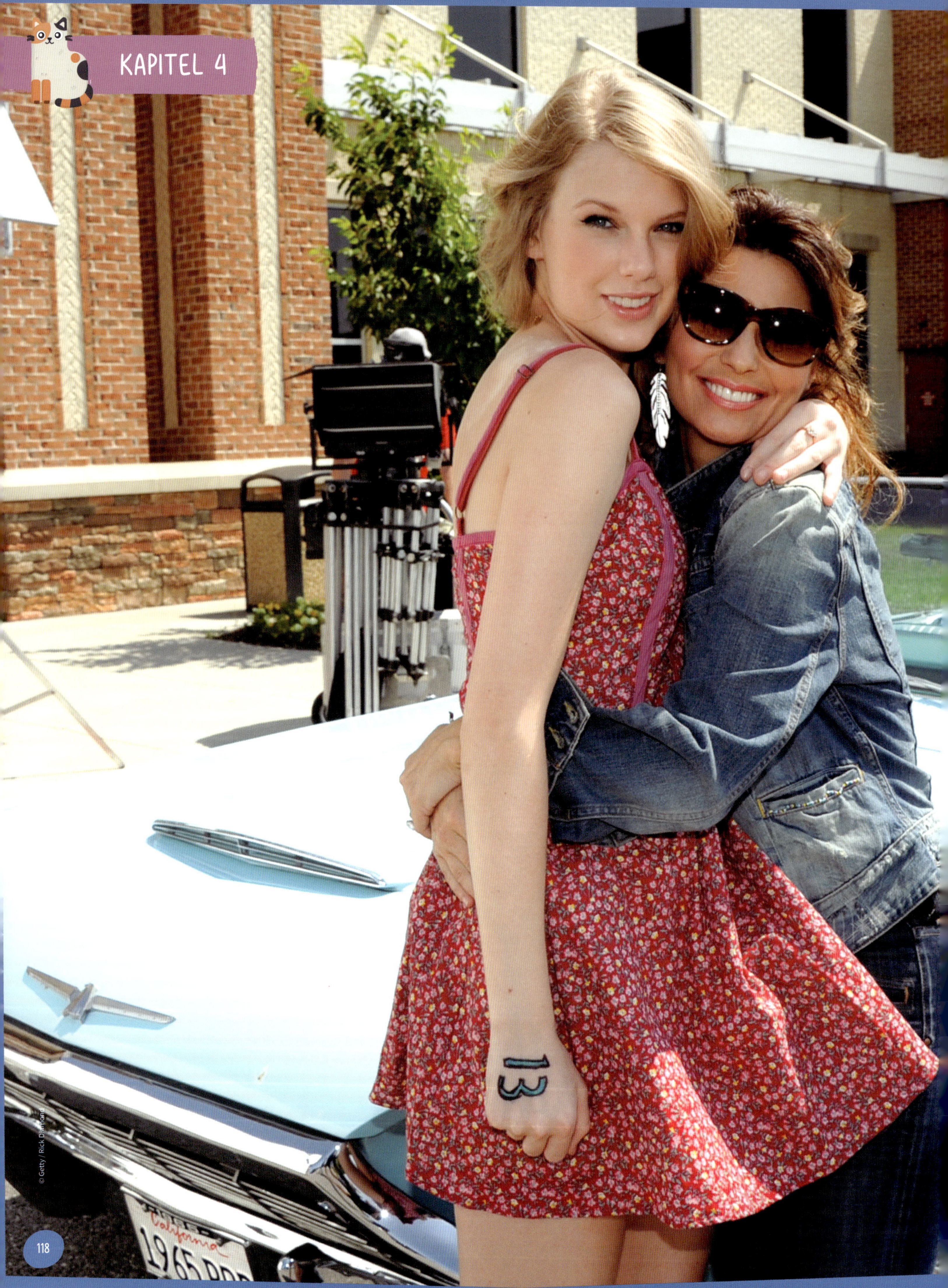

© Getty / Rick Diamond

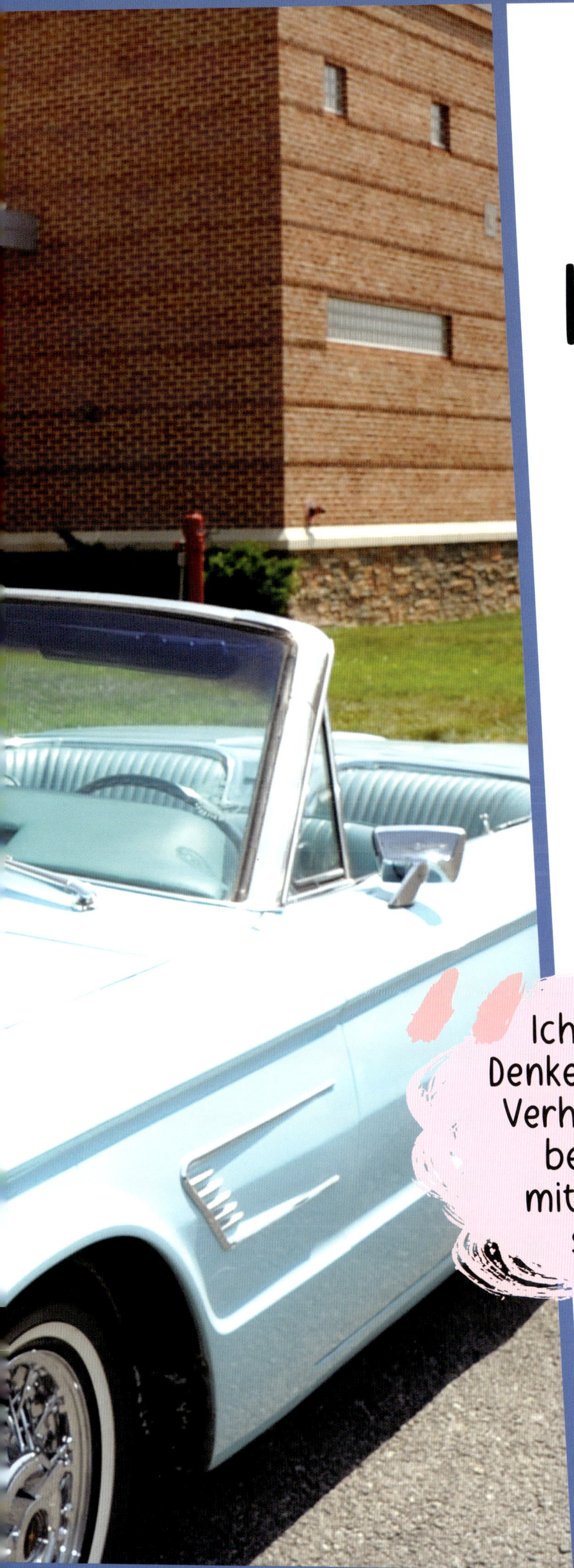

Inspirierende Menschen

Zu den Menschen, die Taylor im Laufe ihres Lebens am meisten inspiriert haben, gehörte ihre Großmutter mütterlicherseits, Marjorie Finlay, die eine professionelle Opernsängerin war. „Ich erinnere mich an das Prickeln, wenn ich ihr zuhörte", erzählte Taylor im Jahr 2008 dem Journalisten George Hatza von *The Reading Eagle*. „Sie war eine meiner frühesten Inspirationen."

Das erste Genre, das Taylor tiefgreifend beeindruckte, war die Country Music. „Ich war vernarrt in den Sound und die Erzählkunst", erklärte sie Hatza. „Damit konnte ich mich identifizieren."

Eine Dokumentation über Faith Hill löste ihr lebhaftes Interesse an Country-Sängern wie Patsy Cline, LeAnn Rimes, Shania Twain und The Chicks aus. Shania Twain (Foto) zu hören, veranlasste Taylor, „vier Mal um den Block laufen zu wollen und mich in Tagträume über alles zu stürzen".

„Ich konnte mich vom Denken in Genres und vom Verharren im Status quo befreien, indem ich miterlebte, wie Shania sich neu erfand."

2008

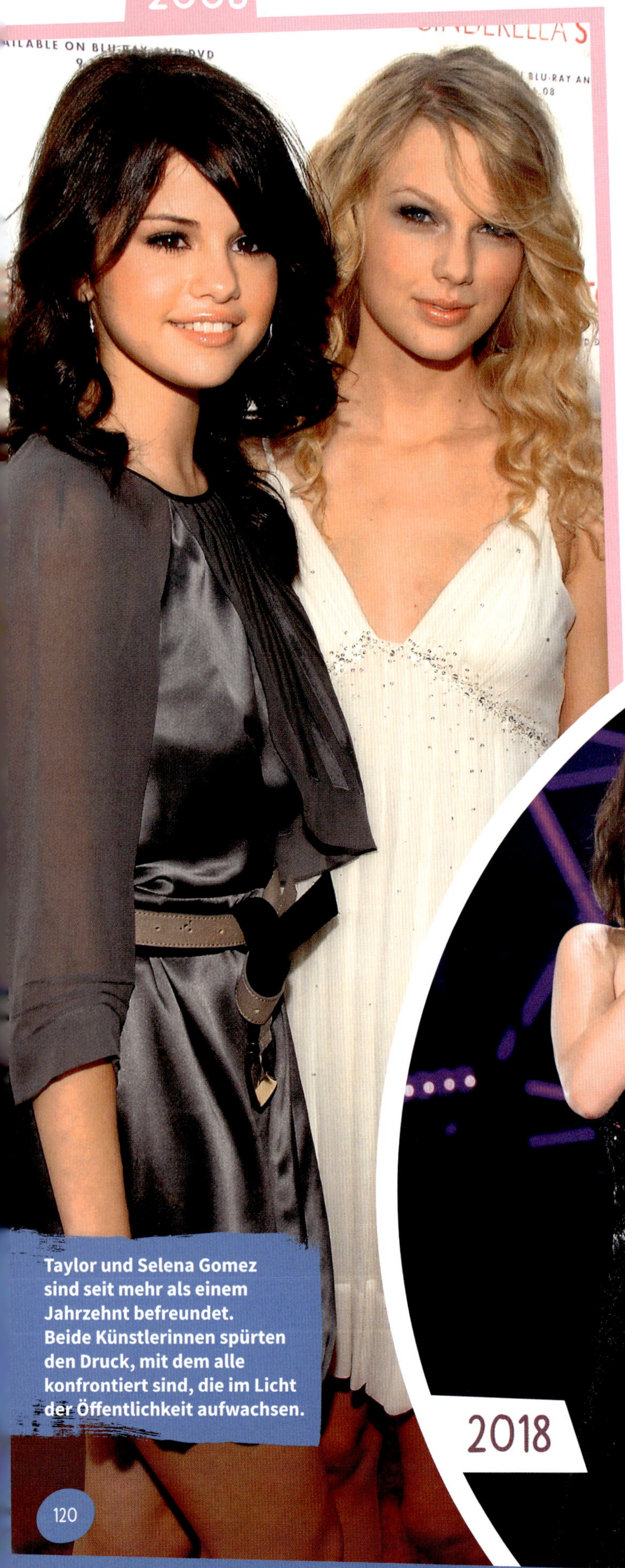

2011

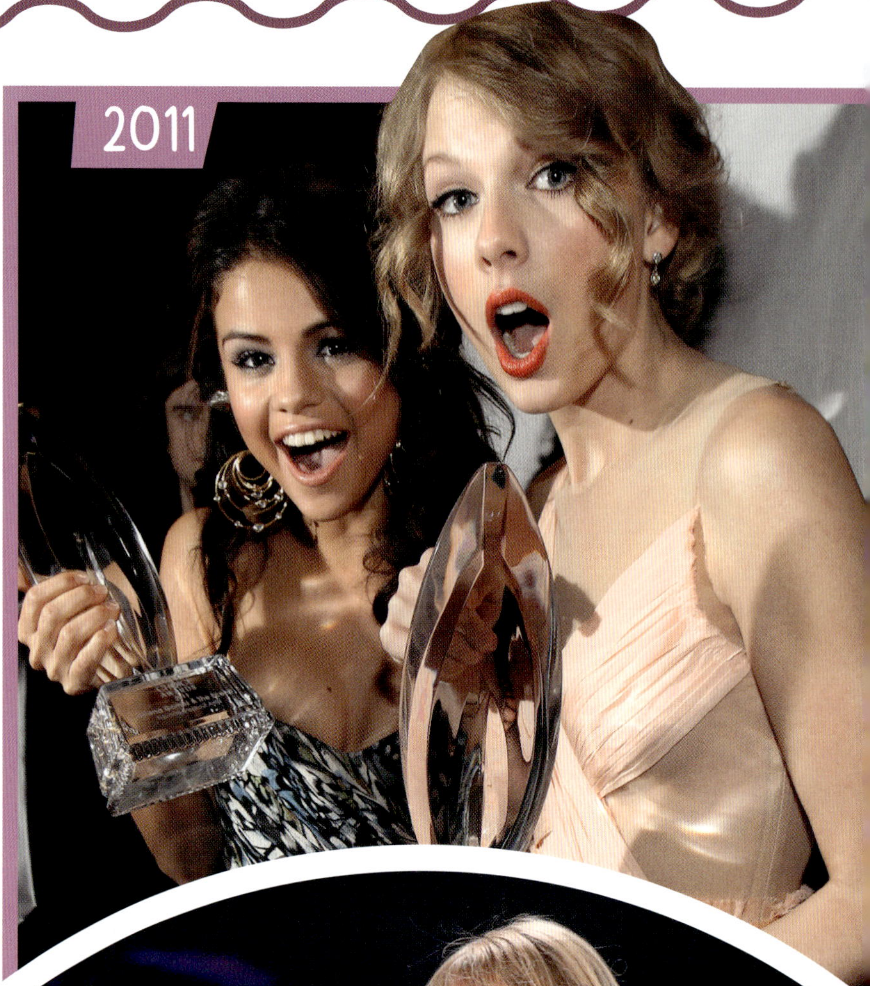

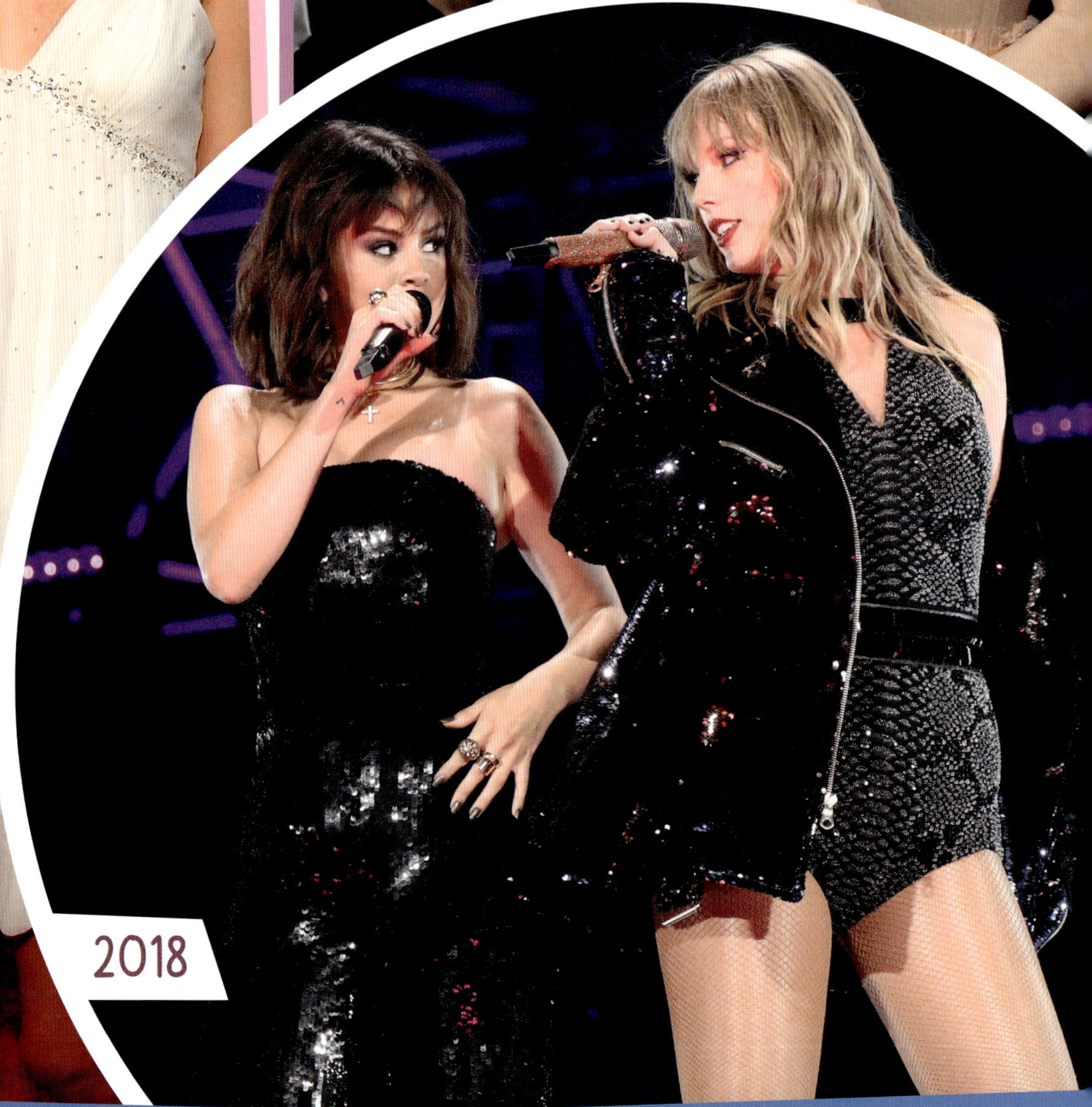

2018

Taylor und Selena Gomez sind seit mehr als einem Jahrzehnt befreundet. Beide Künstlerinnen spürten den Druck, mit dem alle konfrontiert sind, die im Licht der Öffentlichkeit aufwachsen.

2016

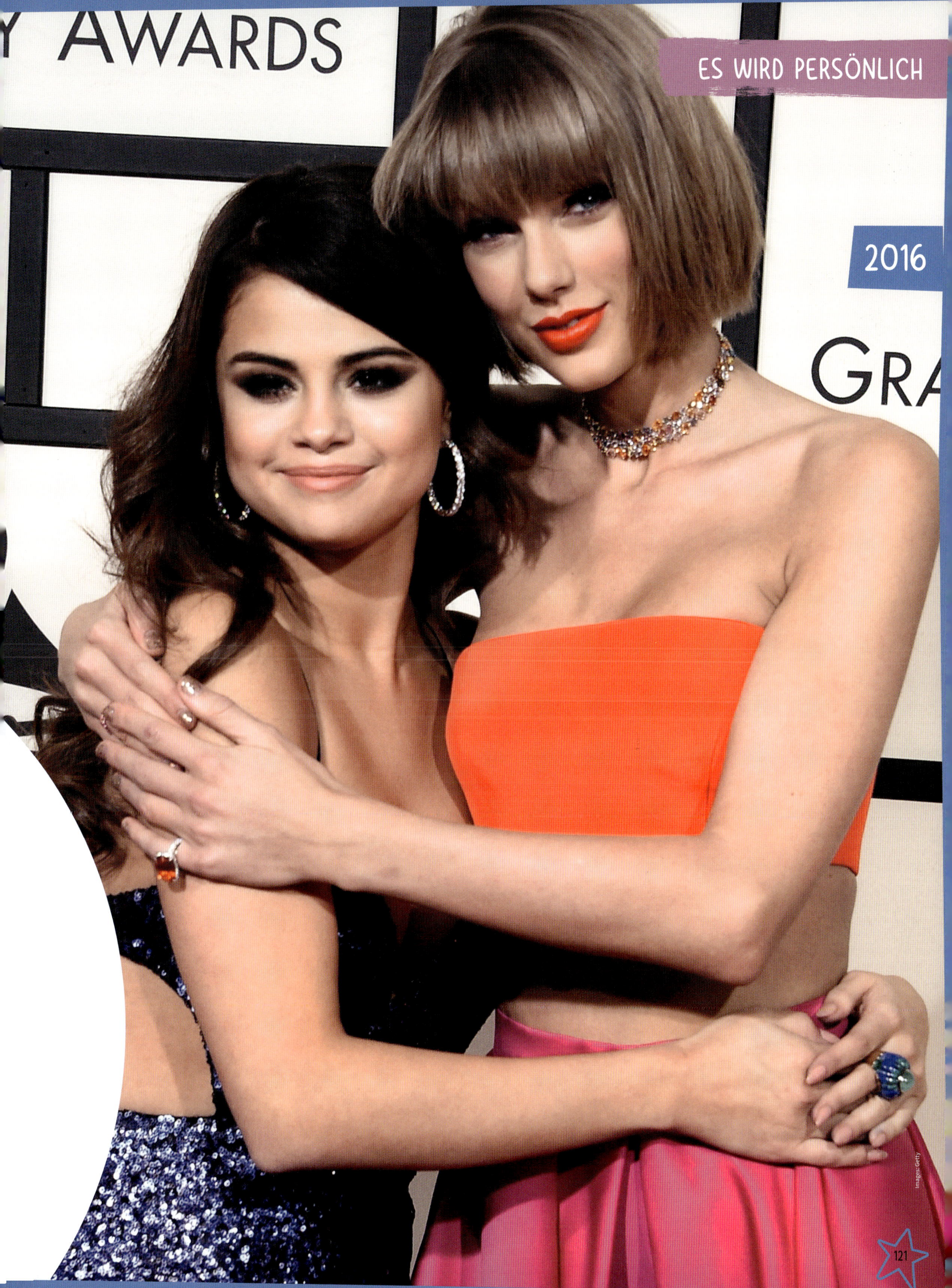

Images: Getty

KAPITEL 4

Beste Freunde

Es ist kein Geheimnis, dass Taylor mit dem Schreiben von Songs anfing, weil sie Mühe hatte, in der Schule Freunde zu finden. „Es hört sich traurig an, aber ich hatte in der Schule keine Freunde“, erklärt sie dem Magazin Style. „Das Liedertexten war für mich wie eine Therapie.“

All das ist jetzt anders. Im Laufe der Jahre hat Taylor Freundschaften mit anderen Prominenten wie Selena Gomez, Lorde und Gigi Hadid geschlossen, die sie als „ihre Truppe“ (Squad) empfindet. Zu ihren Freundinnen gehören außerdem Blake Lively, Emma Stone und die Haim-Schwestern (Foto) wie auch Martha Hund und Lena Dunham. Den Kontakt mit ihrer Kindheitsfreundin Abigail Anderson Berard pflegt sie gewissenhaft – ihr ist der Song „Fifteen“ gewidmet.

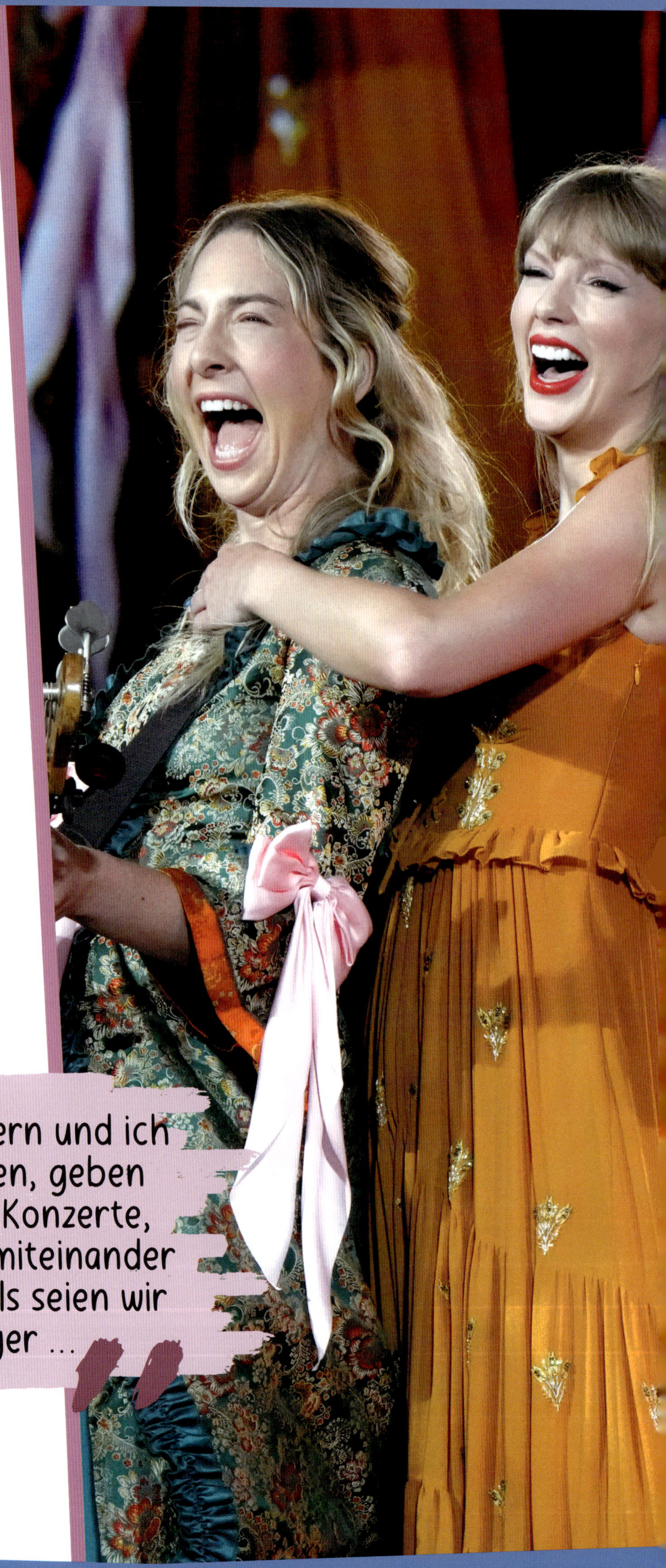

„Die Haim-Schwestern und ich touren zusammen, geben gemeinsam Live-Konzerte, choreografieren miteinander Tanzsequenzen, als seien wir im Ferienlager …“

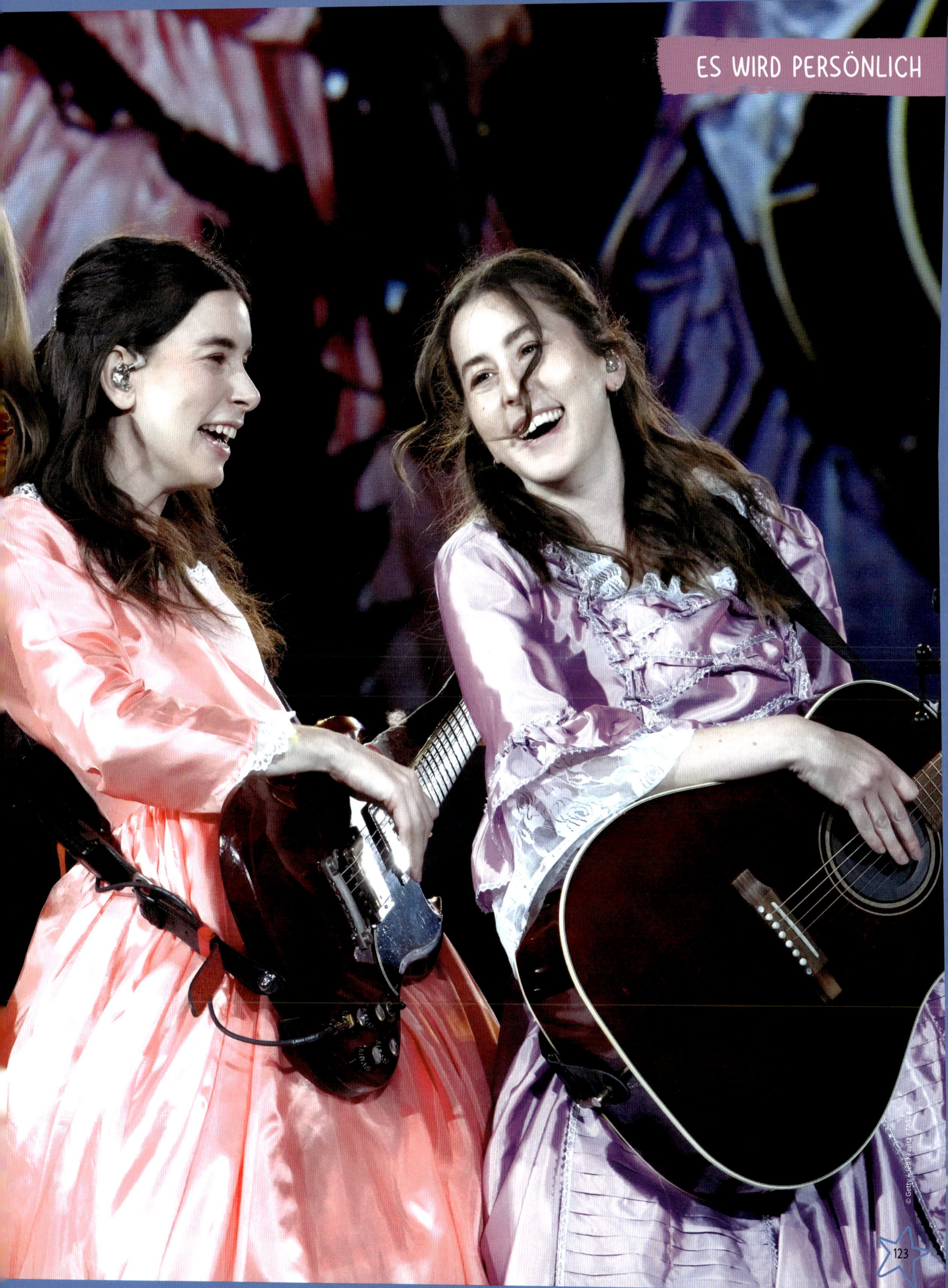

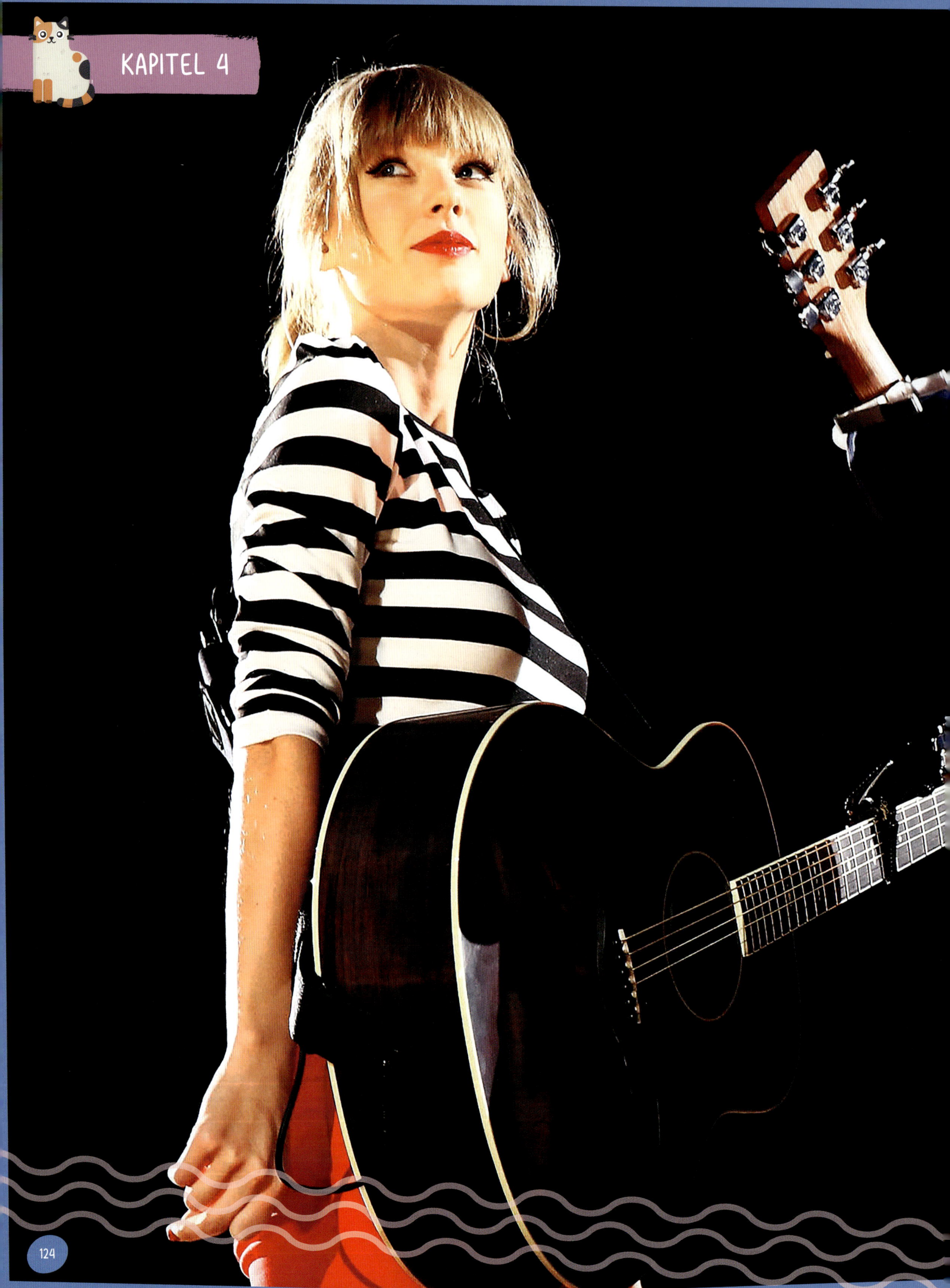

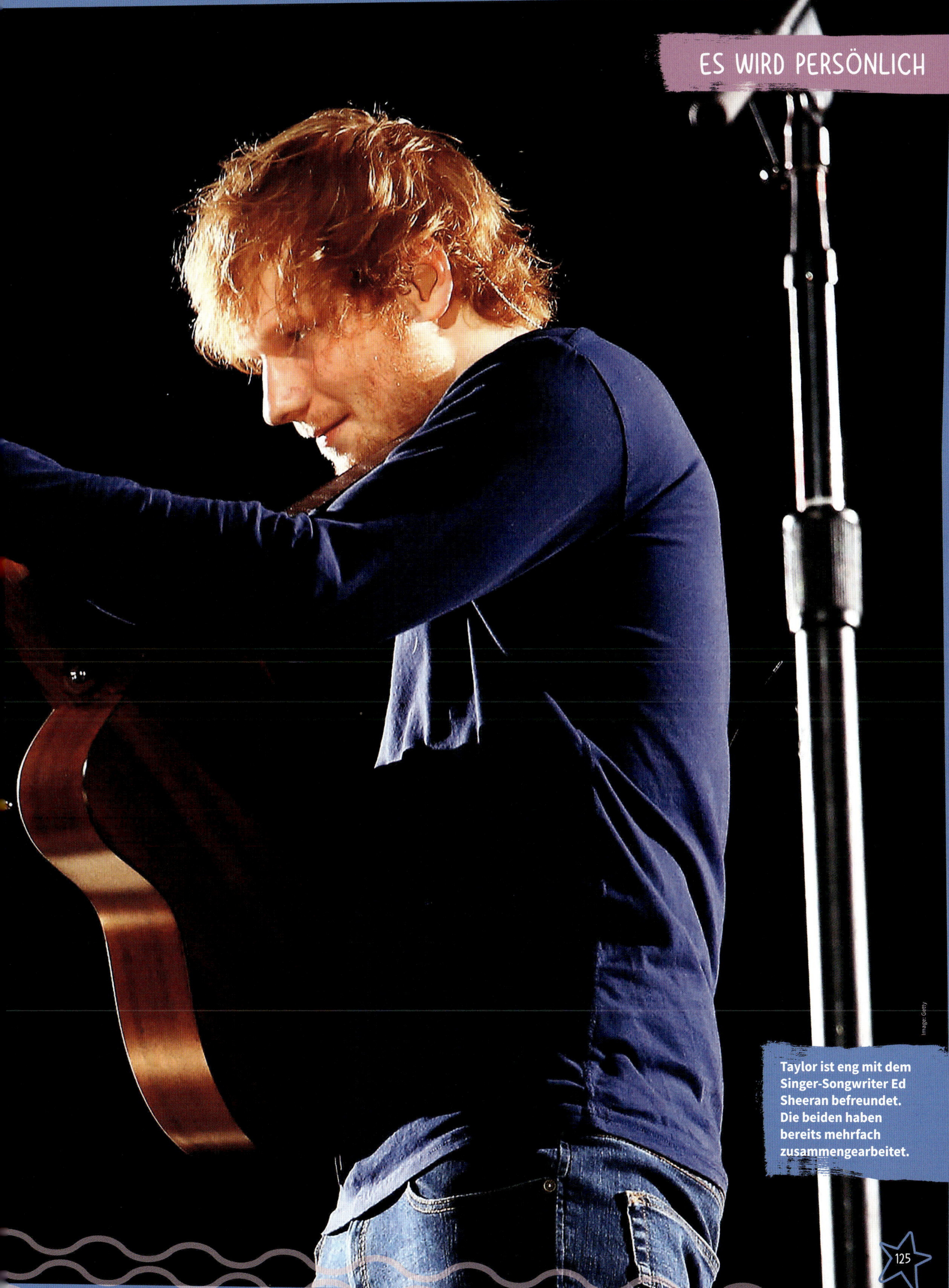

Image: Getty

Taylor ist eng mit dem Singer-Songwriter Ed Sheeran befreundet. Die beiden haben bereits mehrfach zusammengearbeitet.

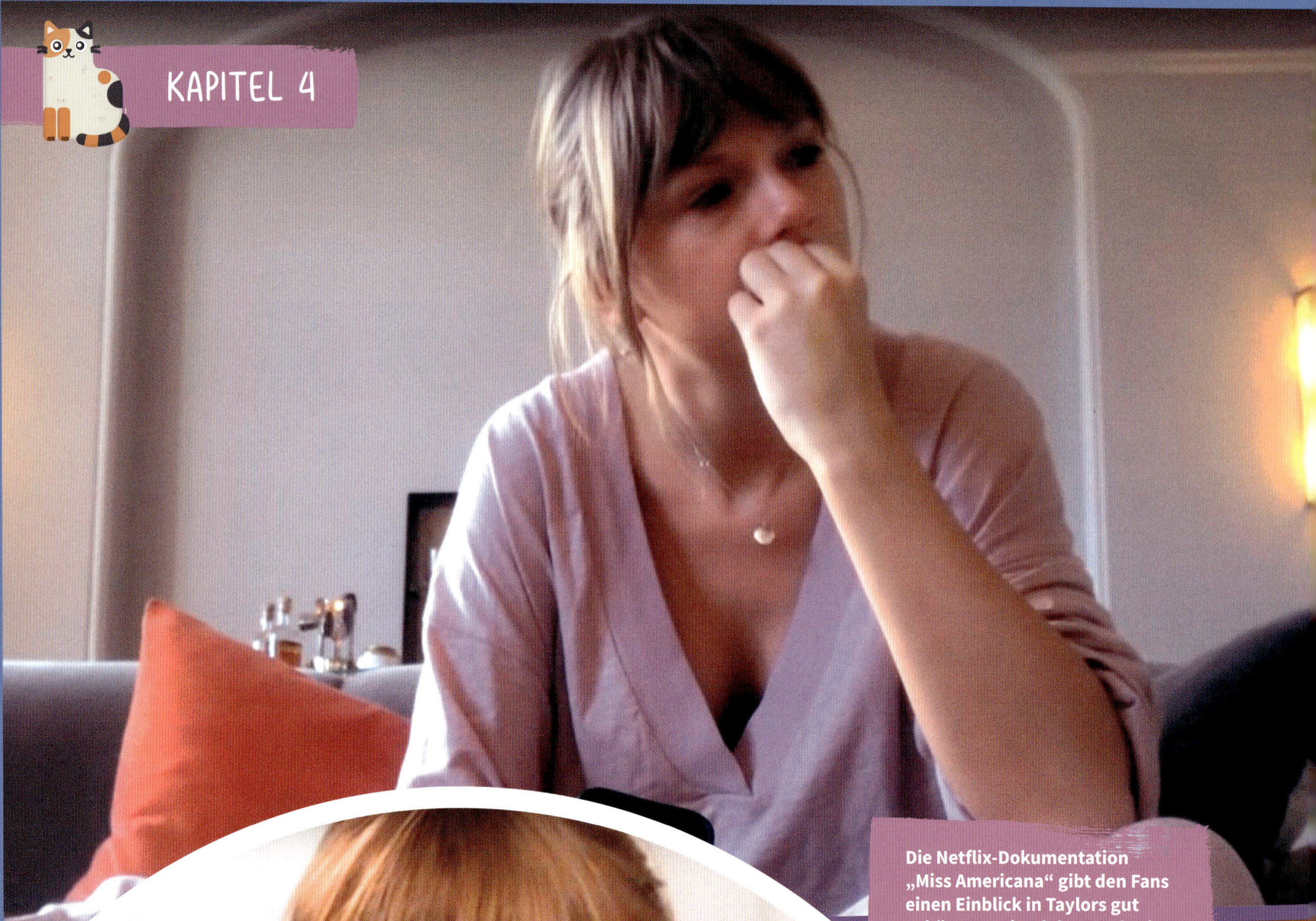

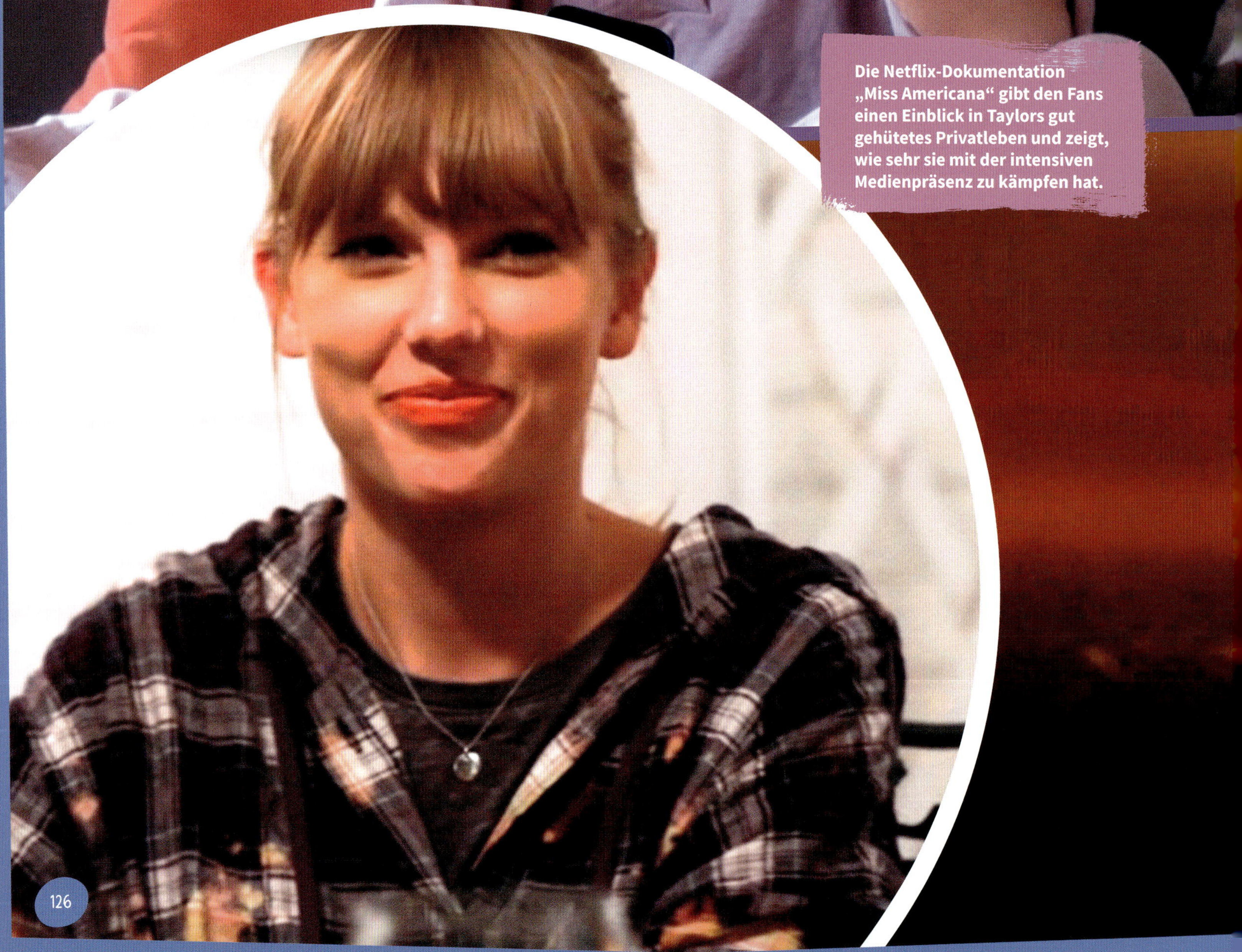

Die Netflix-Dokumentation „Miss Americana“ gibt den Fans einen Einblick in Taylors gut gehütetes Privatleben und zeigt, wie sehr sie mit der intensiven Medienpräsenz zu kämpfen hat.